CAPITAL INTANGÍVEL

José Roberto Martins

CAPITAL INTANGÍVEL

GUIA DE MELHORES PRÁTICAS PARA A AVALIAÇÃO DE ATIVOS INTANGÍVEIS

PREFÁCIO
DR. REGIS FERNANDES DE OLIVEIRA

Copyright © 2012 José Roberto Martins
Copyright © 2012 Integrare Editora e Livraria Ltda.

Todos os direitos reservados, incluindo o de reprodução sob quaisquer meios, que não pode ser realizada sem autorização por escrito da editora, exceto em caso de trechos breves citados em resenhas literárias.

Publisher
Maurício Machado

Supervisora editorial
Luciana M. Tiba

Assistente editorial
Deborah Mattos

Produção editorial e diagramação
Crayon Editorial

Preparação de texto
Martha Lopes

Revisão
Amanda Coca
Ana Lotufo Valverde

Capa e projeto gráfico
Alberto Mateus

Dados Internacionais de Catalogação na Publicação (CIP)
(Câmara Brasileira do Livro, SP, Brasil)

Martins, José Roberto
Capital intangível : guia de melhores práticas para a avaliação
de ativos intangíveis / José Roberto Martins ; prefácio
Regis Fernandes de Oliveira. – São Paulo : Integrare
Editora, 2012.

Bibliografia
ISBN 978-85-99362-76-1

1. Ativos intangíveis - Avaliação 2. Mercado 3. Negócios I.
Oliveira, Regis Fernandes de. II. Título.

12-05698	CDD-658.15

Índices para catálogo sistemático:
1. Ativos intangíveis : Avaliação econômica :
Administração financeira 658.15

Todos os direitos reservados à INTEGRARE EDITORA E LIVRARIA LTDA.
Rua Tabapuã, 1123, 7ª andar, conj. 71/74
CEP 04533-014 – São Paulo – SP – Brasil
Tel. (55) (11) 3562-8590
Visite nosso site: www.integrareeditora.com.br

SUMÁRIO

PREÂMBULO 7

À GUISA DE PREFÁCIO 11

INTRODUÇÃO › PASSOS TANGÍVEIS NA AVALIAÇÃO DE ATIVOS INTANGÍVEIS **15**
  Uma pista instigante e decisiva **16**
  Em busca de respostas para alguns desafios **19**
  O aprendizado incessante na avaliação de ativos intangíveis **23**

Primeira parte   27

CAPÍTULO 1 › **A TEORIA DOS ATIVOS INTANGÍVEIS 29**
  As bases da propriedade intelectual **30**
  Diferenças entre fatores intangíveis e ativos intangíveis **47**
  Valor ou valores do conhecimento? **55**
  O valor dos ativos intangíveis **66**

CAPÍTULO 2 › **ESCOPO LEGAL 74**
  Quem pode avaliar marcas? **75**
  O direito de reconhecer o valor do que se possui **78**
  A função esclarecedora das avaliações **82**
  Goodwill **94**
  A formalidade necessária **106**
  Revendo e repensando os conceitos **111**
  Referências finais **125**

CAPÍTULO 3 › **O MERCADO DESINFORMADO 128**
  Perfil dos nossos clientes **129**
  Os *rankings* de avaliação de marcas **132**

Que utilidade teriam os *rankings* de valor das marcas? **137**
Causa e efeito nos *rankings* de avaliação de marcas **143**
Marca e infraestrutura **168**

CAPÍTULO 4 › **AVALIANDO ATIVOS INTANGÍVEIS 179**
Conhecendo metodologias **184**
Para clarear as zonas cinzentas **191**
Procedimentos técnicos **194**
Avanços metodológicos **195**
Assimetria e conhecimento **199**
Avaliação financeira **209**
Uma avaliação ilustrada **213**
Income approach **214**
Market approach **216**
Cost approach **216**
Aderência das metodologias **217**
Estrutura utilizada **217**
Taxa de desconto **219**
Custo de capital próprio (risco dos *stakeholders*) **220**
O modelo *CAPM* **221**
Beta – β **222**
Prêmio para o risco de mercado **223**
Custo do capital próprio (*CAPM*) **223**
Detalhamento das premissas técnicas **223**
Resumo dos resultados **226**
O fluxo de caixa **226**
Avaliação de tecnologias **230**
A consultoria **236**
Caso Banespa **240**
Questões compreensivas **251**

Segunda parte   **265**

CAPÍTULO 5 › **RECURSOS TÉCNICOS 267**
Primeira parte: orientações qualitativas **270**
Instruções para o preenchimento das planilhas **272**

BIBLIOGRAFIA 325

PREÂMBULO

Este livro aborda, em linguagem simples e objetiva, o conjunto das melhores práticas relacionadas à avaliação econômica de ativos intangíveis, na visão do autor. Para tanto, ele se apoia em estudos e, sobretudo, na experiência prática de 16 anos como consultor reconhecido na área. Os temas estão organizados por uma introdução e cinco capítulos, os quais exploram fundamentos teóricos e práticos. Exemplos, ilustrações e referências teóricas sustentam os conceitos analisados.

Na Introdução, o autor delineia os objetivos da obra, a quinta que publica como autor ou coautor. Assim, ele descreve passagens significativas de sua trajetória profissional que o credenciam como consultor nessa área, e apresenta o livro como um novo esforço de pesquisa baseado em projetos de avaliação de ativos intangíveis realizados por ele para empresas nacionais e internacionais, bem como de apoio a trabalhos de advogados, peritos judiciais, gestores de marcas, empresários, auditores e consultores de negócios.

O Capítulo 1 trata dos fundamentos teóricos básicos da economia dos ativos intangíveis, esclarecendo suas principais definições e aplicações. Procura-se fornecer aos leitores um conjunto geral de recursos que podem ser explorados depois, com o estudo das fontes de pesquisa relacionadas.

O Capítulo 2 é um comentário sobre os aspectos legais ligados à avaliação dos ativos intangíveis e à sua utilização. Também aqui se oferecem aos leitores recursos para o aprofundamento posterior da temática por meio da pesquisa.

O Capítulo 3 apresenta a visão de mercado do autor a respeito dos *rankings* de avaliação de marcas e seus impactos na qualidade de informação transmitida ao mercado.

O Capítulo 4 é um roteiro montado pelo autor com base nas melhores práticas de metodologias de avaliação. Ele foi planejado para servir como subsídio para as empresas na tarefa de avaliação prática de ativos intangíveis.

O Capítulo 5, por fim, refere-se ao uso prático de alguns conceitos explorados, ligados ao levantamento de dados. Nesse sentido, acrescenta-se um conjunto de planilhas utilizadas em caso real de avaliação de marca.

Como não se trata de um manual de compilação de leis ou de normas, o livro certamente interessará a quem lida com a pesquisa da temática: estudantes ou profissionais de direito, contabilidade e finanças; economistas e administradores; e todos aqueles, enfim, que se preocupam com a importância e com o significado prático dos ativos intangíveis.

No campo dos negócios, ele pretende ser útil a profissionais envolvidos diretamente com a avaliação de ativos intangíveis, bem como a empresas que queiram valer-se da contratação desse serviço ou mesmo avaliar, elas próprias, seus ativos intangíveis.

*Not everything that counts
can be counted, and not everything
that can be counted counts.*

ALBERT EINSTEIN

*Nem tudo o que conta
pode ser contado, e nem tudo o que
pode ser contado conta.*

Uma placa com essa frase decorava a sala de Einstein
na Universidade de Princeton.

FONTE: <HTTP://RESCOMP.STANFORD.EDU/~CHESHIRE/EINSTEINQUOTES.HTML>.

À GUISA DE PREFÁCIO

Dr. Regis Fernandes de Oliveira
PROFESSOR TITULAR DA USP

Um dos grandes textos sobre o conhecimento é o "Teeteto", de Platão. Ele, como todos sabem, foi um dos maiores pensadores de todos os tempos e dos mais prolíficos. Escreveu obras notáveis, valendo-se dos conhecimentos de Sócrates, de quem foi aluno. Sócrates era filho da parteira Fenarete (aquela que traz à luz a virtude). Ele utilizava o método que previa o questionamento de tudo e de todos os grandes mistérios de seu tempo. Jamais tinha "pré-conceito", isto é, jamais se baseava em dados sabidos ou no conhecimento comum. Questionava sempre seus interlocutores sobre qualquer matéria, e daí partiam grandes discussões.

"Teeteto" trata do conhecimento. Segundo ele, o conhecimento não passa de percepção. O parecer significa perceber? Quem apenas percebe tem o conhecimento do objeto? As coisas, como se vê, começam a se complicar. Deveria haver o conhecimento de si próprio, com base na dúvida cartesiana, ou bastaria o conhecimento do objeto? Preciso conhecer a mim mesmo ou me baseio no pressuposto de que já me conheço e posso, então, conhecer o objeto? Dizia Sócrates que, como as coisas mudam frequentemente, não há como conhecê-las por completo. A percepção é sempre verdadeira para quem percebe. Será que é verdadeira para os outros?

Enfim, após longo debate dialético com o interlocutor, chega-se à conclusão de que "o conhecimento não está nas sensações, mas no raciocinar sobre elas, uma vez que aparentemente é possível apreender o ser e a verdade pelo raciocínio, mas não pelas sensações", diz Sócrates. Disso se entende que a opinião é diversa do conhecimento. Opinar é emitir um juízo qualquer, que pode ser falso. Conhecer é ter opinião verdadeira. A partir daí, para saber o que é conhecimento verdadeiro, vai uma distância grande, e demandaria outra grande discussão. Por isso é que se diz que a poesia, a música e outras formas de expressão dos sentimentos não são verdadeiras, mas emitem sentimentos verdadeiros.

Assim, podemos ver como adequada a digressão que o autor faz sobre o "capital intelectual", que não é apenas produto da sensitividade.

Deixemos a discussão filosófica para outra oportunidade. O que importa, aqui, é apresentar o livro sobre "ativos intangíveis", de José Roberto Martins. Conheço-o há mais ou menos 20 anos. Jovem. Rebelde. Sempre a questionar as coisas, com espírito socrático. Está sempre descontente com uma primeira opinião. Chegamos a discutir sobre a melhor forma de fazer uma campanha política. Autor de diversos livros, dentre os quais um sobre marcas (*Branding, 2006*), em que focaliza o problema da valorização delas no mercado, ao lado de outro sobre a origem e o significado dos nomes próprios. Ambos de grande profundidade. É autor já reconhecido no meio dos especialistas da área. Tem mestrado e caminha para o doutorado.

Certa feita, com o espírito ainda incomodado, questionou-se sobre o ativo intangível das empresas. Conversamos sobre o assunto e assentamos que referido bem (assim é rotulado no direito) não pode ser estudado nem verificado de modo alheio a todos os outros fatores que estruturam uma empresa. Podem ser ativos intangíveis fixos produtivos e não produtivos. Sob tal ótica, as marcas são ativos intangíveis. Elas não integram o produto de forma material. É muito comum que os compradores ou usuários queiram saber a marca de uma empresa produtora. Dependendo dela, o produto pode ter maior ou menor aceitação no mercado. Produtos diferentes podem conter a mesma quantidade de material e da mesma qualidade, podem ter sido feitos com a mesma densidade de determinado componente. No entanto, os produtores são diferentes. Por que os preços também são? Porque um deles é feito por um fabricante que goza de prestígio e é reconhecidamente idôneo na prática e na confecção de seus produtos.

O produtor do outro material ninguém sabe quem é. Não tem "nome" no mercado. Está começando. Ainda não fez sua "fama".

O espírito sempre incontido de Martins produz obra meritória em todos os seus sentidos. Primeiro, porque a bibliografia sobre o assunto no Brasil é quase nenhuma, especialmente no campo do direito, em que as pessoas lidam muito com a lei como norma, isto é, como regramento de condutas, esquecendo-se de outros fatores que possam dar novas orientações. Realmente, quase não há normas a respeito dos ativos intangíveis no direito brasileiro.

Daí ser ainda mais notável o livro desse autor já renomado, por cuidar da matéria *de lege ferenda*, ou seja, de lei ainda por vir. Ao colocar o tema sob a discussão dos especialistas, traz farto material de análise e, também sob o ângulo jurídico, busca material de debate, como as decisões judiciais que menciona.

Em verdade, uma sociedade comercial não vive apenas dos produtos que confecciona. O fato de adquirir matéria-prima de alguns fornecedores idôneos e ter, na sua produção, máquinas modernas, ao lado de pessoal especializado, faz um bom produto, mas será que é o suficiente para que se analise a empresa? Evidentemente que não. Importante em sua vida é a estrutura funcional, a capacidade e a idoneidade de seus diretores, o conforto de seus empregados, a rapidez com que atende sua clientela, o aviamento; ou seja, uma série de fatores entra em campo para termos um produto final. É isso que dá o nome à empresa, que faz sua fama, seu conceito perante o mercado e perante todos.

O patrimônio da empresa é formado, pois, pelos seus bens materiais, imóveis, máquinas, veículos etc., mas, também, por tudo o mais que faz seu produto ser o melhor ou reconhecido como tal.

Diga-se o mesmo de uma universidade ou faculdade. Não é pelo fato de se estudar na USP que se tem um bom ensino. A USP não é apenas seu *campus*, seus inúmeros prédios, seus veículos, suas máquinas. A USP é uma grife construída ao longo dos anos. Pode pagar mal os professores, no entanto, tem alta qualidade de ensino. Seus professores são os mais preparados porque ali se formaram, ou se graduaram no exterior, e buscam inovações permanentes. A USP é um conjunto.

Posso afirmar que o autor ora prefaciado reúne todas as qualificações profissionais para se constituir em uma autoridade no assunto, não apenas pela percepção e sensibilidade que emprega no trato com as pessoas e nas relações em que se envolve, mas pelo fato de ter produzido obra de conhecimento, isto é, focalizando o tema com absoluta competência e maestria, fruto de trabalho, de dedicação, de discussão das possibilidades. Não se trata de mera obra de opinião, mas de conhecimento, ou seja, da busca pela veracidade da pesquisa e das conclusões.

Com certeza, a obra que aqui se apresenta ao público tem conteúdo e será forte guia para a busca das melhores práticas para a avaliação de ativos intangíveis, este o objetivo de José Roberto Martins.

Por ser esse um autor consagrado em seu meio e respeitado por suas opiniões, não me furtei, tão logo fui convidado, a prefaciar sua obra. Esta, a partir de seu lançamento – e o livro é como um filho que vem à luz –, será material indispensável a todos aqueles que se debruçarem sobre o tema. É um trabalho sério, o que ornamenta o caráter de seu autor. É obra competente porque busca o conhecimento do tema, analisando-o em diversos aspectos e não se escondendo das respostas, por mais difíceis que sejam.

A importância de um livro não é dada pelo título que ostenta, nem pela algaravia na apresentação da matéria. O tema tem de ser enfrentado com seriedade, com lógica de raciocínio, com a busca de opiniões mais modernas, sensatas e seguras. A conclusão será fruto da percuciência do autor e da forma como apresenta seu pensamento. O resultado só pode ser este. José Roberto Martins produziu obra preciosa cuja leitura recomendo aos especialistas. A partir do lançamento, nada poderá ser escrito sem passar pela leitura deste texto sério e competente, como é seu autor.

Introdução

PASSOS TANGÍVEIS NA AVALIAÇÃO DE ATIVOS INTANGÍVEIS

Este quinto livro que publico é mais um resultado da minha experiência como ex-executivo do mercado financeiro e como consultor especializado em gestão, avaliações de marcas e outros ativos intangíveis. Desta vez, as indicações e os casos comentados compreendem o período de 1995, ano de fundação da minha consultoria, a 2012, ano da primeira edição do presente livro.

O trabalho descreve os fundamentos mais importantes dessa atividade, mas, apenas até o ponto em que eles são necessários para demonstrar, de modo resumido, como compreendo e tenho levado a efeito as avaliações de ativos intangíveis, bem como os desafios que precisei superar nessa caminhada, surgindo daí um conjunto de práticas gerais que estabeleci pioneiramente no país.

O leitor tem em mãos um instrumento de pesquisa, o qual não pretende de forma alguma estabelecer normas ou mesmo confrontar qualquer legislação ou práticas inerentes aos serviços de avaliação de empresas e negócios. Tampouco se pretende desqualificar os trabalhos de outras consultorias que executam tais serviços.

O que se almeja é, sobretudo, esboçar algumas orientações para os profissionais interessados na contratação dos serviços de avaliação de ativos intangíveis. Tratando-se de um trabalho altamente especializado, vi, em minha experiência no período mencionado (1995-2012), que são muito comuns as dúvidas das empresas contratantes quanto aos critérios e benefícios dessa atividade. Este livro, aliás, foi escrito como resposta à sugestão de clientes que desejavam contar com um conjunto de informações práticas, organizadas e explicadas em linguagem simples e objetiva, para nortear e facilitar a contratação desses serviços.

Sem nenhum receio de compartilhar conhecimentos, tomei o cuidado de oferecer as principais fontes de pesquisa que normalmente adoto como consultor. Assim, se o leitor sentir a necessidade de recorrer a estudos mais aprofundados sobre os temas abordados, pode consultar tranquilamente as fontes citadas na bibliografia ou as que menciono ao longo do livro.

Uma pista instigante e decisiva

EM 1982, DEPOIS DE TER ATUADO por dez anos em comércio exterior, com passagens por agências nacionais e internacionais de navegação e pela Citrosuco Paulista, iniciei minha carreira como executivo financeiro no Banco de Comércio e Indústria de São Paulo, mais conhecido pela marca Comind. Ocupava o cargo de gerente de negócios da área internacional, ou de *trade finance*, com a responsabilidade de captar, desenvolver e administrar operações em moeda estrangeira. Meu trabalho era visitar empresas públicas e privadas, nacionais e internacionais, que lidavam com operações de comércio exterior (importação e exportação), para prospectar e estruturar negócios. Embora estivesse sediado na cidade de São Paulo, atuava em contato com empresas do Norte e do Nordeste do Brasil, para onde viajava constantemente.

Minha epifania profissional aconteceu no Comind. Ainda em 1982, não me lembro em que mês, fiz um curso de capacitação em avaliação de crédito, patrocinado pelo banco. Como os clientes precisavam ter limites aprovados para contratar operações de financiamento, uma de minhas funções era coordenar os procedimentos preliminares de avaliação e então propor os limites. Para isso, devia seguir um conjunto de normas estabelecidas pela diretoria de crédito.

Essa era a razão principal do referido curso, no qual, durante uma semana, foram expostos e debatidos os critérios de concessão de crédito do Comind, incluindo as práticas de análise e orientações para a proposição dos limites, fundamentos e técnicas de avaliação de balanços, entre outros assuntos. Em uma das aulas, o instrutor fez uma observação que viria a ser determinante para a minha carreira como consultor: "As informações mais importantes para a tomada das decisões de crédito não se encontram nos balanços".

Era, para mim, uma afirmação muito instigante e até mesmo preocupante, pois, àquela altura, eu já vivia a rotina desgastante de propor limites de crédito. Tratava-se de obter dos clientes fichas de cadastro, além de uma série de informações financeiras muito detalhadas, um trabalho burocrático que retardava a minha vontade de me concentrar em fechar negócios. Mas era uma atividade necessária e, infelizmente, nem sempre produtiva do ponto de vista comercial.

Basicamente, quando a empresa não era cliente do banco, o departamento de crédito estava interessado nos três últimos balanços. Estes eram avaliados e depois devolvidos com as conclusões dos analistas, contendo resumidamente impressões técnicas e de cadastro, além do volume de crédito viável para cada empresa.

Nas situações em que as empresas eram clientes, os limites eram previamente determinados, o que exigia que eu apenas anexasse um relatório detalhando a nova operação e propondo a utilização da linha de crédito necessária para ela. Conforme o caso, poderia até recomendar a ampliação ou a readequeção. Ainda assim, o departamento de crédito avaliava a documentação para determinar se a empresa poderia receber o limite recomendado. Essa decisão era tomada em reuniões de executivos seniores do banco, o então temido "comitê de crédito", capaz de aprovar ou barrar o fechamento de negócios, normalmente com base na justa premissa de proteção do capital do banco.

Com base em São Paulo, os analistas de crédito e os integrantes do comitê não visitavam as empresas. Assim, desconheciam a realidade dos negócios fora dos papéis que analisavam e criticavam. Como em toda profissão em que se devem emitir juízos, avaliações ou posicionamentos a respeito de alguma coisa, sempre achei que não se poderia tomar qualquer decisão sábia sem o conhecimento pleno do contexto.

Percebo que esse comportamento mudou em alguns aspectos, mas, de modo geral, ainda vejo ex-colegas de banco às voltas com os mesmos desafios que eu enfrentava nos anos 1980. Os executivos de negócios contam, atualmente, com maior presença dos seus superiores nas visitas de prospecção e de avaliação de crédito, enquanto os técnicos responsáveis pelas avaliações atuam sob critérios mais criativos e menos herméticos, alguns até com metas comerciais. Todavia, o que noto é que os gerentes de negócios permanecem engessados pelo excesso de normas – nem todas bem formuladas – quanto a uma visão de marketing e de negócios bancários. Mas esse é outro problema.

Continuando a carreira em outros bancos por quase duas décadas, aprendi que a minha argumentação técnica na recomendação dos créditos era o que realmente influenciava o processo de aprovação, quem sabe até mesmo pela ausência dos decisores no ambiente de negócios dos clientes. O fato de eu estar na linha de frente assegurava um conjunto de conhecimentos que quase sempre eram suficientes para aprimorar os padrões de avaliação dos bancos.

Embora a experiência de campo seja realmente um fator de valiosa diferenciação, não recomendo essa liberalidade a nenhum banco. Quando passei a sugerir os limites, já tinha experiência na minha área de atuação, a qual, com o tempo, foi aprimorada no desenvolvimento de negócios que sempre proporcionavam os lucros esperados e não apresentavam problemas de inadimplência. Em toda a minha trajetória, por conhecimento de causa ou até mesmo por sorte, e, às vezes, pela combinação dos dois fatores, jamais tive qualquer operação inscrita na conta de créditos em liquidação, ou seja, inadimplente.

Acredito que o modelo ideal de análise e concessão de crédito pelos bancos passa pela profunda integração das áreas comercial, de crédito e tesouraria, as quais deveriam formar uma só área, voltada para fazer negócios. Sei que na prática isso é muito difícil, pois implica a dicotomia das análises qualitativa e quantitativa de negócios por profissionais de formações diferentes e com interesses às vezes incompatíveis e até contraditórios dentro de cada banco. Além disso, percebo que os bancos têm desvalorizado os gestores experientes, substituindo-os por profissionais de menor conhecimento, principalmente porque estes, por via de regra, são menos onerosos.

Procuremos compreender aqui o que o instrutor, no mencionado curso de 1982, queria transmitir quando disse que as coisas relevantes não estavam nos balanços. É claro que, atualmente, é cada vez mais fácil concordar com ele. Mas não se deve levar a observação ao pé da letra e acreditar que os balanços não servem para apoiar as decisões de crédito, as avaliações de empresas ou as decisões de investimentos. As informações financeiras produzidas com seriedade, quando bem investigadas, estudadas e interpretadas, permanecem relevantes como recurso estrutural para qualquer trabalho consistente de avaliação, seja para definir limites de crédito, seja para orientar processos de fusões, aquisições ou investimentos.

O uso de informações quantitativas (balanços e livros contábeis) é tradicional e está bem organizado. Mas, hoje em dia, os bancos e analistas do mercado de capitais consideram cada vez mais os critérios qualitativos – ou o "balanço econômico", como muitos preferem chamar esse instrumento – em suas análises de empresas. De fato, em todas as áreas do conhecimento de negócios, constata-se a eclosão da influência dos fatores subjetivos, que se tornaram importantes tanto para a criação de uma pequena cafeteria quanto para a administração de uma megaindústria. As pessoas que empreendem sabem, ou pelo menos percebem, que a desatenção a certas questões aparentemente singelas pode trazer sérias consequências e prejuízos.

Em busca de respostas para alguns desafios

A REALIDADE DOS FATORES subjetivos tornou-se central em minha carreira. Modificou profundamente a minha maneira de avaliar as empresas e até de compreender e julgar as dificuldades dos empresários. Assim, nesse espaço de 30 anos, entre 1982 e 2012, tenho me dedicado a compreender e resolver alguns desafios fundamentais. Afinal, quanto valem as empresas? Como pesquisar e aplicar com sabedoria a combinação de critérios objetivos e subjetivos para avaliá-las?

Foram muitos anos de pesquisa e de aplicação de respostas, no início, nos próprios bancos em que trabalhei, principalmente quando também passei a atuar com negócios comerciais e operações estruturadas, inclusive de fusões e aquisições de empresas fora do mercado financeiro. Os resultados dessas experiências me animaram muito pouco. Na verdade, o que se podia observar é que nas consultorias de fusões e aquisições, o comportamento adotado nos bancos era repetido, mantendo-se altamente valorizadas as métricas de avaliação, associadas à capacidade de geração de caixa das empresas, sem considerar a origem e a finalidade qualitativa do dinheiro.

Trabalhei com muitos banqueiros de investimentos na avaliação de diversas empresas, o que me permitiu ter acesso a inúmeros relatórios de avaliação de companhias no Brasil e no exterior. Com o tempo, identifiquei uma divisão por assim dizer "dogmática" desses trabalhos: os poucos profissionais dedicados aos aspectos qualitativos atuavam separadamente dos muitos responsáveis pelos aspectos quantitativos. No mercado, havia uma clara preferência pelas equipes envolvidas nas análises quantitativas, não raro conduzidas por engenheiros e calculadores, muitas vezes deslocados de outros setores da economia e contratados a peso de urânio beneficiado para avaliar balanços e criar modelos matemáticos para fazer projeções financeiras.

Os aspectos qualitativos quase sempre se limitavam ao registro e à análise da retrospectiva histórica das empresas, de dados de mercado, de cenários econômicos e da concorrência, entre outros. Não me recordo de casos em que pesquisas de mercado, por exemplo, tivessem sido realizadas e utilizadas como sustentação para avaliações de negócios. Igualmente, não me lembro de incursões das equipes de análise aos empreendimentos que estavam em jogo para entrevistar clientes, fornecedores e empregados em posições-chave. Na lista de outras inquietações, achava curioso que grandes empresas chegassem ao ponto de estarem para ser compradas sem que os analistas estivessem a par do potencial de conhecimento e da necessidade de readaptação dos funcionários. Atualmente, o choque cultural entre equipes de empresas compradas e vendidas ainda é um dos pontos mais sensíveis em fusões e aquisições, causando até conflitos insolúveis.

Devido ao argumento sensato do sigilo, não mais que dois ou três consultores tinham acesso direto aos clientes, enquanto o restante da equipe atuava à distância da realidade interna e externa das empresas avaliadas. Ao final dos trabalhos, ficava visível que os envolvidos se concentravam com denodo na capacidade hipotética de geração de lucros das empresas, muito mais do que nas reflexões sobre o potencial e as perspectivas dos fatores qualitativos – o comportamento dos consumidores ou dos funcionários, por exemplo. É claro que os fluxos de caixa simulavam a inserção do negócio em novos cenários, mas esse potencial não era valorizado se os fluxos que registravam a suposta viabilidade imediata de caixa das empresas não fossem atraentes – em outras palavras, lucrativos. No final, o instinto ou o conhecimento de mercado dos potenciais compradores valiam muito mais que a análise objetiva dos dados.

Lamentavelmente, esse cenário vigorou durante muitos anos. Ele até mesmo havia me desanimado suficientemente quanto a permanecer no ramo de fusões e aquisições, em razão dessa visão fechada. O fato é que, em minha experiência como executivo financeiro, já aprendera que os fatores qualitativos são verdadeiramente os principais responsáveis pelo sucesso ou fracasso das organizações, sejam elas públicas ou privadas, pequenas, médias ou grandes, com presença local, regional ou global. Frustrado, decidi voltar ao mercado financeiro e continuar aprendendo por conta própria a reconhecer e avaliar os fatores invisíveis dos balanços, até que me fosse possível dar o próximo grande salto no campo da pesquisa.

Essa oportunidade surgiu em junho de 1993, dessa vez, graças à participação em um curso de negociação no renomado Massachusetts Institute of Technology (MIT)[1]. Na oportunidade, em uma caminhada com o professor Robert B. McKersey pelo belo *campus* da universidade, conversávamos sobre as minhas pesquisas e decepções. Ele concordou que os aspectos intangíveis[2] eram realmente relevantes nos negócios e que as avaliações eram muito centradas em fluxos de caixa, os quais explicavam pouca coisa a respeito dos fatores invisíveis de influência que eu buscava. A exceção era o *goodwill* – o qual explorarei mais adiante –, mas ele

---

[1] Era o curso Negotiation Strategy, ministrado na escola Alfred P. Sloan, da School of Management do MIT, e patrocinado pelo Lloyds Bank Plc., no qual trabalhei por cerca de seis anos.

[2] Desde então, passei a aplicar o termo "intangível" nas avaliações de empresas. Quero reconhecer aqui a importância da observação e dos *insights* do professor e as mudanças positivas que causaram nas minhas pesquisas e em minha carreira.

também não ajudava a explicar a realidade imaterial do valor de mercado de um negócio anteriormente à sua venda.

O professor recomendou-me, então, o livro *Valuation* (Copeland; Coller; Murrin, 1990), o qual, acreditava ele, iria me trazer alguns *insights*. Comprei-o no mesmo dia e guardo-o até hoje como recordação daquele momento. A leitura não foi muito animadora, pois a linha dos autores seguia os modelos de avaliação já conhecidos, embora trouxesse referências técnicas importantes sobre o beta (retorno sobre o capital e aplicações do fluxo de caixa livre). Elas foram muito valiosas quando, posteriormente, em 1995, minha consultoria desenvolveu seu primeiro modelo de avaliação de marcas. No entanto, o livro recomendado pelo professor era muito focado no princípio de valorização do retorno financeiro para o acionista. Ainda tratava marcas e propriedade intelectual essencialmente com base em seus custos, em uma visão clássica, eminentemente contábil, dos ativos intangíveis.

Pesquisar, naquela época, era um trabalho muito duro e também muito caro. Sem internet e sem Google, era preciso investir muito na compra de livros, revistas e jornais estrangeiros em busca de assuntos que estivessem alinhados aos meus interesses. No final de 1993, eu já havia chegado ao valor econômico das marcas e da propriedade intelectual quando descobri dois novos autores na Livraria Cultura, em São Paulo, que contribuíram bastante para a minha formação e para que eu estabelecesse as bases do modelo de negócio que viria a adotar como consultor: John Kay (1993) e Jean-Noël Kapferer (1991).

Combinei as pesquisas desses autores com minha experiência como executivo de finanças, de fusões e de aquisições, divulgando as minhas reflexões aos brasileiros por meio do livro *O império das marcas*, escrito em parceria com o jornalista Nelson Blecher. A primeira edição foi patrocinada e lançada em 1996 pelo professor Marcos Cobra, da Fundação Getúlio Vargas (FGV), enquanto as demais foram publicadas pela Negócio Editora (Grupo Elsevier).

Atualmente, temos diversos livros bem organizados sobre avaliação e gestão de ativos intangíveis. Contudo, no início dos anos 1990, as bases para tanto ainda eram incipientes. Até em Londres, onde, nos anos 1980, surgiram as primeiras metodologias práticas, os avaliadores utilizavam as bases do fluxo de caixa livre, modestamente com a aplicação de múltiplos sobre vendas projetadas ou de receitas estimuladas (*royalty*), baseados em parâmetros de cálculo cuja arquitetura era bastante rústica.

Mesmo com as limitações da época e fundamentado apenas na minha experiência em avaliações de crédito e de empresas, eu já acreditava ter as bases para formular um modelo tupiniquim próprio, então detalhado em *O império das marcas*. O livro teve o mérito e a ousadia de ser o primeiro do continente – e um dos raros do mundo em sua época – a tratar da avaliação e das mazelas da gestão e comunicação de marcas. O trabalho foi recebido com frieza pelo universo brasileiro da comunicação, especialmente entre as velhas agências de propaganda[3]. Foi mais bem acolhido pelos executivos financeiros e por outros pesquisadores interessados na avaliação e gestão avançada de empresas.

Apesar de ter vendido cerca de 10 mil cópias, o livro parou em sua segunda edição. É possível que ele venha a ser reeditado e distribuído gratuitamente na internet, assim como ocorreu com os meus dois livros seguintes[4], que, após venderem cerca de 12 mil cópias em livrarias, já foram baixados por aproximadamente 300 mil visitantes na Internet.

O aprendizado incessante na avaliação de ativos intangíveis

A MINHA CONSULTORIA NASCEU praticamente em 1995, quando, após seis anos de trabalho, deixei a carreira de executivo no Lloyds Bank. O mercado, naquela época, ainda estava bastante imaturo para a avaliação e a gestão externa de marcas. Sofri bastante até que o meu trabalho começasse a ser reconhecido, o que veio a acontecer muito mais tarde. Sendo genuinamente uma consultoria brasileira, então pioneira em suas propostas, os potenciais clientes demoraram alguns anos para perceber a importância desse trabalho para os seus negócios.

---

[3] Uma curiosidade é que o livro foi também o primeiro do país a aplicar o termo *branding*, que viria a ser um negócio de consultoria muito valorizado no século seguinte.

[4] *Branding: o manual para você criar, gerenciar e avaliar marcas*. São Paulo: Negócio, 2006. *Grandes marcas grandes negócios*. São Paulo: Negócio, 1997. As edições atualizadas dos dois livros podem ser obtidas gratuitamente no *site* <http://www.globalbrands.com.br>.

É também um fato desencorajador que muitos profissionais ainda não entendam essa atividade adequadamente. Entretanto, é indiscutível que o assunto tem progredido entre as mentes seriamente envolvidas no difícil trabalho de determinar o valor das empresas e de controlar os fatores de riscos, as ameaças e as oportunidades dos negócios e de sua comunicação.

Apurar o valor de um patrimônio tangível ou intangível é uma tarefa bem menos complexa do que demonstrar onde e como está a organização dos números envolvidos e também do que não é quantitativo. No caso de ativos intangíveis, sua avaliação não pode ser vista como um fim em si mesmo. Entrar em uma empresa com essa missão não é um trabalho cuja saída é fácil de encontrar, especialmente quando nos envolvemos com as marcas, os bens intangíveis mais complexos, os quais muitas organizações teimam em gerir de modo superficial, ou, em certos casos, de forma sobrevalorizada até ao ponto da insensatez. Avaliação é principalmente um trabalho de reflexão ponderada, demonstrada com apoio na experiência e no conhecimento técnico do profissional. Não se pode avaliar um negócio de forma segura simplesmente com base em um guia hermético de procedimentos, sem abrir uma porta ao acesso criativo de um especialista que tenha atuado de fato em diferentes funções executivas e que tenha aprimorado sua capacidade de julgar o valor das empresas.

Nesse sentido, o presente livro revela um novo esforço de pesquisa, no momento, baseado nos projetos de avaliação econômica de ativos intangíveis para empresas nacionais e internacionais, públicas e privadas. Já atuei também em operações de fusões, aquisições e cisões para efeitos de recuperação judicial e de gestão, assim como, igualmente, para apoiar os trabalhos de advogados, peritos judiciais, gerentes de marca, empresários, auditores e consultores de negócios. As exposições e as argumentações desta obra são, assim, apresentadas em torno de parte dessa experiência de campo e nos limites da realidade brasileira de negócios, notoriamente mais complexa e instigante que os mercados estrangeiros.

Esta obra certamente descreve as melhores práticas nacionais e internacionais da época em que foram aplicadas. É certo que, em algum momento histórico, elas serão substituídas por novas e melhores ideias, possivelmente causando rupturas e até desconforto entre os profissionais envolvidos nessa atividade. Foi o que aconteceu desde o lançamento do pioneiro *O império das marcas*.

Quando não temos de quem adaptar ideias, com certeza correremos mais riscos e cometeremos mais erros. Minha consultoria deve seu desenvolvimento à vontade incessante de aprender. Por mais que o modelo criado tenha evoluído, nunca deixei de acreditar nos benefícios do aprendizado, permanecendo atento às mudanças. Investi continuamente na carreira acadêmica: participei de eventos no exterior, comprei livros, produzi e distribuí conhecimento por meio de artigos, entrevistas e seminários, além de ministrar aulas na PUC de Belo Horizonte e Londrina, Faap e FEA-USP.

Aprendi que o valor de um ativo intangível não devia jamais se limitar aos fatos quantitativos revelados nos laudos de avaliação que então se faziam no mercado. Desde que minha consultoria emitiu seu primeiro laudo, a proporção entre a análise de fatores qualitativos e a dos quantitativos tem se mantido em três quartos para a primeira e um quarto para a segunda. Isso coloca os números em sua adequada condição de informação, não sendo possível validá-los sem a compreensão integral da empresa e dos fatores subjetivos associados ao seu desenvolvimento produtivo.

Minha consultoria continua pisando o chão das fábricas, pois, fundamentalmente, o valor das avaliações que faço está no conhecimento demonstrado na etapa qualitativa dos trabalhos, quando exploro e explico a fundo os fatores de influência anteriores aos trabalhos de valorização financeira. A ideia que permanece é a de que qualquer leitor autorizado dos laudos emitidos possa compreender a essência da empresa avaliada, e não apenas os números que a consultoria revela.

Os ativos intangíveis mais valiosos de minha consultoria são: sua marca, sua reputação e o acervo técnico baseado no conhecimento desenvolvido em muitos anos de prática ética no Brasil. Embora seu pioneirismo e seus modelos metodológicos também tenham despertado o surgimento de muitas cópias, é a reunião e defesa dos seus intangíveis que asseguram a proteção ideal para que eu não tema um novo compartilhamento, por meio do presente livro, do conhecimento que acumulei.

Quero deixar registrado um agradecimento especial aos parceiros Regis Fernandes de Oliveira, Ovídio Rizzo Júnior, José Carlos Pires Pereira, Celso Bessa, Fabricio Vilela Coelho e Eli Hadad Júnior, sem me esquecer dos estudantes, pesquisadores e consultores que me têm acompanhado em todos esses anos. Igualmente fundamental é renovar meu reconhecimento aos clientes que acreditaram que as minhas pesquisas não eram insensatas e que, após 17 anos de trabalho duro e honesto, minha consultoria pudesse ser valorizada pelo mérito de suas práticas e pelo respeito ao patrimônio alheio, que também se traduz na preocupação constante de citar as fontes e referências de estudos.

Mesmo com todos esses cuidados, peço a atenção e a ajuda dos leitores e das leitoras para que me contatem e me alertem sobre os possíveis esquecimentos, os quais serão corrigidos em futuras edições. Quero convidá-los mais uma vez para apresentarem suas críticas e sugestões, que podem ser utilizadas no aprimoramento ou nas correções desta obra por meio do e-mail jrmartins@usp.br.

José Roberto Martins

Primeira Parte

Primeira Parte

Capítulo 1

A TEORIA DOS ATIVOS INTANGÍVEIS

Não é possível reconhecer, avaliar, julgar e administrar ativos intangíveis sem o conhecimento mínimo de suas bases teóricas. Se o avaliador não conhecer os principais fundamentos, bem como os pesquisadores sérios da área, certamente fará análises incompletas e produzirá avaliações ou julgamentos equivocados. Este capítulo inaugural não conseguirá esgotar o tema, mas certamente oferecerá recursos valiosos a quem se interessar pelo estudo mais aprofundado dos diferentes aspectos a ele inerentes.

Uma providência preliminar muito importante é compreendermos o sentido dos conceitos "ativos intangíveis" e "capital intelectual" (ou "propriedade intelectual"). Weston Anson (Anson; Suchy; Ahya, 2005) entende que propriedade intelectual é um subconjunto da família de ativos intangíveis, que, por sua vez, é um subconjunto de todo o *goodwill*. Ele prossegue destacando que a propriedade intelectual é, de fato, um ativo intangível que possui proteção legal e reconhecimento, compreendendo marcas e nomes de produtos e serviços, patentes, segredos comerciais e tecnologia proprietária, *copyrights*, nomes de domínio e demais ativos de internet, *softwares*, entre outros itens.

Nesse entendimento, o autor acrescenta o importante conceito de *bundling* (empacotamento), fundamental para a forma como entendo e avalio ativos intangíveis e, de certo modo, o valor das empresas. Assumo que o conceito significa que um ou mais elementos da propriedade intelectual e/ou dos ativos intangíveis sempre viajam juntos. Por exemplo, em um projeto de avaliação econômica de ativos intangíveis, a marca Coca-Cola só faria sentido (e teria valor) se acompanhada de outros ativos intangíveis,

Capital Intangível

como, no caso, a receita do xarope, seus acordos de engarrafamento, infra-estrutura de distribuição, *softwares* e assim por diante.

O contexto de empacotamento também pode ser comprovado pelo sistema de propriedade intelectual no Brasil[5], que está organizado em três grupos:

1. Propriedade industrial: concessão de patentes, registro de marcas e de desenhos industriais, indicações geográficas (Lei nº 9.279/96).

2. Direitos de autor: músicas, obras de artes, obras literárias (Lei nº 9.610/98), programas de computador (Lei nº 9.609/98).

3. Outros mecanismos *sui generis*: cultivares (Lei nº 9.456/97), circuitos integrados (Lei nº 11.484/07), células-tronco e transgênicos (Lei de biossegurança, nº 11.105/05), conhecimentos tradicionais (MP 2186-16/01).

As bases da propriedade intelectual

É POSSÍVEL AVALIAR APENAS as marcas de organizações, produtos e serviços, mas é preciso que o processo seja estendido com atenção aos demais intangíveis (ativos e fatores) que podem afetar positiva e negativamente a marca. Em *O império das marcas*, Blecher e eu já havíamos destacado o conceito de empacotamento ao propormos uma reflexão sobre a separabilidade: até que ponto a marca pode ser desvinculada da organização que a construiu, de forma que ela não seja descaracterizada e as suas relações físicas e emocionais com os consumidores não sejam prejudicadas?

Certamente, o ideal seria que o avaliador fosse contratado para valorar toda a malha de intangíveis em torno da marca, mas raramente isso acontece, principalmente devido à falta de esclarecimento dos clientes no contexto dos ativos intangíveis, normalmente causado pela inexperiência de alguns pesquisadores e pela exagerada valorização das marcas, como se fossem os únicos ativos intangíveis valiosos. O empacotamento é uma realidade relacionada não apenas com a avaliação de todas as marcas, mas

---

[5] Disponível em: <http://www.inpi.gov.br/menu-esquerdo/articulacao_institucional/apresentacoes>. Acesso em: 5 maio 2010.

com qualquer ativo intangível. Na avaliação de uma patente, conforme o caso, podemos inclusive concluir que esta pode se desenvolver e gerar muitos recursos financeiros, sem necessariamente precisar de uma marca. Todavia, é muito improvável que ela progrida se prescindir do suporte dos canais de distribuição, de um ou mais processos industriais, de máquinas e equipamentos exclusivos, *softwares* e assim por diante.

O que se pode concluir, com base na pesquisa atenta de diversas fontes, é que os ativos intangíveis não são considerados recursos autônomos, estabelecidos de modo hermético, isolados de outros ativos e fatores capazes de restringir a sua influência ou estabelecer e ampliar seu valor nas atividades produtivas e na imagem das organizações. Em um estudo sobre a avaliação de propriedade intelectual, a Comissão Econômica das Nações Unidas para a Europa apresenta uma interpretação nessa direção (ONU, 2002, p. 19):

> O conceito de "capital intelectual" (CI) é usado essencialmente pelos gestores na administração do pessoal e dos ativos intangíveis, na criação de uma imagem favorável da empresa com o objetivo de atrair investimentos e na valorização de negócios baseados no conhecimento com objetivo de venda ou compra. Ele é mais vasto do que os conceitos usuais de "propriedade intelectual" (IP) e "ativos intangíveis" (IA). Ao mesmo tempo, está mais próximo do significado do conceito de "capital intangível", utilizado nos trabalhos de econometria pelo menos desde 1990.[6]

Entretanto, conforme a fonte, o termo "propriedade intelectual" pode muito bem compreender a descrição do que entendemos atualmente como "ativo intangível". A Organisation for Economic Co-operation and Development (OECD), por exemplo, admite o termo geral "direitos de propriedade intelectual" para a atribuição dos direitos de propriedade por meio de patentes, direitos autorais e marcas registradas. Esses direitos permitem aos seus titulares exercer um monopólio sobre o uso dos recursos protegidos durante determinado período. Ao restringir a imitação e a duplicação de esforços, é conferido o poder de monopólio, direito nem sempre compreendido pelos

[6] Tradução do autor.

consumidores, que não costumam ver com simpatia as restrições ao seu direito de escolher dentre alternativas que eles julgam equivalentes.

As indústrias inovadoras alegam que o monopólio, se visto como um fator capaz de gerar insatisfação entre os consumidores, pode ser amenizado ou compensado pelo fato de os lucros dos monopólios incentivarem de forma continuada maiores níveis de atividade criativa. Nesse entendimento, os consumidores são beneficiados ao receberem produtos melhores, cujos preços tendem a cair rapidamente, favorecendo toda a cadeia produtiva.

A seguir, o entendimento da OECD, que, em seu glossário, descreve três categorias de ativos intangíveis:

1 Ativos intangíveis fixos: são ativos fixos produtivos não financeiros, que consistem, principalmente, de exploração mineral, *softwares*, entretenimento, originais literários ou artísticos destinados a serem utilizados por mais de um ano.

2 Outros ativos intangíveis fixos: são novas informações, conhecimentos especializados etc. não especificados em outra classe, cuja utilização na produção é restrita às unidades que estabeleceram os direitos de propriedade sobre esses bens ou para outras unidades licenciadas por elas.

3 Ativos intangíveis não produtivos: são ativos que conferem aos seus titulares a participação em determinadas atividades específicas ou para a produção de determinados bens ou serviços específicos e para excluir outras unidades institucionais de fazê-lo, exceto com a permissão do proprietário (por exemplo, entidades patenteadas ou *goodwill* adquirido). (OECD, 1997)

Uma curiosidade do glossário aplicado pela OECD é o reconhecimento dos "*natural assets*" (*actifs naturels*), ou ativos naturais. Os recursos naturais são trunfos do ambiente natural, consistindo em ativos biológicos (produzidos ou selvagens), áreas de terra e água de seus ecossistemas, recursos do subsolo e do ar. Eles formam o "*natural capital*" (*capital naturel*), ou capital natural, que são os recursos naturais em seu papel de fornecimento de insumos e serviços ambientais para a produção econômica.

É possível a utilização de métodos para aplicação de um valor para os recursos naturais na contabilidade ambiental, que, segundo a OECD, incluem: a) avaliação mercantil, b) avaliação direta não mercantil de mercado, como a avaliação da disponibilidade para pagar por serviços ambientais (avaliação contingente), e c) avaliação indireta não mercantil – por exemplo, custo de danos ambientais ou de cumprimento de normas ambientais.

Em 25 de janeiro de 2011, a OECD publicou o documento "Transfer pricing and intangibles: scope of the OECD project"[7], no qual o órgão elabora as suas recomendações e critérios para o preço de transferência dos ativos intangíveis (Transfer Pricing Guidelines – TPG), destacando que os intangíveis são um dos temas mais desafiadores na área de preços de transferência, tanto a partir de uma perspectiva teórica quanto por causa do número e tamanho dos conflitos que possam surgir em relação ao seu reconhecimento e valorização. Com isso, o Comitê de Assuntos Fiscais da OCDE decidiu iniciar um novo projeto para analisar os aspectos de preços de transferência de intangíveis, com vistas a adequada tributação dos países membros sobre tais transações.

Voltando ao glossário proposto pela OECD, este não constitui um manual de normas ou de reconhecimento das práticas associadas à gestão e à avaliação dos ativos intangíveis. Vejo o recurso como mais um dos diversos instrumentos oferecidos aos interessados nos processos de análise desses bens, especialmente para a sua identificação e o reconhecimento dessas práticas. Todavia, quando se trata da avaliação de ativos intangíveis, podemos contar com recursos mais bem determinados, como a descrição proposta pela Uniform Standards of Professional Appraisal Practice (USPAP)[8] (2009, p. 66):

> Propriedade imaterial (ativos intangíveis): bens não físicos, incluindo – mas não limitados a – franquias, marcas, patentes, direitos autorais, *goodwill*, ações, títulos e contratos que se distinguem dos ativos físicos, como instalações e equipamentos.

Quando se admite que recursos de distinção podem caracterizar um ativo intangível, é preciso ir além e não se prender apenas às letras miúdas dos contratos, aos acordos ou instrumentos que constituem a propriedade

---

[7] Veja a integra do documento em: <http://www.oecd.org/dataoecd/10/50/46987988.pdf >.
[8] Disponível em: <http://www.appraisalfoundation.org>.

de um bem intangível e o seu pleno exercício. Se a USPAP indica que o *goodwill* é um ativo intangível, isso não significa que ele possa ser avaliado sem a devida ponderação do avaliador, neste caso, restrito aos limites das normas já reconhecidas (contábeis). Porém, é indiscutível que outros aspectos imateriais que não são ativos e não são avaliáveis segundo as normas podem influenciar bastante na valorização das empresas, devendo ser apreciados de modo irrestrito. Em certos casos, esses aspectos são até mesmo pessoais.

Na experiência que acumulei no mercado financeiro, muitas vezes dediquei dezenas de horas de trabalho com advogados, elaborando contratos complexos, tentando fechar de todas as formas as brechas para as ameaças de inadimplência dos clientes, a fragilização de garantias, os riscos de baixo desempenho econômico e assim por diante. O que aprendi com o tempo é que nenhum contrato, por mais bem estruturado e redigido que seja, é capaz de antever e de compensar a falta de caráter de qualquer uma das partes envolvidas. Já constatei que o fator "falta de caráter", sempre imprevisível e incontrolável, pode realmente anular qualquer blindagem contratual.

Não há vacina contra fatores dessa natureza e nem meios para impedir suas consequências. O que pode amenizar a sua incidência é a reunião de uma equipe de profissionais experientes, principalmente em torno de projetos complexos. A vivência de mercado do grupo de assessores é a única forma de detectar sinais de riscos, para, então, tomar os cuidados possíveis, o que não pode ser feito sem que primeiro ocorra a identificação adequada dos ativos intangíveis, nem sempre uma missão simples. Nessa direção, Reilly e Schweihs (1999, p. 5) fazem uma descrição mais abrangente, apreciando os ativos intangíveis desde a perspectiva de sua avaliação. Para eles, um ativo intangível:

1   Deve estar sujeito a uma identificação específica e descrição reconhecível.

2   Deve estar sujeito a existência legal e proteção.

3   Deve estar sujeito ao direito privado de propriedade, a qual deve ser legalmente transferível.

4   Deve haver alguma evidência tangível ou manifestação de existência do ativo intangível, por exemplo, um contrato, uma licença, um documento de registro, um CD, uma lista de clientes, um conjunto de informações financeiras etc.

5   Deve ter sido criado ou desenvolvido em um período identificável de tempo, ou como o resultado de um evento identificável.

6   Deve estar sujeito a destruição ou término de existência em um tempo identificável, ou como o resultado de um evento identificável.

Os autores também concluem que deve existir um empacotamento de direitos de propriedade legal associados à existência de qualquer ativo intangível. É importante alertarmos que eles não restringem a propriedade dos bens intangíveis apenas às empresas privadas; empresas públicas e pessoas também podem ser proprietárias de ativos intangíveis.

O que se percebe no item 3 acima é a ideia de que um bem público não pode ser considerado ativo intangível se não puder ser normalmente transferido, restrição que pode ser aplicada aos ativos naturais e bens tombados, dentre outros. Mas isso não limita o entendimento de que o Estado não possua e não possa produzir uma série de outros bens públicos, os quais podem ser transferidos à sociedade em caráter definitivo ou provisório. Os processos de privatização, em que estão envolvidos concessões de rodovias, direitos de exploração mineral, cultivares, patentes, usos dos meios de comunicação, capilaridade para a venda de serviços e tecnologias, entre outros, são casos bem conhecidos.

Na verdade, vemos que o Estado não só é capaz de criar e transferir intangíveis à sociedade, como também é o agente primordial da maioria dos meios que decretam a criação, existência ou eliminação de uma infinidade de bens intangíveis. Por exemplo, a concessão de uma rodovia assegura à concessionária não apenas o direito de reaver seus investimentos em recuperação e manutenção da malha por meio da exploração da cobrança de pedágio, como também pode lhe garantir os direitos de exploração comercial às margens da rodovia, do seu subsolo para cabeamento de fibra ótica e assim por diante. Isso cria as condições para o surgimento e o desenvolvimento de outros ativos intangíveis, que podem, simultaneamente, beneficiar a sociedade, inclusive com a desoneração do Estado. Contudo, pode também, de forma inadvertida, proporcionar maiores vantagens às concessionárias, eventualmente sem a necessária contrapartida ao Estado no processo licitatório que recomendou a concessão.

Isso pode ocorrer com a ausência de uma visão pública avançada quanto aos ativos intangíveis no papel de agentes de formação e remuneração da riqueza dos países na sociedade do conhecimento. O Estado deveria ser o primeiro a avaliar, gerir e controlar exemplarmente a formação e distribuição dos seus ativos intangíveis. Sem isso, deixa de obter os meios ideais para também remunerá-los e protegê-los. Blair e Wallman (2001) vão na mesma direção, destacando que as leis de direito autoral, as relações de trabalho, as concessões de serviços, os programas de saúde pública e as obras de infraestrutura, entre outros itens, não se limitam aos ativos tangíveis ou benefícios socioeconômicos; eles também são capazes de gerar muitos ativos intangíveis que podem proporcionar riquezas, mas que dependem de regulamentos formais que possam determinar a sua propriedade e consequente exploração[9].

Nesse contexto, o Estado deixaria de transferir ativos intangíveis extraordinários à sociedade sem remunerar adequadamente os custos de seu desenvolvimento e produção.

Em 6 de fevereiro de 2012, o Governo anunciou o sucesso do leilão de três importantes aeroportos, cujo objetivo foi o de criar uma ótima plataforma de infraestrutura aeroportuária com vistas a Copa do Mundo em 2014 e as Olimpíadas em 2016. Nossa opinião quanto a alguns resultados foi que o Governo atingiu objetivos importantes, mas em outros a desconfiança permaneceu, ao que creditamos em função de alguns ativos e variáveis importantes não terem sido ponderados com a profundidade necessária. O que nos parece é que a ANAC formou um grupo de trabalho essencialmente focado em premissas e objetivos quantitativos, e em direção à proteção do patrimônio público, o que é até defensável. O tom de ufanismo no comunicado publicado pela ANAC[10] nos dá a base para esse entendimento:

---

[9] "Nas fronteiras do conhecimento, em que a tecnologia está avançando rapidamente, novas ideias podem ter uma grande importância que ainda não foi incorporada em objetos materiais, cujo valor pode ser estimado de modo relativamente fácil. Mas enquanto os bens tangíveis podem ser detidos, ou pelo menos controlados, por alguém ou alguma entidade pelo tempo em que eles durarem, o controle dos direitos sobre ativos intangíveis existe apenas na medida em que o governo os cria. Esses direitos são altamente contingentes, geralmente mais difíceis de definir e limitados por lei para determinado período de tempo." (Martins, 2009, p. 46)

[10] Disponível em: <http://www.anac.gov.br/Noticia.aspx?ttCD_CHAVE=469>. Acesso em: 10 fev. 2012.

06/02/2012 – 16:13

Leilão de aeroportos tem ágio médio de 347%

Brasília, 6 de fevereiro de 2012. Os três aeroportos leiloados hoje (Guarulhos, Campinas e Brasília) foram arrematados pelo valor total de R$ 24,5 bilhões, quase cinco vezes o valor mínimo total de R$ 5,477 bilhões estipulado pelo Governo. As três propostas vencedoras, somadas, representam a maior contribuição fixa ao sistema aeroportuário. Esse montante será recolhido em parcelas anuais, corrigidas pelo IPCA, de acordo com o prazo de concessão de cada aeroporto, em favor do Fundo Nacional de Aviação Civil (FNAC).

O maior ágio ficou com o Aeroporto de Brasília, que obteve oferta de R$ 4,51 bilhões pelo consórcio InfrAmérica, que reúne as empresas Infravix Participações S/A e Corporación América S/A, com ágio 673,39% superior ao preço mínimo. Em segundo lugar ficou o Aeroporto de Guarulhos, com ágio de 373,51%, oferecido pelo consórcio Invepar ACSA, que reúne as empresas Investimentos e Participações em Infraestrutura S/A (Invepar) e a Airports Company South África SOC Limited, cuja proposta foi de R$ 16,213 bilhões. O Consórcio Aeroportos Brasil composto pelas empresas TPI-Triunfo Participações e Investimentos S/A, UTC Participações S/A e pela francesa EGIS Airport Operation foi o vencedor da disputa pelo Aeroporto de Campinas, com oferta de R$ 3,821 bilhões, 159,75% acima do preço mínimo.

O ministro-chefe da Secretaria de Aviação Civil (SAC), Wagner Bittencourt, comemorou o resultado do leilão. Ele destacou que o ágio pago pelos consórcios depende das estratégias e dos planos de negócios das empresas, e que a competição entre os grupos garantiu o sucesso do certame. Bittencourt explicou que os recursos arrecadados ao FNAC vão melhorar não só a qualidade dos aeroportos existentes, mas aperfeiçoar outros aeródromos, garantindo as condições para que as empresas aéreas possam voar para esses destinos, melhorando o desenvolvimento e a integração do país. O diretor-presidente da ANAC, Marcelo Guaranys, reforçou o papel da agência reguladora na fiscalização dos aeroportos que estão sendo concedidos.

O leilão, realizado pela Agência Nacional de Aviação Civil (ANAC) e operacionalizado pela BM&FBOVESPA, durou cerca de três horas e foi disputado por 11 consórcios formados por 28 empresas, entre nacionais e estrangeiras.

A disputa pelos três aeroportos ocorreu de forma simultânea, para estimular a competição. O certame aconteceu sete meses após a decisão do Governo de incluir esses aeroportos no Programa Nacional de Desestatização (PND), por meio do Decreto nº 7.531/2011.

Aeroportos – Guarulhos, Viracopos e Brasília, três dos maiores aeroportos do país, respondem, conjuntamente, pela movimentação de 30% dos passageiros, 57% da carga e 19% das aeronaves do sistema brasileiro. Os aeroportos concedidos serão fiscalizados pela ANAC, também gestora dos contratos de concessão.

Fundo Nacional de Aviação Civil – Além da contribuição fixa (preço arrecadado com o leilão), que será paga em parcelas anuais corrigidas pelo IPCA, de acordo com o prazo de concessão de cada aeroporto, os concessionários também recolherão, anualmente, uma contribuição variável ao sistema, cujo percentual será de 2% sobre a receita bruta da concessionária do aeroporto de Brasília, 5% de Viracopos e 10% de Guarulhos. A arrecadação será direcionada ao Fundo Nacional de Aviação Civil (FNAC), que vai destinar recursos a projetos de desenvolvimento e fomento da aviação civil. O objetivo é garantir que os demais aeroportos do sistema aeroportuário nacional também se beneficiem dos recursos advindos da iniciativa privada, especialmente, o sistema de aviação regional. O fundo é administrado pela Secretaria de Aviação Civil (SAC).

Prazos de concessão – Os prazos das concessões são diferenciados por aeroporto: 30 anos para Viracopos, 25 anos para Brasília e 20 anos para Guarulhos. Os contratos só poderão ser prorrogados, uma única vez, por cinco anos, como instrumento de recomposição do equilíbrio econômico-financeiro em caso de revisão extraordinária.

Cronograma previsto – A ANAC publicará, no dia 17 de fevereiro, a ata de julgamento relativa à análise dos documentos de habilitação da proponente classificada em primeiro lugar de cada um dos três aeroportos. De 23 a 29 de fevereiro é o prazo para pedido de vista de documentos referentes ao julgamento da proposta econômica e de habilitação. Interposição de recursos referentes aos documentos anteriores poderá ser feita de 1º a 7 de março, e a publicação dos julgamentos desses pedidos está prevista para o dia 16. A homologação do resultado do certame pela diretoria da ANAC deve ocorrer em 20 de março. A convocação para celebração do contrato deverá ser publicada no dia 4 de maio. A assinatura dos contratos deverá ser feita até 45 dias após a homologação do leilão.

Transição – A partir da celebração do contrato, haverá um período de transição de seis meses (prorrogável por mais seis meses), no qual a concessionária administrará o aeroporto em conjunto com a INFRAERO, detentora de participação acionária de 49% em cada aeroporto concedido. Após esse período, o novo controlador assume o controle das operações do aeroporto. A gestão do espaço aéreo nos aeroportos concedidos não sofrerá mudanças e continuará sob controle do Poder Público.

Infraero – A Infraero, empresa pública federal, continuará operando 63 aeroportos no país, responsáveis pela movimentação de 67% do total de passageiros. Os dividendos decorrentes de sua participação acionária serão utilizados para investimentos nos demais aeroportos da rede. As obras em curso nos aeroportos concedidos continuarão a ser executadas pela Infraero. As novas serão de responsabilidade da concessionária de cada aeroporto.

Investimentos de longo prazo – Um dos objetivos das concessões é acelerar a execução das obras necessárias ao atendimento da demanda atual e futura pelo transporte aéreo, onde se incluem grandes eventos como a Copa do Mundo e os Jogos Olímpicos. Até o final da concessão de cada aeroporto estão previstos investimentos da ordem de R$ 4,6 bilhões em Guarulhos, R$ 8,7 bilhões em Viracopos e R$ 2,8 bilhões em Brasília. Além disso, os contratos assinados determinam o estabelecimento de padrões internacionais de qualidade de serviço.

Investimentos até a Copa do mundo – A concessionária de cada aeroporto deverá concluir as obras para a Copa do Mundo de 2014. A multa por descumprimento é de R$ 150 milhões, mais R$ 1,5 milhão por dia de atraso. Para o Aeroporto de Brasília, estão previstos nesta fase R$ 626,53 milhões em investimentos, incluindo um novo terminal para, no mínimo, 2 milhões de passageiros/ano. Para Viracopos, os investimentos até a Copa somarão R$ 873,05 milhões, com novo terminal para no mínimo 5,5 milhões de passageiros/ano. No caso de Guarulhos, os aportes até a Copa serão da ordem de R$ 1,38 bilhão, incluindo o novo terminal, com capacidade para 7 milhões de passageiros/ano. Além dos terminais, estão previstas obras em ampliação de pistas, pátios, estacionamentos, vias de acesso, entre outras.

O documento trata extensivamente dos resultados relacionados aos objetivos de melhoria da infraestrutura dos aeroportos, mas em sequer uma linha aborda as questões essenciais ligadas às preocupações crescentes dos consumidores quanto a oferta de melhores serviços indispensavelmente vinculados a um custo justo. Não houve qualquer sinalização de que os consumidores estariam protegidos da permanência da cobrança de tarifas abusivas, e isso porque as concorrentes não puderam apresentar os seus planos de negócios, o que, em tese, funcionaria como mais um gatilho de proteção à ANAC, já que, segundo o entendimento legal da Agência, a sua apresentação juntamente com a documentação criaria a prerrogativa de alienação de responsabilidades pelas vencedoras, por exemplo, impedidas de atingir certos resultados em razão de eventos não antecipados em seus planos.

Porém, era justamente nos planos de negócios que os consumidores teriam uma noção melhor dos objetivos estratégicos das vencedoras e das suas competências para executar as funções, não exclusivamente quanto à rentabilização dos investimentos e compensações à ANAC, mas, equitativamente, com o benefício de um repasse de parte das multas aos sofredores usuários, por exemplo, resultando na redução de tarifas. Pelo contrário, os resultados do leilão indicaram a tendência de piora do volume de ameaças, especialmente no que se refere aos tradicionais custos onerosos dos aeroportos. Não haveria dificuldades se tivesse sido produzido o levantamento de uma cesta mínima de produtos e serviços, por exemplo: estacionamento, água, café, um ou dois padrões de lanches, transporte de e para os aeroportos. A cesta consideraria os preços médios de aeroportos equivalentes (média de usuários/dia) no Brasil e exterior, o que daria alguma segurança aos usuários quanto a possíveis abusos nas cobranças desses custos.

O fato é que se o ágio espetacular causou celebração superlativa por parte do governo, de outro lado, surgiram especulações importantes, as quais podem ser organizadas em dois blocos. No primeiro, grupos ligados as empresas vencedoras foram apontados como pouco experientes, ou até ineficientes desde malogros em outras concessões, deixando, inclusive, de cumprir metas importantes.

No segundo grupo, temos a perplexidade quanto ao ágio incrível obtido, o qual pode conter mensagens importantes de caráter premonitório. Um ágio desse porte só pode ser compreendido em três cenários: 1) as concessões foram mal avaliadas pelos vendedores, 2) os lances foram mal avaliados pelos compradores, e 3) pessoas estão vendo oportunidades maravilhosas onde ninguém mais viu. Acreditamos na combinação dos pontos 1) e 3).

Você conhecerá mais adiante o caso da compra do Banespa pelo Santander, igualmente em leilão e com ágio na esfera da perplexidade. Naquele leilão, que também poderia acomodar os mesmos três cenários do parágrafo anterior, apresentamos uma série de argumentações que justificavam a nossa tese de que o Banespa foi mal avaliado e que os compradores pagaram um ágio extraordinário porque viram um cenário completamente diferente daquele vislumbrado pelos demais concorrentes.

Devo acreditar que as três empresas vencedoras das concessões dos aeroportos não podem ter errado tanto assim nas suas contas, feitas, estranhamente, a partir dos mesmos parâmetros que justificassem as possíveis avaliações mal executadas. Ou seja, o Aeroporto de Brasília, que obteve oferta de R$ 4,51 bilhões com ágio 673,39% superior ao preço mínimo, Aeroporto de Guarulhos com oferta de R$ 16,213 bilhões e com ágio de 373,51% e o Aeroporto de Campinas, com oferta de R$ 3,821 bilhões e ágio de 159,75% acima do preço mínimo, tiveram como fonte o mesmo padrão de documento de avaliação econômica, como o emitido para o Aeroporto de Guarulhos "Relatório 4 – GRU – Avaliação Econômico Financeira" pela ANAC, que informou que o documento tinha como objetivos:

Fornecer uma visão geral da análise financeira, incluindo os seus principais componentes, a saber:

- Previsões de demanda por transporte aéreo.
- Projeções de Investimentos (CapEx).
- Financiamento de investimentos e serviço da dívida.
- Análise da estrutura regulatória.
- Receitas tarifárias.
- Receitas não tarifárias.

- Despesas operacionais.
- Lucro antes de juros, impostos, depreciação e amortização (EBITDA).
- Avaliação do projeto.

Fornecer uma lista e descrição das principais premissas utilizadas no modelo financeiro e fornecer simulações de fluxo de caixa e indicadores financeiros a partir do modelo.[11]

Os dados foram atualizados conforme cada aeroporto, e, essencialmente, serviram como parâmetros para a avaliação das concorrentes, que, em seus estudos, produziram cada uma as suas metodologias. Como essas avaliações são essencialmente balizadas no custo do capital para cada investidor desde a sua expectativa de usos e retornos do capital investido, podemos facilmente compreender que tenha havido o descolamento dos ágios dos três aeroportos. Assim, os ágios, se avaliados isoladamente, são incapazes de produzir bases sensatas de análise comparativa.

Diante dos cenários desenvolvidos e apresentados pela ANAC nos seus relatórios, as concorrentes só podem esperar resgatar e rentabilizar o capital investido a partir de uma composição de exploração de ativos melhor que a do governo, em cenário de multiplicação e melhoria da infraestrutura. Contudo, não vemos como só isso será suficiente para justificar os ágios, os quais, para serem remunerados, precisam fazê-lo desde a transferência de custos maiores para os consumidores, e isso se as vencedoras forem capazes de entregar todos os compromissos assumidos no leilão. No pior cenário possível, a ANAC terá de reassumir as operações e bancar a sua finalização para a solução dos possíveis gargalos, o que poderá ter custos extraordinários muito elevados, comprometendo o superlativo e celebrado sucesso do leilão. No melhor cenário desejado, os consumidores brasileiros terão aeroportos modernos, pagando tarifas menores e desfrutando de uma infraestrutura impecável.

Opinamos que o "Relatório 4 – GRU", enquanto laudo, apresentava uma análise tradicional de investimento em infraestrutura, no caso, com projeções de demanda por serviços de transporte aéreo de passageiros e

---

[11] Disponível em: <http://www2.anac.gov.br/GRU-VCP-BSB/>. Acesso em: 9 fev. 2012.

de carga, receitas com estacionamento, comércio, armazenamento de cargas e outras receitas não tarifárias.

Foi utilizado o fluxo de caixa projetado, depois trazido a valor presente pelo desconto da taxa de juros considerada apropriada. Foram usadas as taxas interna de retorno e a taxa interna de retorno modificada, o que consideramos uma medida desnecessária, pois ambas apontam para o mesmo sentido, sempre.

O estudo foi claramente direcionado a uma visão física do negócio, não considerando em nenhum momento, como já destacamos, a análise e quantificação de ativos e fatores intangíveis da instalação aeroportuária, como tradição do lugar, facilidade de acesso, qualificação e experiência do pessoal, capilaridade das instalações e serviços, *cross selling* de produtos e serviços, por exemplo, financeiros, dentre outros recursos de extrema valorização potencial, especialmente se levarmos em conta que o aeroporto de Guarulhos é o maior polo de embarque e desembarque internacional de passageiros da América do Sul.

Concluímos que a alienação proposital ou acidental dos fatores e ativos intangíveis foi um equívoco técnico que colaborou para a subavaliação do valor final de um bem público, num momento histórico em que o governo já fez ou encomendou estudos de intangíveis para diversas empresas controladas por ele. O tema não apenas está na pauta da Receita Federal e do Banco Central, como circula com destaque em diversos órgãos, ávidos por exercitar a remuneração ideal dos intangíveis, o que se torna extremamente relevante na transferência de bens públicos, como destacamos neste livro.

Um aspecto final que ressaltamos na nossa análise do projeto financeiro, é que foi visto simplesmente o valor presente líquido do empreendimento, desconsiderando-se totalmente a flexibilidade gerencial que poderia ser dada com a utilização da técnica de opções reais[12].

O pragmatismo das avaliações quantitativas nos processos de privatização de empresas públicas é normalmente uma escola ruim, já que ela está baseada nos exemplos e parâmetros da velha economia. Smith e Parr

---

[12] Ver: COPELAND, T.; ANTIKAROV, V. *Opções Reais: um novo paradigma para reinventar a avaliação de investimentos*. Rio de Janeiro: Campus, 2001.

já se preocupavam com essa tendência ao apresentarem o exemplo da Hungria, que em 1990 criou a State Property Agency (SPA) para supervisionar o processo de privatização desenvolvido no país. As normas da SPA exigiam que ativos intangíveis como patentes, tecnologia, marcas e *copyright* fossem avaliados durante os processos de privatização. Esses valores puderam ser gravados para propósitos contábeis quando foram comprados. Os autores comentam um extrato da norma relacionada:

> A avaliação de ativos intangíveis é geralmente aceitável se for medida com o uso de receitas razoavelmente apuradas e com a utilização das técnicas de fluxo de caixa descontado. Na prática, isso representa uma considerável dificuldade à Hungria, porque as receitas não estão separadamente discriminadas nos livros das companhias e, consequentemente, os dados adequados não estão disponíveis. Um método alternativo que pode ser aceito em certas circunstâncias é identificar os custos relacionados ao desenvolvimento de certo produto ou direito e indexá-lo de forma semelhante a máquinas e equipamentos. Os resultados devem ser revistos para a identificação de fatores que podem induzir a supervalorização. (Smith; Parr, 2005, p. 392)[13]

Com a experiência adquirida na avaliação de ativos intangíveis públicos, sei que realmente é muito difícil capturar e utilizar o conjunto ideal de informações, pelo menos com a facilidade relativa ideal encontrada nas organizações privadas. Oportuno notar que os autores nos dão exemplos, mas não restringem a qualidade dos bens que podem ser considerados ativos intangíveis. Isso, teoricamente, possibilita que qualquer recurso imaterial que possua algum tipo de propriedade legal possa ser considerado um ativo intangível, tanto em organizações públicas quanto no setor privado. Num mundo em que muito se apregoa a necessidade permanente de as empresas realizarem investimentos em pesquisa, desenvolvimento e inovação (PD&I), a porta aberta para a identificação e o reconhecimento do valor econômico dos ativos intangíveis nas empresas públicas é algo bastante animador.

[13] Tradução do autor.

A IAS 38, International Accounting Standards, editada pela International Accounting Standards Board[14], define o ativo intangível como "ativo não monetário identificável, sem substância física". A entidade estabelece três condições para o reconhecimento de um ativo intangível: identificabilidade (se pode ser separado do controlador atual, se existe com base em direitos contratuais ou legais); controle (se pode impedir que terceiros o utilizem sem autorização); benefício econômico futuro (vendas de produtos ou serviços, redução de custos, vantagens comerciais). Por precaução, suponho, a norma não exemplifica os ativos.

Avaliamos economicamente os ativos intangíveis, mas creio que eles não sejam relevantes apenas no âmbito da sua incorporação patrimonial ou exploração comercial como premissas exclusivamente financeiras. Eles são cada vez mais importantes para empresários, pesquisadores, estudantes, empreendedores, economistas, administradores e tantos outros, já que interferem de maneira contundente na forma como vemos e atuamos produtivamente na sociedade do conhecimento. Essa realidade levou-me a acreditar que um dos grandes desafios para a pesquisa, a aplicação dos métodos de avaliação e a gestão de negócios ainda seja educar o mercado para compreender de forma adequada o que são ativos intangíveis e como administrá-los com eficiência. Isso vai até o entendimento dos seus impactos e de como eles podem afetar as organizações e a sociedade.

As marcas são certamente os ativos intangíveis mais conhecidos e valorizados. Elas são consideradas ativos intangíveis porque: a) não são materiais e não podem ser tocadas, apesar de existirem formalmente, b) são a propriedade legal de uma empresa (pública ou privada) ou pessoa, do que depende de um registro no Instituto Nacional da Propriedade Industrial (Inpi) para caracterizar a legalidade do ativo, e c) proporcionam resultados econômicos aos seus controladores. No entanto, dizemos que a marca é intangível não apenas porque, ao contrário de uma embalagem que pode ser tocada e que contenha um logotipo e um produto, suas significações, seus sentidos e benefícios lhe dão valor incontestável, mas também porque o seu reconhecimento só se torna possível no plano emocional do consumidor. Ele avaliará a

---

[14] Cf. <http://www.iasb.org/Home.htm>.

compra da marca e julgará se pagará mais ou menos por ela, com base em sua percepção de uma série de fenômenos e de ocorrências emocionais as quais devem ser muito bem conhecidas, controladas e administradas pelas organizações por meio dos recursos da comunicação da marca.

Portanto, conceitualmente, acabo de dizer que a marca é um ativo intangível porque pertence legalmente a uma organização e seus atributos foram identificados, reconhecidos e remunerados pelos consumidores. Apenas com essas características as marcas serão capazes de capturar benefícios financeiros vantajosos para repasse aos seus detentores. Fatalmente, nada disso poderá ocorrer se a organização titular da marca não desenvolver uma estratégia adequada e não a comunicar de modo eficaz. Isso está bem alinhado com a descrição formal dos ativos intangíveis e também com a forma moderna de avaliar, compreender e controlar como certos fatores intangíveis exercem influência sobre a qualidade do valor da marca.

Não tenciono, neste livro, limitar-me às previsões formais, como as da Lei nº 11.638/07 (mais adiante comentada) e atos inferiores relacionados, pois isso impediria que deixássemos de lado a necessidade de compreender o papel dos intangíveis surgidos das situações inovadoras, especialmente em mercados cujo potencial econômico ainda é desconhecido. Com a publicação da Lei nº 10.973/2004 (Lei da inovação), vemos o ambiente propício para o surgimento de uma infinidade de criações, as quais podem trazer em seus núcleos o potencial de oferecer ao mercado novos tipos de ativos intangíveis, que poderiam deixar de ser reconhecidos simplesmente por não estarem inseridos num padrão qualquer de classificação ou definição formal.

Concordamos com Blair e Wallman (2001) quando dizem que os ativos intangíveis são definidos segundo a sua natureza imaterial e, além disso, pela capacidade de contribuir para o uso ou a produção de artigos ou serviços, podendo gerar benefícios para as pessoas ou empresas que controlam esses recursos. É importante dar mais atenção a isso.

Mesmo sendo recomendável olhar criativamente para o exercício de classificação dos ativos intangíveis, o entendimento apresentado não deixa de ser adequado, e acredito que ele será considerado atual ainda durante muito tempo. Ele não se limita a definir os tipos de ativos intangíveis, mas, de modo genérico, diz que, em resumo, são assim considerados quando pertencem formalmente a pessoas físicas ou jurídicas, seus resultados econômicos podem ser medidos e o período de sua existência ou controle pode ser determinado. Em outras palavras, desde que reúnam um conjunto de informações objetivas muito bem demonstradas.

Lev (2001, p. 51) diz que, em média, os investimentos em intangíveis claramente criam valor, isto é, proporcionam um retorno acima do custo do capital empregado no seu desenvolvimento. Contudo, para conhecer esse benefício no contexto de uma avaliação econômica de ativo intangível, especialmente se relacionado com PD&I, a empresa interessada precisa apresentar ao avaliador um conjunto de informações organizadas a respeito do bem, o que nem sempre é uma tarefa simples para alguns negócios dedicados aos processos de inovação, notadamente aqueles do setor público.

É compreensível que algumas organizações não consigam produzir dados de forma organizada a respeito dos recursos consumidos em PD&I, pois raramente estes se limitam aos dados objetivos dos produtos ou serviços pesquisados. Custos com pessoal, fornecedores, desenvolvimento de protótipos e maquetes, tempo consumido em estudos e avaliações, levantamentos de campo, testes, associações com terceiros, entre outros, nem sempre são recursos de fácil levantamento e quantificação. Mesmo que isso fosse possível, seria ainda preciso contextualizar a análise:

> As estatísticas de P&D não são suficientes. No contexto da economia baseada no conhecimento, tornou-se cada vez mais claro que esses dados precisam ser examinados dentro de um quadro conceitual que os relacione a atividades de outros tipos de recursos e aos resultados desejados de P&D.[15] (Frascati Manual, 2002, p. 14)

Diferenças entre fatores intangíveis e ativos intangíveis

ENTRE OUTRAS ATIVIDADES, as consultorias especializadas em avaliação de ativos intangíveis têm a obrigação de levantar dados, o que

---

[15] Tradução do autor.

significa que elas não são responsáveis pela produção das informações que utilizam nas avaliações. Cabe ao avaliador determinar quais recursos podem ser classificados como ativos intangíveis e, então, proceder aos levantamentos necessários nos ambientes da organização que contratou os serviços. Contudo, mesmo que alguns esclarecimentos anteriores sejam sensatos e razoavelmente conhecidos, muitas pessoas ainda julgam que qualquer objeto ou recurso que não é material pode ser considerado ativo intangível. Para esses casos, será útil acrescentarmos a ideia de separação entre "ativos" intangíveis e "fatores" intangíveis. Os fatores podem ser igualmente compreendidos como recursos imateriais, ou simplesmente pelo termo "intangíveis", sem a palavra "ativo".

Raramente os intangíveis não são importantes demais, mesmo que não possam ser considerados ativos, pois é razoável supor que eles estão de alguma forma relacionados com a capacidade de geração de riquezas. Por exemplo, os imóveis com vistas espetaculares para montanhas, praias e parques, certamente valem muito mais que outros, cujas vistas não sejam tão atraentes, ainda que estejam localizados nos mesmos edifícios, situação comum dos apartamentos em andares inferiores ou nos fundos. Contudo, são raros os imóveis que podem assegurar a eternidade de uma vista, especialmente nos grandes centros urbanos, mesmo que estes se encontrem nos andares mais altos e na melhor posição do edifício.

É compreensível que, na maioria dos casos, as pessoas prefiram comprar imóveis em função da vista propiciada ou da localização. Entretanto, também é comum que essas qualidades sejam perdidas por causa de eventos que não podem ser controlados pelos proprietários do imóvel, simplesmente porque eles não são os donos da paisagem e não regem as leis de planejamento urbano, dentre outras ameaças inesperadas. Um exemplo de interferência do poder dos governos para criar ou destruir intangíveis nesse campo diz respeito às políticas de urbanização e reurbanização. Um plano de desenvolvimento urbano pode eventualmente privilegiar uma via pública, a qual, por exemplo, esteja defronte a uma reserva florestal tombada, em que a construção de qualquer imóvel será impossível. Evidentemente, edifícios construídos em frente à hipotética área certamente valerão muito, pois se assegurará aos compradores que os *fatores* intangíveis envolvidos (vista, lazer, ar puro etc.) possam ser convertidos em *ativos* intangíveis.

De outro lado, e além das questões de paisagismo, uma área então valorizada pode ser terrivelmente depreciada se o plano de reurbanização não privilegiar a manutenção dos seus fatores intangíveis, como a segurança pública, rotas e linhas de ônibus e metrô, iluminação, saneamento, limpeza pública e assim por diante. Na ausência dos benefícios emocionais associados a esses recursos, tais áreas certamente se degradarão, o que impactará na redução do preço e do valor dos imóveis. Nos dois casos, de valorização ou de desvalorização, os administradores públicos não costumam ser formalmente e claramente cobrados a respeito de suas responsabilidades, direitos e deveres.

Por exemplo, se uma localidade tem valorização certa por causa da iminência de um serviço público valioso, ou é uma região em área natural de impacto, o potencial de conversão de fator intangível em ativo intangível deveria ser determinado por meio de avaliação e seus resultados deveriam ser de conhecimento público. Se a OECD entende ser possível capitalizar ativos naturais, os bens públicos de natureza intangível também poderiam ser tratados de igual forma. Assim, não apenas os governos passariam a ser remunerados pela criação e transferência de intangíveis à sociedade como também haveria mais transparência e proteção do capital investido entre os interessados na aquisição, no uso ou na exploração desses bens. Em tais oportunidades, seria útil a ampla divulgação de convite para apresentação pública das áreas sujeitas a alteração e de seus cronogramas, incentivando pequenos investidores à participação. Não seria admissível, em tal hipótese, que detentores de informações privilegiadas se aproveitassem para adquirir áreas desvalorizadas antecipadamente ao conhecimento do público a respeito de sua valorização potencial.

No exemplo de uma vista, vemos que ela é um fator intangível que pode ter influência no preço de venda do imóvel, positivamente ou negativamente. Mas não será possível quantificar a vista isoladamente se não houver como determinar e controlar os recursos legais que assegurem a sua propriedade e manutenção. Apenas com a identificação e análise das formalidades asseguradas pelo poder público será possível ao avaliador atuar nessa direção. Não é um problema que certos fatores intangíveis não possam ser considerados ativos, desde que, é claro, os compradores estejam realmente apenas interessados em usufruir dos recursos enquanto eles durarem. Nesse caso, não existirá qualquer preocupação com o tempo ou com os possíveis riscos ou benefícios de um futuro negócio.

Existem diversas condições nas quais os fatores podem interferir na valorização e destruição de ativos intangíveis. Já lidei com o caso de um cliente que recorria a descontos de forma continuada para manter as vendas. Sua margem de lucro chegou a ficar bastante comprometida até descobrirmos que o foco do problema era interno. Um grupo de funcionários descontentes com o plano de carreira e as participações nos lucros estava levando aos principais clientes da empresa essa insatisfação, até mesmo como justificativa de falhas técnicas. Isso afetou a confiança dos clientes na empresa e eles passaram a fazer exigências complexas e custosas para amenizar riscos potenciais.

Com a identificação do foco do problema, foi possível elaborar um plano de emergência, primeiramente, transferindo os funcionários mais influentes para outros clientes e cidades, alguns até na condição de promovidos. Em seguida, foi criado um plano de ações de relacionamento e de premiações extraordinárias, não apenas para motivar a equipe, mas também para aproximar a diretoria do grupo e participar intensamente da rotina de trabalho, que também foi realinhada. Os clientes mais afetados foram visitados pelo presidente do conselho de administração, que demonstrou de forma honesta o problema, retratando-se e oferecendo compensações significativas como sinal de boa-fé.

O exemplo comprova o valor dos recursos humanos, mas também demonstra que, além de a empresa não controlar a propriedade sobre as pessoas-chave, ela fica ainda mais distante de interferir no comportamento dos agentes que se relacionam diretamente com centros importantes de decisão, os quais fatalmente afetarão os recursos financeiros da empresa. Não se trata apenas de mapear esse risco ou de criar códigos de conduta e de policiar a sua aplicação. Trata-se de reconhecer que existem valores desconhecidos por trás de cada ação da empresa e que ela quase sempre não pode controlá-los.

Muitas empresas reconhecem esse potencial de fatores de riscos e ameaças adotando sistemas para localizá-los e mapeá-los, o que é uma providência louvável. Mecanismos como o *Balanced Scorecard* (Kaplan; Norton, 1992) ilustram esses esforços e confirmam que o temor das empresas de se sujeitarem aos aspectos marginais dos negócios pode comprometer os objetivos financeiros e, não raramente, até a sobrevivência do negócio.

Comentamos um exemplo de fator associado à gestão do conhecimento. Existem, contudo, muitos outros exemplos de fatores que, frequentemente, podem ser confundidos com ativos, se não puderem ser contemplados com os princípios gerais que descrevi. A relação do Quadro 1.1, a seguir, é meramente ilustrativa. De um lado, temos uma série de fatores que não podem ser considerados ativos intangíveis. De outro, temos a sua contrapartida em situação hipotética formal, que poderia elevar o fator à condição de ativo.

QUADRO 1.1 Fatores e situações hipotéticas que podem ser elevados à condição de ativos

FATORES	ATIVOS
Vista/localização	Área imobiliária exclusiva escriturada em região tombada ou protegida
Perfume/aroma	Fórmula depositada de perfume/produto
Market share	Contratos com distribuidores, varejistas ou representantes em mercados significativos
Estilo/charme/prestígio	Design, nome, personagens registrados nos órgãos competentes
Tradição	Relações contratuais associadas
Liquidez	Contratos de oferta de recursos financeiros e linhas de crédito junto a fornecedores
Potencial de mercado	Contratos de venda, *joint ventures* no Brasil e no exterior
Lucratividade	Contratos de venda e compra com margens e custos definidos em contrato
Monopólio	Atuação regulada através de parecer favorável do Cade (Conselho Administrativo de Defesa Econômica) ou relacionado
Credibilidade	Marca registrada e atuante segundo as melhores práticas estabelecidas em contrato por grandes compradores ou distribuidores
Fidelidade	Marca registrada atuando sob contratos de venda e distribuição
Outros	Recursos não monetários estabelecidos de forma contratual, relacionados com a geração direta ou indireta de caixa. Exemplos: imagem da marca associada a artistas, esportistas, animações, dentre outros.

Copyright 2007: <http://www.intangiveis.com.br>

FONTE: <HTTP://WWW.INTANGIVEIS.COM.BR>

A pesquisa, organização e segmentação entre ativos e fatores é um exercício que considero preliminar para a avaliação de ativos intangíveis. Como a maioria das empresas não possui um sistema próprio para investigar quais são os seus fatores de influência, normalmente executamos essa providência nas nossas avaliações, com a construção do *checklist*, que abordarei em detalhes mais adiante. Os fatores são de caráter exclusivo e variam bastante, conforme o tipo de ativo avaliado, o perfil do cliente, suas praças de atuação e assim por diante. Por essas razões, não adotamos modelos estáticos que se prestem a identificar ou mesmo quantificar o peso ou a influência dos fatores. Destaco no Quadro 1.2 a seguir um exemplo de mapeamento de fatores pertinente à avaliação de uma marca.

QUADRO 1.2 Exemplos de fatores para a avaliação de intangíveis: marcas

Idade absoluta Desde quando existe.	**Conotações** Pessoais, sociais, naturais.
Idade relativa Desde quando existe, em relação à concorrência.	**Lucro absoluto** Melhor que a mediana do setor.
Nome Restrito ou substantivo, local ou global.	**Lucro relativo** Melhor que a mediana da concorrência.
Capacidade de extensão *Branding*, *co-branding*, novas linhas.	**Custo de promoção e comunicação** Menor que a mediana do setor e maior publicidade que os concorrentes.
Capacidade de comunicação Redes sociais, governança, socioambiental.	***Market share* absoluto** Os produtos tem alta participação.
Associações Pessoas, lugares, fatos, datas, coisas.	***Market share* relativo** Mais elevado que a concorrência.

FONTE: BASEADO EM MARTINS; BLECHER (1996). DISPONÍVEL EM: <HTTP://WWW.GLOBALBRANDS.COM.BR>.

Outros autores e outras normas não fazem distinção entre ativos e fatores. Até mesmo confundem ambos ao descreverem seu entendimento a respeito dos ativos intangíveis. É o que constatamos com base na definição de Smith e Parr (2005, p. 13):

Este texto define ativos intangíveis como todos os elementos de uma empresa comercial que existem separadamente dos ativos monetários e tangíveis. Eles são elementos separados do capital de giro e dos ativos fixos, que caracterizam a empresa e frequentemente são os responsáveis pelo seu poder de ganho. Seu valor é dependente da presença ou da expectativa de ganhos. Eles tipicamente surgem por último no desenvolvimento de um negócio, e frequentemente são os primeiros a desaparecer no seu encerramento. Os ativos intangíveis podem ser categorizados como: direitos, relacionamentos, indefinidos e propriedade intelectual.[16]

A segmentação entre fatores e ativos é realmente importante, seja por razões técnicas em sua avaliação, seja também para a segurança das empresas interessadas na contratação desses serviços. O que os autores pesquisados deixaram de esclarecer é que, atualmente, convivemos com a progressão do reconhecimento dos ativos intangíveis, sobretudo desde a sua escrituração. Se não demonstrarmos adequadamente aos diversos públicos interessados o que pode ou não ser considerado ativo intangível, existe a possibilidade de eles serem levados à confusão, fazendo supor que é viável avaliar, contabilizar e, pior, até tentar negociar fatores como participação de mercado, imagem, prestígio etc. como sendo ativos intangíveis. Essas ameaças de equívocos são bastante presentes quando há interpretação apaixonada dos estranhos *rankings* de avaliação de marcas, por exemplo.

Vimos que, para admitir que fatores intangíveis não sejam ativos intangíveis, não é preciso prescindir da ideia de que eles não possam proporcionar ganhos ou prejuízos. Muito pelo contrário, concordo que os fatores podem ser valorizados e reconhecidos formalmente por meio de rúbricas como o *goodwill*, mas reitero que a segmentação entre fatores e ativos é muito benéfica para o esclarecimento e a proteção dos interesses dos nossos clientes e dos seus públicos.

Entendo que o termo "capital intangível" é a melhor forma de abraçar definições, ações e benefícios envolvidos nos recursos de capital intelectual,

---

[16] Tradução do autor.

propriedade intelectual, ativos e fatores intangíveis. Ele valida o conceito de empacotamento ao admitir a existência e necessidade de diversos recursos imateriais para que as empresas sejam formadas, administradas e se desenvolvam com qualidade e valor. O uso do termo "capital" legitima a existência de instrumentos financeiros para avaliar tais recursos, porém, sem a obrigatoriedade de escriturá-los quando houver impossibilidade de controlá-los legalmente. Admito, com essa descrição, que, embora o capital tenha cunho quantitativo (financeiro), nem tudo considerado de vital importância pode e precisa ser monetizado.

Quando formulei pioneiramente no Brasil o modelo de uma consultoria especializada em criação e gestão de marcas, combinada à avaliação econômica de ativos intangíveis, não foram poucos os críticos que censuraram ou deixaram de compreender os serviços oferecidos. Por mais absurda que possa ser a constatação, o fato é que, em muitas organizações, a criação, gestão e comunicação de marcas não estão vinculadas à valorização das empresas. Elas ainda são percebidas como atividades dissociadas, com maior ou menor ênfase de um ou de outro campo, conforme a maturidade e qualidade do conhecimento de cada organização.

Os críticos entendiam que seria incoerente esperar de uma consultoria com o perfil da minha um apoio e uma orientação aos clientes no desenvolvimento da comunicação de uma marca e, simultaneamente, tendo o foco técnico sustentado na sua valorização anos adiante. O que ainda pesa sobre nós é o fato de acreditarmos que, se os mecanismos de *branding* oferecem a oportunidade de se gerarem inúmeras métricas quantitativas importantes, isso não significa que elas estejam automaticamente endossadas para utilização como recursos para a monetização, ainda mais em *rankings* produzidos à distância das organizações. Por outro lado, não deixo de acreditar que essas métricas não possam influenciar a capacidade de ganho monetário das empresas, desde que também possam animar os administradores a enxergarem a empresa de modo criativo e responsável.

Referi-me há pouco à influência da falta de caráter das partes na qualidade de uma negociação, o que pode parecer algo de importância bastante subjetiva, especialmente para os profissionais que têm a pretensão de possuir um antídoto permanente contra ela. Não quero contestar a competência desses profissionais, mas julgo ser possível às pessoas comuns identificarem sinais importantes desse risco, por exemplo, por meio da postura das partes no relacionamento com os empregados, os fornecedores, a família, os clientes e outros públicos.

A questão da importância do caráter é simbólica. A análise de negócios sempre envolveu uma ou mais questões de análise subjetiva, como amizade, empatia, confiança e qualquer outra qualidade de impressões que podemos formar a respeito dos nossos parceiros potenciais de negócios. Além dos julgamentos que nós mesmos podemos fazer, somos também frequentemente influenciados pelos julgamentos de terceiros, sejam eles desenvolvidos de modo indutivo ou dedutivo. Tudo isso pode não ter muito sentido para quem é adepto do pragmatismo nos negócios, mas, conforme as circunstâncias, com o nosso nível de maturidade, o estresse do momento, entre outras condições, essas impressões podem ter maior ou menor peso nas decisões, envolvendo desde a avaliação de uma ida ao cinema até o investimento de milhões em um negócio.

Classificações até muito mais elaboradas que aquelas que apresento não são suficientes para impedir que um comprador ou vendedor negociem fatores como se fossem ativos. Se as partes interessadas não manifestarem adequadamente suas dúvidas, receios e ideias ao avaliador, este terá grande dificuldade em estabelecer critérios aceitáveis suficientes para assegurar que os principais parâmetros de avaliação tenham sido identificados e sejam relevantes para os interesses envolvidos. Um ponto bastante polêmico nessa questão está relacionado ao capital humano, também referido como capital do conhecimento, ativos do conhecimento e, ainda, como capital intelectual. Seria o conhecimento um fator ou um ativo intangível?

Valor ou valores do conhecimento?

A NOVA ECONOMIA, intensiva em tecnologias de informação e comunicação, está inserida no que já foi muito bem definido como uma "sociedade do conhecimento" (Drucker, 1993). Entretanto, "o conhecimento é um bem intangível e as tentativas de defini-lo geralmente levam a um labirinto de onde não existe uma saída fácil" (Toffler, 2007, p. 142). Assim, e de modo mais elaborado, a questão é: mesmo que não fosse apenas um fator, o conhecimento poderia ser também considerado um ativo intangível?

O conhecimento pode ser referido como um conjunto formado por "informação, conscientização, saber, cognição, sapiência, percepção, ciência, experiência, qualificação, discernimento, competência, habilidade prática, capacidade, aprendizado, sabedoria, certeza e assim por diante" (Sveiby, 1998, p. 35). Castells (2003, p. 64) descreve o conhecimento como "um conjunto de declarações organizadas sobre fatos ou ideias, apresentando um julgamento ponderado ou resultado experimental que é transmitido a outros por intermédio de algum meio de comunicação, de alguma forma sistemática".

Eventualmente, o conhecimento também é confundido com informação: "um instrumento de geração de conhecimento e não o conhecimento em si" (Bindé, 2005, p. 19). Em direção oposta, Castells (2003, p. 65) prefere o sentido amplo do termo informação, visto como "comunicação de conhecimentos", e Nonaka e Takeuchi (1997, p. 64) acreditam que "a informação é um fluxo de mensagens, enquanto o conhecimento é criado por esse próprio fluxo de informação, ancorado nas crenças e compromissos de seu detentor" (*apud* Martins, 2009).

O conhecimento é bastante pesquisado e discutido porque se tornou um recurso valioso, e não apenas porque vivemos na era da informação, assim reconhecida por causa da crescente utilização dos meios digitais para o entretenimento, o trabalho e a educação, e também para os núcleos de grande produção de conhecimento, cujos dados foram reunidos, organizados e comunicados (Castells, 2003). O fato é que o conhecimento se desenvolve e se valoriza porque oferece a oportunidade de crescimento individual, econômico e social. Toffler (2007, p. 142) vê a grande importância desses benefícios e sugere o uso de um exemplo para distinguir "informação" de "conhecimento":

> Uma abordagem habitualmente utilizada é aquela que faz clara distinção entre conhecimento, dados e informações. Dados, em geral, são itens distintos e destituídos de contexto: por exemplo, "300 ações". Quando colocados em um

contexto, os dados transformam-se em informação: por exemplo, "temos 300 ações da Companhia Farmacêutica *x*". Então, quando a informação é configurada em padrões mais elaborados e complexos, chegamos ao que se pode chamar de conhecimento: "temos 300 ações da Companhia Farmacêutica *x* que subiram dois pontos percentuais num mercado altista, mas o volume de negócios é baixo e é provável que o banco central aumente as taxas de juros".

Embora seja impraticável abordar de forma extensa todas as possibilidades de interpretação econômica do conhecimento, é possível recorrer mais uma vez às pesquisas de Toffler (2007, p. 142-144) para conhecer o que ele acredita ser as principais características do conhecimento:

1   O conhecimento é inerentemente não rival. Você e 1 milhão de outras pessoas podem usar o mesmo conhecimento sem diminuí-lo ou desgastá-lo. Na verdade, quanto mais as pessoas usam, mais provável é que alguém gere mais conhecimento a partir do "conhecimento original" [...].

2   O conhecimento é um bem intangível. Não podemos tocar, acariciar ou sacudir o conhecimento, por exemplo. Mas podemos manipulá-lo – e isso, com certeza, é feito.

3   O conhecimento não é linear. Quando falamos de conhecimento, breves *insights* e ideias simples podem gerar resultados surpreendentes. Os alunos de Stanford, Jerry Yang e David Filo, criaram o Yahoo! simplesmente ao ter a ideia de categorizar seus *sites* favoritos [...].

4   O conhecimento é um fator relacional. Qualquer trecho de conhecimento adquire significado apenas quando justaposto a outros trechos que fornecem o contexto. Algumas vezes, o contexto pode ser comunicado com apenas um sorriso ou um olhar.

5   O conhecimento combina com outros conhecimentos. Quanto maior o conhecimento, mais indiscriminadas, numerosas e variadas serão as suas possibilidades de uso e combinações com outros conhecimentos.

6   O conhecimento é mais facilmente transferível do que qualquer outro bem ou produto. Uma vez internalizado, o conhecimento pode ser instantaneamente transferido [...] a um custo próximo a zero.

7   O conhecimento pode ser resumido e condensado em símbolos ou abstrações [...].

8   O conhecimento pode ser armazenado em espaços cada vez menores [...].

9   O conhecimento pode ser explícito ou implícito, expresso ou não expresso, partilhado ou tácito [...].

10 O conhecimento é difícil de "engarrafar, empacotar" ou conter. Ele espalha-se e difunde-se entre nós com mais facilidade do que qualquer outro bem.

Essas dimensões do conhecimento extrapolam bastante o contexto da educação e da informação. Observamos um conjunto de recursos ligados ao ambiente economicamente produtivo, principalmente no que se refere aos benefícios de sua transmissão, nem sempre onerosa em termos financeiros, como existe a demanda crescente por conhecimento, cujos benefícios geralmente não podem ser medidos antecipadamente, ele é "aplicado, de forma sistemática e determinada, para definir que novo conhecimento é necessário, se ele é viável e o que precisa ser feito para torná-lo eficiente. Em outras palavras, ele está sendo aplicado à inovação sistemática" (Drucker, 1993, p. 22).

Na sociedade do conhecimento, nenhuma atividade econômica pode prescindir do conhecimento, que pode ser classificado seja como um produto, seja como um requisito necessário – fator de custo – na produção de outros bens e serviços (Machlup, 1962, p. 29). Constatamos, praticamente, que o conhecimento é indissociável e preponderante quando se trata da criação, avaliação e administração dos ativos intangíveis. Ele certamente está inserido no contexto de empacotamento e, como vimos, não pode ser desvinculado da pessoa. É inimaginável que qualquer atividade relacionada aos ativos intangíveis possa ser praticada sem o envolvimento da pessoa, evidentemente mais em algumas atividades do que em outras. A OECD (2000, p. 44) destaca que o conhecimento é mais relevante em certos tipos de negócio e mesmo se constitui seu centro de valorização e de distribuição de novos conhecimentos:

> Certos negócios de serviços de conhecimento intensivo, tais como consultoria, formação, P&D e serviços de computação, parecem ter um forte papel na inovação, especialmente no processo de difusão. Esses serviços facilitam a inovação

em outras empresas, ajudam a disseminar conceitos e ideias inovadoras e são uma fonte importante de inovação e capital intangível por si mesmos.

Todos os recursos considerados bens intangíveis valiosos na sociedade do conhecimento estão direta ou indiretamente relacionados com uma pessoa que, em algum momento, capturou, aprimorou e, ao final, compartilhou o seu saber com terceiros. Se esse ciclo ocorreu em ambiente econômico produtivo, o conhecimento compartilhado certamente teve participação na criação de recursos, incluindo produtos, serviços, pesquisas etc., independentemente de poderem ser classificados como conhecimento. Abordei longamente essa e outras questões na dissertação de mestrado defendida na Universidade de São Paulo (Martins, 2009), da qual extraí algumas passagens para este livro.

Quando combinado a outros fatores e ativos intangíveis, o conhecimento é capaz de favorecer o desenvolvimento competitivo das organizações, pois o que diferencia verdadeiramente uma empresa de outra é aquilo que apenas uma delas conhece, explora ou domina de maneira competente e continuada. Voltando às marcas, muitas delas são ativos intangíveis regularmente transacionados, frequentemente porque conseguem transmitir a ideia de poderem se comunicar de modo direto com o emocional dos seus consumidores, de forma que nenhuma outra marca possa imitar (OECD, 2000, p. 44) ou igualar seu desempenho econômico. Certamente, essa assertiva consideraria que a marca poderia ser separada de sua empresa original e continuada sob outra administração ou em outras circunstâncias, todavia, com a manutenção de seus ativos e fatores.

Portanto, o conhecimento é realmente relevante, independentemente de sua definição ou classificação como ativo ou fator intangível, pois ele está contido em todas as pessoas, coisas e lugares. Edvinsson e Malone (1998, p. 3) vão ainda mais além e concordam com a ideia de que o termo capital intelectual "não é somente a capacidade intelectual humana, mas também nomes de produtos e marcas registradas, ou mesmo ativos contabilizados a custo histórico, que se transformaram ao longo do tempo em bens de grande valor". Machlup (1962) já entendia, quanto ao conhecimento, que não se trata apenas de descobrir, inventar e planejar, mas também de disseminar e comunicar.

Mesmo que o conhecimento não possa ser classificado como ativo intangível, sabemos que a sua compra e venda ocorre com bastante frequência nas organizações, ainda que isso nem sempre aconteça de modo intencional:

> Vendedores do conhecimento são pessoas da organização que têm reputação no mercado interno por possuir substancial conhecimento de um determinado processo ou assunto. Eles podem vender seu conhecimento por partes ou, o que é mais provável, num "pacote", em troca de um salário. Embora virtualmente todas as pessoas sejam, vez por outra, compradoras do conhecimento, nem todas são necessariamente vendedoras. Algumas pessoas são bem preparadas, mas não conseguem articular seu conhecimento tácito. Outras têm um conhecimento por demais especializado, pessoal ou limitado para que tenha algum valor para o mercado do conhecimento. Alguns potenciais vendedores do conhecimento mantêm-se fora do mercado por acreditar que ganham mais enclausurando seu conhecimento do que compartilhando com outros. (Davenport; Prusak, 1998, p. 33)

Conforme cada caso, as empresas podem, de certa forma, identificar, mapear, controlar e até transacionar o conhecimento interno e externo. O desafio é que, para que o conhecimento seja considerado um ativo intangível, avaliá-lo economicamente dependeria fundamentalmente da identificação e constatação do controle legal da porção ideal de conhecimento associada com a criação, o desenvolvimento, a venda e até a administração de ativos intangíveis. Entendo que a má notícia a respeito do conhecimento, no contexto de uma avaliação econômica de ativos intangíveis, é que nenhuma organização, seja ela pública ou privada, pode se declarar "dona" do conhecimento do qual eventualmente se beneficie ou mesmo dependa. Para a maioria das organizações, esse conhecimento vital está empacotado e enclausurado em uma relação clássica "patrão-empregado" em que os interesses e objetivos podem não ser necessariamente convergentes ou até efetivamente possíveis.

Um exemplo rápido e simples pode nos ajudar a compreender esse importante limite. Uma empresa investe milhões na pesquisa e no desenvolvimento de uma invenção, até ao ponto de patenteá-la. Sem dúvida, essa patente torna-se um ativo intangível, que pode e deve ser avaliado economicamente. Contudo, e conforme a sua característica, ela pode exigir algum tipo de participação presencial do seu articulador ou desenvolvedor, sem o qual não poderá eventualmente proporcionar os ganhos esperados. Afinal, se o conhecimento está permanentemente associado a uma pessoa, e se a patente não se materializou sem a interferência humana, defendo que ela também possa não suceder sem o componente humano.

Diante de tal hipótese, especulo que, mesmo sendo a titular da patente, a empresa poderá não conseguir obter o máximo benefício econômico dela, isso se constatada a dependência de qualquer tipo de intervenção humana especializada que ela não possa controlar. Lamentavelmente, nesse caso e sem que seja possível empacotar formalmente o conhecimento ao ativo intangível, a patente se verá comprometida, quem sabe até irremediavelmente. Entendo que isso afeta todos os tipos de ativos intangíveis, direta ou indiretamente dependentes do conhecimento, sendo um desafio que se constitui no fator de maior influência para o progresso ou o fracasso de muitos negócios. Esses impactos são investigados, ponderados e tratados como aspectos determinantes nos trabalhos de avaliação realizados por minha consultoria, conforme detalharei mais adiante.

Dadas as circunstâncias políticas e econômicas desse momento histórico, não concordo com os pesquisadores que sustentam ser possível monetizar o conhecimento dos empregados na categoria de ativos intangíveis. Alguns sustentam que os empregados que atuam sob o regime de CLT (Consolidação das Leis Trabalhistas) podem ser integrados à carteira de ativos intangíveis de uma organização, basicamente avaliando-os pelos métodos de custos, os quais comento neste livro. Vejo duas razões para sustentar essa discordância:

a) Deslealdade do empregador

Sem a obrigação de um contrato de prazo determinado, as empresas podem se desfazer dos empregados que quiserem, no tempo que lhes for conveniente. Contingências, como as crises econômicas ou societárias, descontinuidade em um dado mercado ou vantagem estratégica de uma nova linha de produção que exija outro perfil de empregados podem fazer a empresa desmontar quantas equipes forem necessárias, independentemente da história de sucesso ou dos investimentos que fez em conhecimento. Já vi isso acontecer várias vezes, inclusive em companhias em pleno processo de aplicação de sistemas para gestão do conhecimento.

b) Deslealdade do empregado

Os empregados, por mais treinados e adulados que forem, também podem ser desleais conforme a conveniência ou as circunstâncias. Se, igualmente, não tiverem recursos tangíveis que os amarrem às empresas, como contratos ou opções de compra de ações, por exemplo, indubitavelmente se desvincularão pelas razões que quiserem eleger como prioritárias. Também já vi isso acontecer muitas vezes.

Nos dois casos, as despesas envolvidas com treinamento, bônus, benefícios, *headhunters*, viagens, propagandas de anúncio de vagas, entre outras, são desperdiçadas, normalmente com duas consequências bastante conhecidas: oneram as empresas ou capitalizam os ex-empregados.

Existem casos em que as equipes treinadas podem facilmente ser classificadas como ativos intangíveis. Jogadores de futebol, equipes de montagem, profissionais terceirizados exclusivos, entre outros, frequentemente só atuam sob contratos cujas regras, inclusive de conduta, são bem estabelecidas. Além de ser possível avaliar os recursos de retenção, como os contratos ou opções de compra de ações, as avaliações do conhecimento contratado são de relativa simplicidade técnica e, sem dúvida, podem influenciar diretamente no desempenho e na valorização de uma série de ativos intangíveis.

A marca premiada, valorizada, ou seja lá quais tipos de reconhecimento a atestem, não conseguirá sustentar sua eventual vantagem competitiva se não trabalhar duramente para assegurar aos seus públicos a permanência de seus atributos e se assumir uma posição passiva diante de julgamentos externos e internos não controlados pela empresa. Ela pode ser até eficaz na elaboração e entrega dos recursos vinculados ao conhecimento, mas jamais deterá os direitos sobre a forma como o mercado capturará e interpretará esses recursos. A influência do fator humano é, como verificamos, permanente e, todavia, instável.

O conhecimento, por assim entendermos, atua em toda a cadeia de existência dos bens intangíveis. Contudo, como na maioria dos casos, ele não pode ser empossado e controlado pelas empresas. O mais adequado é assumirmos que ele não é um ativo intangível, mas sim um fator intangível, ainda que, por vezes, seja indissociável e imprescindível. Já investimos muito tempo e dinheiro em pesquisas e projetos de gestão do conhecimento, e, fora do contexto comentado, não o avaliamos economicamente, pois já opinamos que não acreditamos que isso seja viável e até mesmo necessário.

Cremos, contudo, ser possível e fundamental identificar o conhecimento nas organizações e até certo ponto rastreá-lo e controlá-lo. Por exemplo, descobrindo em quais núcleos do negócio a empresa está mais ou menos dependente de um tipo fundamental de conhecimento. Certamente, isso possibilitará um nível ótimo de controle com relação a riscos, ameaças e oportunidades, mesmo sob os critérios de julgamento do mercado. Se as empresas só podem controlar os riscos conhecidos, então não existe razão para não posicionar a gestão do conhecimento no topo das prioridades da gestão de negócios.

Conheço inúmeros recursos sofisticados para a gestão do conhecimento e vejo que não é missão impossível identificá-los e rastreá-los nas organizações. No entanto, talvez não seja necessário investir de maneira pesada em sistemas de avaliação do conhecimento para isso, obrigando os funcionários a completarem dezenas de planilhas para, ao final, gerar tabelas coloridas, gráficos e curvas de alto impacto estético, em certos casos até possibilitando algum risco de desvio ou vícios no preenchimento dos questionários. O que aprendi é que o conhecimento é tão visceral e presente que basta a atenção e a reflexão organizada e experiente para identificar os principais vendedores e núcleos de conhecimento influente na maioria das organizações.

Mesmo nas empresas em que o conhecimento tenha sido plenamente mapeado e dissecado, já constatei que apenas um único deslize causado pela pessoa certa no momento errado pode jogar no lixo qualquer programa elaborado de gestão do conhecimento. De maneira geral, os maiores núcleos de riscos estão tanto no topo quanto na base dos organogramas, escondidos nas entrelinhas invisíveis de qualquer organização. Por mais que as empresas invistam em sistemas complexos e muito bem aplicados, é sempre útil parar e pensar: dá para acreditar que na Enron, Worldcom, AIG, Toyota, WaMu, Lehmann Brothers, Sadia, entre tantas outras organizações, não existia nada parecido com as modernas técnicas de gestão do conhecimento? Em seus momentos ou ápices de crises, essas empresas ficaram nas mãos do conhecimento mapeado que julgavam possuir e controlar, mas, ainda assim, não puderam aplicá-lo de maneira sábia.

Com tudo isso, estou certo de que, na economia do conhecimento, este não deve ser tratado de modo desvinculado da valorização econômica dos ativos intangíveis, especialmente por causa da sua característica de não rivalidade. Ela existe porque o trânsito virtual de conhecimento é facilitado devido a sua natureza intangível, a qual favorece o alcance de inúmeros públicos de modo continuado, já que o estoque de conhecimento, como regra, ao contrário dos bens duráveis, não se deteriora e não se dilui quando compartilhado (Machlup, 1962). Essa ideia foi bastante explorada por diversos autores, inclusive por Sveiby (1998, p. 27):

> Se você me vender um aspirador de pó, levo a máquina e você recebe o meu dinheiro em troca. Se você me vender um bilhete de passagem de trem ou me alugar um quarto de hotel, o lugar no trem e a cama no quarto estão sujeitos a uso e desgaste porque irei usá-los. Portanto, o capital se deprecia com o uso, mas o conhecimento se valoriza. O seu cabedal de conhecimento não diminui se você compartilhá-lo comigo. Se eu contratar você para ajudar meu pessoal a desenvolver suas capacidades, você não apenas manterá seus conhecimentos depois de "vendê-los", mas provavelmente terá aprendido algo de novo com o meu pessoal nesse processo.

Se esses autores veem que, ao contrário dos bens materiais, o conhecimento não desaparece quando é vendido, eu complemento dizendo que ele pode permanecer, até mesmo quando as empresas quebram. É claro, por exemplo, que havia na Enron muito conhecimento e muitas pessoas talentosas. A empresa foi levada à falência não por causa da falta de conhecimento de toda a sua equipe, mas, possivelmente, pela falta de caráter de alguns de seus dirigentes. As pessoas talentosas egressas da Enron devem ter encontrado novas oportunidades profissionais e, certamente, transferiram para as suas novas carreiras o aprendizado patrocinado pela empresa quebrada. Portanto, o exemplo também serve para validar minha opinião de que o conhecimento adquirido é frequentemente capitalizado pelo seu beneficiário. Entretanto, é preciso cautela quando se trata da valorização e do reconhecimento do valor do conhecimento. Vi muitos casos de fusões e aquisições nos quais as empresas compradoras de conhecimento se frustraram ao perceber que a integração do "novo" conhecimento (da empresa comprada) ao "velho" conhecimento (da empresa compradora) consumiria muito tempo e dinheiro. Isso é particularmente verdadeiro no setor de serviços (bancos, seguradoras, consultorias, bancas de advogados, entre outros), no qual o choque cultural entre as equipes não pode ser bem administrado, o que frustra as expectativas dos acionistas quanto à obtenção de vantagens de mercado e economia com as sinergias, entre outras previsões.

Isso ocorre devido ao caráter de instabilidade do conhecimento, que requer um ambiente bem equilibrado para se estabelecer e se desenvolver. Mover as peças do conhecimento adquirido para um ambiente desconhecido, por si só, não é capaz de assegurar sua continuação ou evolução. Os significados da economia do conhecimento vão muito além dos fatores associados com a educação, dos recursos de tecnologia que ela emprega e, finalmente, dos benefícios pessoais e profissionais que ela pode proporcionar. Verificamos que ela caracteriza um novo e amplo papel e um desafio para as organizações e os indivíduos. Segundo Bindé (2005, p. 46):

> A economia do conhecimento é um estado específico do conhecimento-orientado do estágio de desenvolvimento capitalista, baseado no conhecimento, sucedendo uma fase marcada pela acumulação de capital físico. [...]

A economia do conhecimento organizacional e tecnológico sublinha complementaridades entre as possibilidades alargadas de codificação da informação, armazenamento e transmissão oferecidos pelas novas tecnologias, o "capital humano" dos trabalhadores suscetíveis de utilização dessas tecnologias e uma organização "reativa" das empresas.[17]

O valor dos ativos intangíveis

A VALORIZAÇÃO ECONÔMICA dos ativos intangíveis é questão ainda bastante controversa, não apenas devido à falta de regulamentação uniforme ou do possível rigor contábil na questão dos custos desses ativos, mas o desafio, quando os ativos intangíveis são examinados, é conciliar as avaliações àquilo que os controladores dos ativos pretendem com elas. Muitos empresários, por exemplo, reconhecem que suas marcas são patrimônios econômicos importantes, não raro valendo mais do que a soma de todos os demais bens da organização. "As empresas podem perder fábricas e homens; resta-lhes a propriedade de um nome que só por si representa todo o ativo e tira o seu valor da notoriedade e do poder de atração sobre a clientela." (Kapferer, 1991, p. 207)

A análise de Kapferer ainda é atual, mas ela pode ser comprometida se empreendermos uma avaliação da marca sem identificar, e pelo menos apreciar, o que está em seu pacote: um conjunto complexo de fatores e ativos nem sempre dissociados e de monetização necessária ou viável. As marcas são ativos intangíveis cuja localização é bastante simples, em qualquer organização pública ou privada. O problema é que poucas avaliações de marcas são encomendadas com o propósito de dimensionar e controlar os fatores envolvidos de riscos, ameaças e oportunidades. Com isso, pode-se comprar a marca sem apreciar devidamente outros aspectos e possivelmente sem levar em conta outros recursos importantes que são indissociáveis dela.

Vimos que não é um trabalho fácil selecionar, nas organizações, os diversos tipos de ativos e fatores intangíveis que possam ser avaliados e

---

[17] Tradução do autor.

que resultam na capacidade ou oportunidade de criação e exploração sustentada de riqueza econômica. Por causa disso, diversos pesquisadores acompanham a evolução do contexto de valorização desses ativos, além de oferecer propostas de critérios para a sua classificação e segmentação. É o caso de Lev (2000), que não apenas segmentou os ativos intangíveis, como também criou uma forma de destacar os seus fatores de ascendência, propondo o seu agrupamento em três núcleos, conforme demonstro na Figura 1.1, a seguir:

FIGURA 1.1 A ascendência dos ativos intangíveis

FONTE: ADAPTADO DE LEV (2001). DISPONÍVEL EM: <HTTP://WWW.GLOBALBRANDS.COM.BR>.

Diversos autores propuseram diagramas mais ou menos semelhantes, de modo geral baseados no *Monitor de ativos intangíveis*, um trabalho pioneiro e de referência criado e divulgado pela empresa sueca Celemi em seu balanço de 1995. A Figura 1.2, a seguir, resume o modelo da Celemi, que trata o valor de mercado da empresa, segmentado em capital financeiro e capital intelectual. Este último se divide em capital humano e capital estrutural – o que permanece na empresa quando os empregados vão para casa (Roos *et al.*, 1997): marcas, patentes, processos, dentre outros.

Seria interessante que a empresa também considerasse, no grupo do capital estrutural, o capital de clientes – que, no nosso entender, só poderia incluir clientes fixos sob contrato, já que estes, assim como os empregados, também podem se deslocar conforme a conveniência. Essa questão, a respeito da titularidade das empresas sobre certos tipos de cliente, parece-nos tão promissora como objeto de pesquisa quanto a titularidade sobre os empregados.

FIGURA 1.2 Valor de mercado da empresa

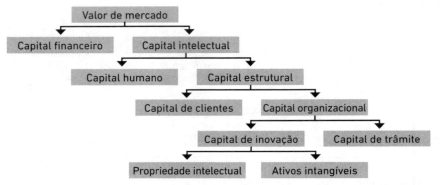

FONTE: ROOS *ET AL.* (1997, P. 57), COM REDESENHO DO AUTOR.

Sveiby (1998), ex-associado de minha consultoria, colaborou nesse projeto, que, apesar de certas inconsistências, tornou-se uma das principais referências para as práticas de gestão do conhecimento e para a avaliação de ativos intangíveis. O modelo é capaz de demonstrar os indicadores relevantes para a empresa em cada um dos grupos, sendo apurado anualmente e sem o objetivo de monetizar os indicadores, pois o propósito dos gestores é mapear e controlar a influência dos recursos para o desempenho integral da organização. Os indicadores adotados naquele balanço da Celemi, relacionados por Sveiby (1998), foram:

1   Pessoal administrativo: todos os funcionários além dos especialistas.
2   Clientes: divididos em três categorias. O indicador é o percentual da parcela de receitas por tipo de cliente.

3 Nível de escolaridade: funcionários que, no final do ano, tinham o primeiro grau (*Grundskola*, calculado como = 1), o segundo grau (*Gymnasium* = 2) e nível superior (*Universitet* = 3).

4 Especialistas: funcionários que trabalham diretamente com os clientes em projetos. Os altos gerentes são considerados especialistas porque trabalham ativamente com os clientes.

5 Cinco maiores clientes: parcela de receitas geradas pelos cinco maiores clientes.

6 Número de funcionários: duas definições são utilizadas — número médio empregado durante o ano para os indicadores de eficiência; números verificados no final do ano para os indicadores de crescimento, renovação e estabilidade.

7 Competência profissional: número de anos na profissão atual.

8 Proporção de pessoal administrativo: número de funcionários administrativos dividido pelo número total de funcionários no final do ano.

9 Repetição de pedidos: clientes também existentes no ano interior (aqueles que correspondem a dois terços das receitas).

10 Taxa de novatos: número de funcionários com menos de dois anos de serviço.

11 Vendas por funcionário administrativo: receitas totais divididas pelo número médio de funcionários administrativos.

12 Vendas por cliente: receitais totais divididas pelo número médio de clientes.

13 Tempo de serviço: número de anos como funcionários da Celemi.

14 Rotatividade de pessoal: número de funcionários que deixaram a empresa dividido pelo número de funcionários existentes no início do ano.

15 Valor agregado: valor produzido pelos funcionários da Celemi depois de pagos todos os fornecedores externos.

O que percebemos com base nos indicadores da Celemi é a necessidade de agrupar e quantificar uma série de informações direta ou indiretamente relacionadas com o negócio. A Celemi é uma prestadora de serviços e, naturalmente, seus indicadores qualitativos de maior peso se associam com aspectos não necessariamente quantitativos, ainda que possam ser quantificados. É meio confuso mesmo, mas, para entender, basta imaginar que a redução do número de especialistas ou o aumento da rotatividade de pessoal podem afetar o relacionamento da empresa com clientes importantes e, fatalmente, as receitas da companhia. Portanto, vemos aqui uma relação direta entre o conhecimento e a criação de valor, o que contraria a ideia de que não existem benefícios ou utilidade na monetização dos ativos intangíveis, ainda que no âmbito de uma métrica gerencial.

Os ativos intangíveis são valiosos, mas é preciso tomar essa afirmação em sentido amplo. Toffler (2007) destaca que a riqueza, em seu sentido de maior alcance, é qualquer coisa que preencha necessidades ou desejos. Ele não acredita que apenas os recursos monetizáveis sejam valiosos, já que o importante é entender que um sistema de riqueza pode ser criado, sob a forma de dinheiro ou não.

Roos *et al.* (1997, p. 34) propõe um mapa para demonstrar as raízes conceituais do capital intelectual, o qual revela a forma como se organiza o conhecimento e a maneira como ele se transforma em valor. Eles compreendem o capital intelectual em sua forma mais complexa, envolvendo sua segmentação entre estratégia, que não precisa ser mensurada, e medição, que pode e deve ser quantificada. Os autores defendem que as empresas devem considerar o uso de diversas métricas, de modo que possam controlar todas as áreas do negócio. A Figura 1.3, a seguir, descreve o resumo do modelo que propõem.

FIGURA 1.3 Raízes conceituais do capital intelectual

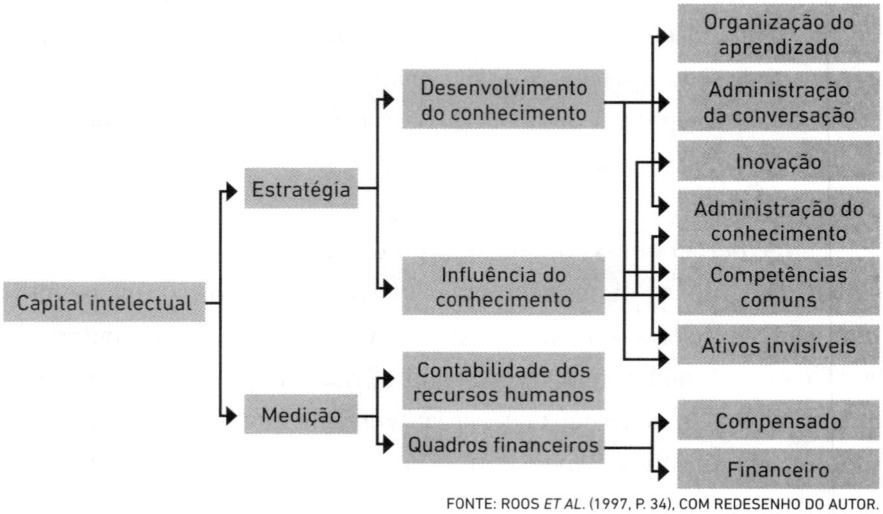

FONTE: ROOS *ET AL.* (1997, P. 34), COM REDESENHO DO AUTOR.

Não concordo com a ideia de que as empresas necessitam de várias métricas de desempenho, como defendem os autores ao esclarecerem seu modelo. A vantagem do diagrama proposto por Lev (2001) é simplificar a classificação dos ativos intangíveis, ao relacioná-los com a inovação, os recursos humanos e a organização, o que também nos permite avaliar recursos internos e externos e, se for o caso, valorá-los. Vemos que os três grupos que ele propôs compreendem os principais fatores e ativos intangíveis envolvidos nas questões da concorrência entre as empresas. Também alcança os seus processos de mudança, que, por sua vez, resultarão em novos produtos e serviços, certamente proporcionando benefícios econômicos para as organizações mais bem avaliadas, o que pode viabilizar a monetização dos ativos intangíveis.

É impensável ignorar a influência do conhecimento no desenvolvimento e uso intensivo dos processos de inovação de qualquer empresa, ainda que o seu mapeamento organizacional nem sempre seja um trabalho fácil. Lev viu nisso uma cadeia de valor, a qual ele também detalhou em seu *Monitor*, com base em uma abordagem de mercado que denominou *scoreboard* (placar), organizado em três grupos: 1) descoberta e aprendizado (renovação interna; capacidades adquiridas; rede de relacionamentos), 2) implementação (propriedade intelectual; viabilidade tecnológica; internet), e 3) comercialização (clientes; desempenho; perspectivas de crescimento).

Cabe avançarmos com um rápido esclarecimento a respeito da distinção necessária entre os trabalhos de avaliação de ativos intangíveis e aqueles relacionados com sua administração, ainda que sejam atividades associadas e até complementares. Não acredito que seja realmente necessário monetizar certos intangíveis, mas existem situações em que isso é inevitável. Lev salienta que nem todos os recursos de inovação podem ser fornecidos pelos agentes internos das organizações, o que pode levá-las a ter de comprá-los externamente.

Os gestores apenas chegarão a essa conclusão de duas formas: a) na pior hora, quando do estrangulamento de um processo de desenvolvimento de inovação, e b) no tempo certo, se investirem adequadamente no trabalho de levantamento e administração do conhecimento interno. Nos dois casos, o diagnóstico pode ser feito com o apoio competente de inúmeras consultorias especializadas e experientes em gestão do conhecimento.

No cenário em que for constatado que a empresa possui déficit de recursos para viabilizar os produtos da inovação, ela precisará recorrer a soluções por vezes radicais. Não conheço muitos casos de superávit de conhecimento que tenha sido transacionado, exceto nas empresas inteiramente dedicadas aos negócios de terceirização (*outsourcing*). Assim, frequentemente, as empresas acabam saindo à compra de concorrentes, ou até buscando parceiros em outros mercados que possam compensar os déficits de conhecimento. Isso ocorre em empresas de todos os tipos, mesmo entre aquelas habituadas à excelência de pesquisa e cujas marcas estejam em seus melhores momentos de mercado. Na nota 5 do balanço da Apple Inc. (2009), encerrado em 26 de setembro de 2009, vemos que a empresa possuía US$ 247 milhões em "ativos intangíveis adquiridos", considerando-se US$ 100 milhões em marcas e US$ 147 milhões em "tecnologia adquirida". Essa conta excluía o *goodwill*, valorizado em US$ 206 milhões. Em 13 de janeiro de 2012, a companhia divulgou a relação completa dos seus 156 fornecedores, então responsáveis por 97% das despesas com matéria-prima, produção e montagem dos produtos da marca[18]. Ainda que no documento a empresa não tenha especificado a localização desses fornecedores e outros detalhes importantes, a medida tinha como objetivo amainar o crescente questionamento da sociedade a respeito das condições de trabalho oferecidas por esses fornecedores: pressões de produtividade, trabalho escravo, dentre outros problemas ou ameaças importantes, as quais podem afetar a imagem da organização.

O fato de 97% de tudo o que a Apple fabrica depender de outros fabricantes, inclusive de concorrentes como Samsung, LG, Toshiba e Sony, é significativo, pois revela que uma marca atualmente muito famosa e líder em seu ramo tem forte dependência do conhecimento e da inovação de terceiros, mesmo que dos seus processos produtivos. Enquanto essa enorme desverticalização industrial oferece grande oportunidade para que a companhia se dedique ao trabalho de pesquisa, inovação e *branding*,

---

[18] Fonte: <http://images.apple.com/supplierresponsibility/pdf/Apple_Supplier_List_2011.pdf>. Acesso em: 18 jan. 2012.

deixa, de outro lado, de controlar iguais talentos dos seus oponentes, com a vantagem de que estes estejam melhor equipados em função de sua vantagem competitiva nos ciclos materiais da produção e logística, entre outros. Não é muito difícil quantificar o conhecimento empregado no desenvolvimento de uma tecnologia, por exemplo, até o ponto de descobrir o seu valor em um processo de fusão, aquisição ou de transferência. É possível medir todos os custos diretos e indiretos envolvidos, inclusive com base na segmentação das contas entre o capital empregado em custos e aquele a título de investimentos. Isso, obviamente, depende muito da estratégia de cada negócio e da qualidade do sistema de informação das empresas, ainda que seja esperado que, quanto mais dedicada à pesquisa tecnológica elas sejam, melhores serão os seus recursos internos de informação e de controle da propriedade intelectual envolvida.

Conheço as dificuldades ameaçadoras na determinação dos valores quantitativos e qualitativos de cada indivíduo nos processos de inovação, mas ainda assim não acho justificável que as empresas não possuam o mínimo de informações organizadas, pelo menos dos custos diretos e indiretos envolvidos. Isso fatalmente afetará sua capacidade de julgamento e de determinação dos parâmetros adequados, quando do momento de sua valorização, tanto nos processos de venda quanto nos de transferência de tecnologia.

Difícil mesmo é relacionar o conhecimento organizacional com o valor das marcas em *rankings*, por exemplo, pois, se muitas empresas mal conseguem criar mecanismos de adesão das suas equipes aos valores internos e quantificá-los, o que dizer dos valores externos e dos consumidores? Nessa direção, é necessário contarmos com um sistema de monitoramento externo que possibilite esse alcance de análise de forma segura e controlável, pois nem sempre a marca pode ser tratada como mercadoria em certas avaliações. No entanto, acredito que esse recurso ainda não exista entre a maioria das consultorias dedicadas à avaliação de ativos intangíveis.

Capítulo 2

ESCOPO LEGAL

Até este momento histórico, não existem normas legais para a avaliação econômica de ativos intangíveis. Em tese, qualquer profissional com o devido preparo pode avaliar esses bens. Não importa que seja, por exemplo, um(a) administrador(a), um(a) economista ou um(a) contador(a). Na verdade, todas essas profissões têm relação com uma ou mais disciplinas de avaliação.

Um dos primeiros obstáculos que tivemos de superar na constituição da nossa consultoria relacionava-se com o posicionamento legal da empresa para a venda do principal serviço à época: a avaliação de marcas. Nosso pioneirismo nos deixava em situação bastante delicada nessa questão, pois, como não tínhamos um modelo local ideal para nos inspirar, foi preciso que determinássemos por conta própria qual seria o nosso posicionamento legal. Diferentemente de outras empresas, não queríamos trabalhar sem o devido registro no órgão competente de fiscalização federal.

Quando começamos a estruturar a formação da empresa, em 1994, o modelo de consultoria vigente no país para avaliar marcas era baseado em organizações dos ramos de perícias judiciais, auditoria, contabilidade ou aquelas dedicadas aos processos de fusões e aquisições. Essas especializações são indubitavelmente importantes, mas, como veremos mais adiante, a avaliação econômica de ativos intangíveis envolve um tipo muito específico de conhecimento, o qual não pode ser obtido com a dedicação exclusiva a apenas um tipo de experiência.

Por exemplo, além das questões legais associadas às avaliações, outro desafio era que também tínhamos a ideia de executar projetos de *branding*. Neles, também não poderíamos contar com referências locais, pois a execução conjunta dos serviços relacionados (posicionamento, arquitetura de marcas, criação de nomes, estratégia, identidade gráfica, entre outros) era praticada pelas agências de propaganda e por um ou outro escritório de design, todavia, sem a abordagem de *branding*. Isso viria a se tornar uma tendência no Brasil apenas a partir do ano 2000. Contudo, desde o início, acreditávamos que, se um profissional tem o interesse ou a missão de realizar a avaliação econômica de uma marca, obrigatoriamente terá de dominar conceitos de *branding*.

Todos esses desafios iniciais tinham origem no pioneirismo da nossa empresa. As consultorias estrangeiras de avaliação não estavam presentes no Brasil e só viriam a descobrir o país a partir do ano 2000. Ainda assim, elas não estabeleceram por aqui um conjunto reconhecido e legal de práticas, até mesmo em razão da falta de registro nos órgãos formais de fiscalização. Naquela ocasião, não tivemos conhecimento de outras consultorias com esse tipo de especialização, seja por meio da consulta à bibliografia de referência na área, seja por meio da leitura de artigos e entrevistas em revistas e jornais da época.

Diante de um quadro de total falta de direcionamento legal e de mercado, decidimos nos basear em nossa experiência profissional na estruturação e avaliação de processos de fusão e de aquisição de empresas e na avaliação de crédito, cujos fundamentos estavam mais próximos dos recursos da teoria econômica que utilizaríamos nas avaliações de marcas.

Quem pode avaliar marcas?

Com as restrições e os desafios encontrados, nossos primeiros esforços de comunicação só poderiam destacar o pioneirismo no estabelecimento de um padrão superior de serviços na avaliação de marcas e *branding* no Brasil, em meados de janeiro de 1995.

Sabíamos que tais trabalhos de avaliação exigiriam a emissão de laudos técnicos, os quais precisariam ser produzidos dentro de uma base legal, inicialmente por empresa sujeita a um órgão de fiscalização. Assim,

76 Capital Intangível

após longa pesquisa, o bom senso recomendou que a consultoria fosse registrada no Conselho Regional de Economia, o que ocorreu formalmente em março de 1996. Desde então, as atividades da nossa consultoria são fiscalizadas pelo Conselho Federal de Economia (Cofecon), por meio do Conselho Regional de Economia (Corecon da 2ª Região – São Paulo), conforme as certidões anuais de regularidade e funcionamento emitidas pelo órgão, cujas cópias são anexadas aos laudos.

Conforme a Resolução Cofecon nº 860/74 e complementares, as atividades do campo profissional do economista compreendem resumidamente:

1 Planejamento, projeção, programação e análise econômico-financeira de investimentos e financiamentos de qualquer natureza:

A) Estudos preliminares de implantação, localização, dimensionamento, alocação de fatores, análise e pesquisa de mercado.

B) Orçamentos e estimativas, fixação de custos, preços, tarifas e quotas.

C) Fluxos de caixa.

D) Viabilidade econômica, otimização, apuração de lucratividade, rentabilidade, liquidez e demonstrativo de resultados.

E) Organização.

F) Tudo o mais que, consoante os arts. 1 e 2 da Resolução, integre planos, projetos e programas de investimento e financiamento.

2 Estudos, análises e pareceres pertinentes à macro e microeconomia:

A) Planos, projetos, programas, acordos e tratados.

B) Contas nacionais, produtos e renda nacional, renda familiar e *per capita*.

C) Oferta e procura, mercados, produtos, revendedores e consumidores, política econômico-financeira, balança comercial e política cambial.

D) Política econômico-financeira de importação e exportação.

E) Desenvolvimento e crescimento econômico e social.

F) Conjuntura, tendências, variações sazonais, ciclo e flutuações.

G) Valor e formação de preços, custos e tarifas.

H) Produtividade, lucratividade, rentabilidade, eficiência marginal do capital.

I) Políticas monetária, econômico-financeira, tributária e aduaneira.

J) Mercados financeiros e de capitais, investimentos, poupança.

K) Ocupação, política salarial, custo de vida, mercado de trabalho.

L) Formas de associação econômica, política empresarial, patrimoniais.

M) Depreciação, amortização e correção monetária.

N) Estratégia de vendas, distribuição, inversão em propaganda e *royalties*.

O) Teorias, doutrinas e correntes ideológicas de fundo econômico.

P) Tudo mais o que diz respeito à economia e às finanças.

3 Perícia, arbitramento e avaliação:[19]

A) Perícias econômicas, financeiras e de organização do trabalho em dissídios coletivos.

B) Arbitramentos técnico-econômicos.

C) Perícias e arbitramentos judiciais ou extrajudiciais, compreendendo aqueles do exame, a vistoria e a avaliação, além das demais atividades pertinentes ou conexas, investigações e apurações, que envolvam matéria de natureza econômico-financeira.

D) Cálculos de liquidação de sentença em processos judiciais.

4 Auditoria:

A) São inerentes ao campo profissional do economista as atividades de auditoria interna e externa, em especial as auditorias de gestão nos setores público e privado. (Resolução nº 1.612, de 27 de maio de 1995)

Verificamos que as previsões da Resolução Cofecon nº 860/74[20] certamente compreendem muitas das atividades e dos objetivos envolvidos nas avaliações econômicas de ativos intangíveis. Contudo, ela não esgota outras atividades e especializações, conforme os tipos de ativos intangíveis envolvidos. Por exemplo, não é possível avaliar uma marca sem um grande conhecimento das disciplinas do marketing e da comunicação, assim como não é

---

[19] Perícia: é a análise feita por profissional habilitado para constatação minuciosa dos fatos de natureza técnica e científica e apuração das prováveis causas que deram origem a questões de natureza econômica. Não temos conhecimento da profissão de perito, ou de sua exclusividade em determinada profissão. Desde que conheça muito bem determinado campo, a pessoa não "é" perita, mas "está" perita. Arbitramento: é a solução indicada por profissional habilitado ou a sua decisão para resolver pendência entre proposições ou quantitativos divergentes. Avaliação: é o ato de fixação técnica do valor de um bem ou de um direito. O ponto de partida para qualquer avaliação é uma análise do negócio, do seu ambiente de negociação e do que as suas receitas poderiam ser no futuro. Fonte: The International Organization of Supreme Audit Institutions (Intosai). Disponível em: <http://www.nao.org.uk/nao/intosai/wgap/12thmeeting/papersintosai_case_study_valuation.pdf>. Acesso em: 27 abr. 2010.

[20] Disponível em: <http://www.corecon-rj.org.br/atividades.asp>. Acesso em: 27 jan. 2012.

possível avaliar completamente um contrato de distribuição ou de representação sem a orientação de advogados especializados, e assim por diante.

Tal multiplicidade de conhecimentos poderia levar a supor que uma empresa de consultoria deveria ser registrada em diversos órgãos de fiscalização, o que, dados os custos envolvidos, a tornaria inviável, mesmo devido ao questionamento legal dessa providência, já que uma das obrigações dos órgãos é justamente assegurar que as empresas possam atuar segundo a sua função primordial. Assim, e revendo os princípios das avaliações econômicas de intangíveis, acreditamos que a medida mais adequada seria mesmo providenciar o registro da nossa consultoria no Corecon e, conforme os tipos de ativos intangíveis, contratar a assistência técnica de profissionais regularmente inscritos em seus órgãos de registro, os quais poderiam ou não assinar os laudos conosco.

O direito de reconhecer o valor do que se possui

A SOLUÇÃO DA CONDIÇÃO legal da consultoria não era suficiente para resolver outras questões relevantes sobre os ativos intangíveis, por exemplo, se era possível avaliá-los, a utilidade desse serviço para as empresas, a influência das normas contábeis, entre outros aspectos legais e técnicos. Todos esses pontos ainda confundem as empresas interessadas, especialmente quanto à utilidade prática das avaliações de ativos intangíveis fora do contexto de uma análise de fusão ou de aquisição.

Não obstante a existência de teorias e fundamentos bem conhecidos a respeito das avaliações econômicas, carecemos ainda de um conjunto articulado de normas legais sobre esse serviço. Para tratar dessa importante questão de maneira adequada, abordamos a legislação existente e usamos nosso conhecimento sobre algumas decisões judiciais nas quais os ativos intangíveis foram protagonistas. Para isso, contamos com o apoio dos advogados Regis Fernandes de Oliveira e Ovídio Rizzo Júnior, ambos do escritório Regis de Oliveira, Corigliano e Beneti Advogados. Inicialmente, propusemos uma questão essencial: é possível avaliar/reavaliar ativos intangíveis?

Não é possível responder adequadamente a essa questão sem desvincularmos a avaliação econômica dos ativos intangíveis das avaliações contábeis desses bens. Enquanto, na primeira, temos um tipo especial de avaliação, baseada em inúmeras metodologias e práticas mais ou menos conhecidas e que servem a inúmeros propósitos, na segunda, encontramos um conjunto organizado e formal de regras de avaliação e aplicações, normalmente voltadas ao propósito de registrar formalmente nos livros contábeis o valor atribuído aos ativos intangíveis. Neste capítulo trataremos fundamentalmente dos aspectos formais, relacionando-os com as avaliações econômicas. Entendemos que a coordenação dos dois tipos de análise é a melhor forma de esclarecimento ao mercado.

Antes do advento da Lei nº 11.638, de 28 de dezembro de 2007, a qual entrou em vigor em 1º de janeiro de 2008 e alterou e revogou dispositivos da Lei nº 6.404, de 15 de dezembro de 1976, e da Lei nº 6.385, de 7 de dezembro de 1976, tínhamos, na legislação, apenas as restrições contidas na Lei das S/As (como é mais conhecida a Lei nº 6.404/76). Esta não respondia à questão proposta, ainda que não fizesse nenhuma restrição à contabilização dos bens intangíveis, apenas referindo-se a "elementos do ativo", expressão que, sem dúvida, poderia abarcar esses bens.

A restrição para a avaliação/reavaliação estava nos atos inferiores (deliberações e resoluções) da CVM (Comissão de Valores Mobiliários), do Ibracon (Instituto Brasileiro de Contabilidade), do Cofecon (Conselho Federal de Contabilidade) e nas Normas Brasileiras de Contabilidade (NBC). Essas normas, no entanto, são de observância obrigatória.

Dada a precedência da Lei das S/As, talvez seja útil verificar como a questão era tratada nos projetos de lei anteriores à Lei nº 11.638/07, considerando-se a alteração e revogação de inúmeros dispositivos, mesmo da Lei nº 6.404/76. No conjunto de leis anteriores à Lei nº 11.638/07, portanto, não havia qualquer restrição legal para a avaliação/reavaliação, nem mesmo na Lei nº 6.385/76, que criou a CVM.

Entretanto, as mudanças estavam a caminho. No Projeto de Lei nº 3.741/2000, por exemplo, ao tratar do grupo de contas (art. 178), observava-se: "b) ativo não circulante, dividido em realizável a longo prazo, investimentos, imobilizado, intangível e diferido". No art. 179, que trata da classificação das contas do ativo, instituía-se a conta dos intangíveis: "d) intangível: os direitos que tenham por objeto bens incorpóreos destinados à manutenção das atividades da companhia ou exercidos com essa finalidade, inclusive o fundo de comércio adquirido a título oneroso".

Nesse aspecto, também é indispensável conhecer o que diz o Regulamento do Imposto de Renda (RIR/99), que, no art. 434, determina que as reavaliações obedeçam aos princípios da Lei nº 6.404/76, inclusive quanto à emissão de laudos técnicos, sem especificar quais tipos de ativos podem ser avaliados/reavaliados, todavia, restringindo a reavaliação dos ativos permanentes. A Deliberação CVM nº 183, de 19 de junho de 1995, definiu quanto à reavaliação de ativos: "14 – o entendimento neste pronunciamento é de que a reavaliação seja restrita a bens tangíveis do ativo imobilizado [...]". A Resolução Cofecon nº 1004/2004, do Conselho Federal de Contabilidade, também diz que a "reavaliação deve ser restrita a bens tangíveis do ativo imobilizado [...]".

Não obstante o conjunto substancial de restrições dos atos inferiores para a avaliação/reavaliação de ativos intangíveis anteriores e posteriores à Lei nº 11.638/07, é importante destacar que a avaliação é, há muito, obrigatória em determinados casos, como com falecimento de sócio. Conforme a RT[21] 741/263, "a apuração de haveres do sócio falecido, na sociedade comercial, será feita de conformidade com o estabelecido no contrato social, ou pelo convencionado, ou pelo determinado em sentença, atendendo-se o valor de mercado dos bens materiais e imateriais levantados no balanço especial".

Digamos tratar-se de uma empresa de capital aberto, cujo sócio falecido possuía grande volume de ações. Dadas as prerrogativas da Lei nº 11.638/07, e considerando-se que a avaliação de um ativo intangível existente foi executada com base apenas no que está previsto nas normas, é lícito aos interessados conjecturarem se o valor econômico (de mercado) pode ser mais ou menos representativo. Ninguém contestaria o direito à informação das partes, mas uma questão altamente complexa se coloca ao se encomendar a avaliação a uma empresa especializada e

---

[21] *Revista dos Tribunais.*

esta constatar a discrepância de valores. Trata-se de saber se a empresa deve lançar o valor encontrado no balanço e esperar a reação da CVM ou de qualquer outro órgão interessado; ou, por outro lado, se deve ingressar em juízo para obter a declaração do seu direito de utilizar os valores encontrados, segundo seu entendimento de que a avaliação econômica é a que melhor pode determinar o valor do bem, e esclarecer devidamente ao mercado. Existindo, formalmente ou não, o valor econômico dos bens seria utilizado judicialmente, o que poderia implicar desembolso a título de ressarcimento aos herdeiros do ex-sócio. Esse desembolso certamente afetaria os registros contábeis da empresa, estabelecendo, assim, um ciclo de incertezas, pois o débito criado em razão de um ativo irreconhecível para os padrões da norma oneraria as contas formais da empresa.

Independentemente do amparo legal específico, o que se percebe na prática é que a avaliação/reavaliação contábil ou econômica de ativos intangíveis não pode ser feita e utilizada formalmente sem uma razão determinada, meramente como procedimento ordinário e facultativo da empresa. Evidentemente, nenhuma organização está impedida de contratar a avaliação ou reavaliação dos seus bens materiais ou imateriais, seja para esclarecimento próprio, seja como um recurso de informação técnica que pode ser prestado em situações muito especiais, como a administração e o controle dos riscos e das ameaças internas e externas associadas a esses bens. Em juízo, e desde que haja interesse jurídico, a avaliação ou reavaliação de intangíveis não deve encontrar nenhum óbice. Se houver um interesse justificado, ainda que de cunho econômico, a avaliação ou reavaliação não deve ser negada.

Pensamos que o empresário pode encomendar e utilizar a avaliação econômica, desde que possa, posteriormente, demonstrar a necessidade que o obrigou a tomar essa resolução. No entanto, seria uma providência excepcional o empresário ter de recorrer à via judicial para resguardar o direito de esclarecer devidamente o valor de mercado dos seus ativos intangíveis aos seus públicos. Contudo, como veremos mais adiante, a determinação do valor econômico (de mercado) desses ativos é um trabalho de altíssima complexidade, para o qual dificilmente haverá regras capazes de tratar as peculiaridades de cada empresa e dos seus bens imateriais.

A função esclarecedora das avaliações

VIMOS, NO CAPÍTULO ANTERIOR, um conjunto bem detalhado de definições, que revelam a infinidade de bens que podem ser considerados ativos intangíveis. Nos nossos trabalhos, conforme o Quadro 2.1, eles estão segmentados em seis grupos que nos permitem identificar quais recursos do cliente são passíveis de uma avaliação econômica com a emissão de um laudo e, quando for o caso, quais devem ser encaminhados aos seus contadores para a avaliação formal[22].

QUADRO 2.1 Classificação legal dos ativos intangíveis utilizada pela GlobalBrands Consultoria

GRUPO	CARACTERÍSTICAS	AÇÕES
Contratual	Estabelecidos entre as partes, determinando direitos e obrigações que envolvam ativos intangíveis não classificados nos demais grupos: cessão de pessoal qualificado; *catering*; *slots* (aeroporto, táxis, ônibus); redes de distribuição; licença ambiental; outros.	Recolher os contratos e encaminhá-los para assessoria legal, a qual determinará a validade e o escopo da avaliação pela consultoria.
Logística	Produção e distribuição em praças e pontos comerciais diferenciados; recursos e fontes de produção e controle de distribuição; espaços para armazenagem e *merchandising*; sistemas de escoamento de produção e serviços.	Identificar os fatores envolvidos de diferenciação, confirmar a titularidade e testar os benefícios econômicos dos ativos.
Autoral *(copyright)*	Criações exclusivas: textos; desenhos; artes; personagens; processos técnicos ou industriais; mapas; diagramas; produtos e serviços financeiros; programas de veiculação digital; imagem de apresentadores ou personalidades; formatos de programas; metodologias; *sites*; *scripts*; letras de música; outros.	Localizar os autores e verificar a transferência formal dos direitos, com atenção aos prazos, inclusive de vencimento do *copyright*.
P&D	Fórmulas; patentes; cultivares; receitas; índices de eficiência energética, de exploração etc.; metodologias; métodos; outros.	Confirmar o registro ou depósito formal no órgão competente e eventuais entendimentos ou sinais de desentendimentos entre os pesquisadores ou titulares.

---

[22] Alguns desses recursos podem ser capitalizados pelas empresas de capital aberto em suas demonstrações financeiras, aplicando certas diretrizes da CVM, como o CPC 15 (IFRS 3R), que estabelece princípios e exigências relacionados com a forma como a empresa adquirente reconhece e mensura os ativos identificáveis adquiridos, passivos assumidos e participação de não controladoras. Isso pode incluir ativos intangíveis que foram criados no desenvolvimento da companhia adquirida. Também podem observar o CPC 4, que trata do reconhecimento do valor dos ativos intangíveis, inclusive daqueles gerados internamente, cujo valor, todavia, não pode ser maior que os seus custos, o que exclui o ágio normalmente obtido nas avaliações econômicas.

Marketing	Marcas; nomes; embalagens; listas de clientes; espaços em mídias e veículos; fornecedores exclusivos; outros.	Confirmar a propriedade legal e os fatores de diferenciação e reconhecimento com pesquisa de *brand equity*, se for um projeto de avaliação de marcas.
Outros	Ícones arquitetônicos; recursos naturais; outros.	Confirmar a titularidade exclusiva, estado e duração remanescente provável dos recursos.

FONTE: <HTTP://WWW.GLOBALBRANDS.COM.BR>, 2008.

O modelo demonstrado sugere, em cada um dos seis grupos, ações gerais que visam confirmar a propriedade dos ativos. Isso não significa que fatores importantes, como tradição, história, talento, relacionamentos informais, prestígio da marca, recursos naturais, inteligência, entre tantos outros, não sejam relevantes para a valorização dos negócios e que deixarão de ser apreciados durante os trabalhos. Vimos, no primeiro capítulo, que muitos desses recursos, embora determinantes em diversas organizações, não podem ser avaliados como "propriedades" quanto ao seu valor econômico, pois estão sujeitos ao risco iminente de perda ou até de destruição. A lógica é que, como os fatores não pertencem formalmente às empresas, não podem ser controlados ou transacionados.

Os itens descritos e segmentados no quadro anterior não excluem a ideia de sua integração ou de combinação, conforme o tipo e a complexidade operacional de cada empresa e seus ativos. O propósito de organizar os ativos intangíveis segundo a sua propriedade legal visa também amainar certos fatores de incerteza normalmente ligados a esses bens, que são reforçados, como veremos, devido à ausência de procedimentos reconhecidos que aliem a importância das avaliações econômicas adequadas e do reconhecimento formal nos relatórios de publicação dos resultados das companhias. Como a capacidade de materialização de riqueza desses ativos depende da harmonização de diversos fatores objetivos e subjetivos relacionados com eventos futuros e, portanto, incertos, vemos que um processo de avaliação integrada poderia esclarecer o público interessado a respeito do maior número possível de variáveis.

No caso da avaliação econômica de um ícone arquitetônico, por exemplo, além da confirmação de sua propriedade, é importante realizar pesquisas qualitativas e quantitativas de mercado que possam determinar se o ícone realmente caracteriza uma região ou organização, indicando o potencial de valor ou de influência econômica. Intangíveis dessa complexidade normalmente têm nomes e até marcas, mas não se resumem a eles. Se o avaliador for contratado para realizar apenas uma avaliação do imóvel, certamente não poderá deixar de considerar também outros aspectos menos conhecidos. Na avaliação de ativos intangíveis, os fatores subjetivos são tão determinantes quanto os fatores objetivos, mas é preciso competência, cuidado e responsabilidade para não haver generalizações.

É uma realidade diferente do patrimônio líquido contábil, por exemplo, que não espelha as inúmeras avaliações e os julgamentos objetivos e subjetivos da empresa que o mercado é capaz de fazer. As normas técnicas levam em consideração somente hipóteses concretas, comprovadas por dados certos, determinados e regulados, muitas vezes de difícil compreensão pelos públicos não habituados ao jargão contábil. Por razões como essas, muitas vezes os investidores não são capazes de avaliar adequadamente e externamente a empresa, pois as normas contábeis impedem o registro dos julgamentos imateriais de maneira objetiva. Ela tem a finalidade específica e necessária de apontar os fatos concretos das empresas, deixando para o mercado os critérios de escolha para a avaliação subjetiva do seu valor.

Vemos que os recursos formais disponíveis e validados pelas normas contábeis oferecem um ponto de partida para que o mercado pondere a respeito do valor da empresa. Todavia, essas reflexões podem carecer, ainda, de recursos complementares importantes. Estes são especialmente valiosos em momentos de instabilidade econômica, nos quais os investidores têm muito pouco tempo para refletir e tomar decisões. Em função desse ambiente de instabilidade causado pelas sucessivas crises, sabe-se cada vez mais sobre o aumento da influência dos fatores subjetivos na valorização ou desvalorização de empresas. Desequilíbrios sobre a capacidade de inovação, responsabilidade socioambiental, entre outros aspectos, podem, indiscutivelmente, causar distorções na avaliação de mercado da empresa e, consequentemente, de seu valor ou mesmo continuidade.

Ao determinar os parâmetros que utilizará para fixar o valor de um negócio, o mercado[23] acredita que fará o papel que a contabilidade não quer ou não pode fazer, até mesmo porque, para ela, seria inconcebível atualizar, constantemente e na hora, o valor dos bens intangíveis e ainda aceitar e validar as discrepâncias entre balanços e valores estabelecidos pelo mercado, que, mesmo involuntariamente, vem a ser o produtor e promotor do "balanço especial". Mesmo que não se acredite na possibilidade ou necessidade de se dar valor aos aspectos qualitativos, de algum modo esse valor se manifestará nos preços de liquidação, cessão ou transferência dos bens, ainda que sob a rubrica do *goodwill*. Evidentemente, ocorrerão as devidas contrapartidas de impostos, previstas em profusão no Regulamento do Imposto de Renda, inclusive quanto à tributação das diferenças de valor entre a avaliação contábil e de venda, por exemplo.

Afora os indivíduos efetivamente desconectados da realidade dos benefícios do desenvolvimento econômico, a maioria das pessoas tem pelo menos algum interesse a respeito dos motivos peculiares que fazem com que uma empresa desapareça ou se desenvolva e se sustente no mercado com sucesso. Não admitir o levantamento dos dados qualitativos e não relacioná-los com os quantitativos pode representar limitações importantes, tanto para as empresas quanto para o mercado. Para as primeiras, significa impedir que elas indiquem e comuniquem, por meio de um levantamento organizado, os tipos, os estados e as relevâncias dos fatores que, se afetados, certamente causarão impactos nas contas contábeis. Para o mercado, restará o déficit de um conjunto substancial de dados organizados formalmente e endossados pelas empresas, sem os quais sua capacidade de avaliação ficará prejudicada.

---

[23] Neste livro, o termo "mercado" é entendido como um ou mais agentes individuais ou organizados, externos às empresas. Normalmente, seus integrantes formarão julgamentos ou impressões articuladas e/ou desarticuladas, capazes de interferir na rotina das organizações, além de influenciar nos níveis de julgamento sobre riscos, ameaças e oportunidades de aquisição, investimento ou vendas de empresas.

Tem se tornado comum ouvirmos falar sobre negócios que surpreendem todo o mercado com o elevado ágio pago na compra ou fusão de uma empresa. Todos ficam espantados porque não há informação sobre o valor dos ativos envolvidos. Contra toda evidência, nesses casos, o preço pago não é absurdo para o comprador, que procurou adquirir valores intangíveis mais valiosos que os ativos contabilizados, mas é aparentemente irreal para os analistas, que se atêm aos números do balanço, ou mesmo tomam como base um conjunto desarticulado de impressões a respeito da empresa.

Além do caso já referido do leilão da ANAC, em outra oportunidade (Martins, 2009), destacamos o caso do banco Banespa. Em novembro de 2000, o banco Santander pagou pouco mais de R$ 7 bilhões em leilão pelo banco, um ágio de 281% sobre o preço mínimo de cerca de R$ 2 bilhões. A segunda melhor oferta, feita pelo Unibanco, ficou em R$ 2,1 bilhões. Na opinião de alguns analistas da época, o valor pago pelo Santander pareceu altamente desproporcional ou mesmo sem sentido. Contudo, veremos neste livro que isso aconteceu porque os críticos só contavam com os números comparativos para compreender as razões de longo prazo do Santander. Os dados que eles comentaram eram os mesmos que todo mundo conhecia, e sustentavam uma visão de mercado baseada em premissas descompassadas com relação às novas medidas de valorização de negócios na sociedade do conhecimento. Se ainda restarem dúvidas de que o Banespa não tenha sido bem comprado, também é preciso considerar a hipótese de que ele pode ter sido mal vendido ou até mal avaliado. São de grande importância as consequências dessa operação, que será abordada com maior profundidade mais adiante.

Todos concordam que os intangíveis possuem valores, mas não se pode ter pistas sobre como quantificá-los sem o conhecimento especializado. Se muitos empresários ainda não sabem como fazê-lo, o que dizer sobre as consequências da falta desse recurso para os acionistas e os investidores? Apesar das inúmeras demonstrações e das evidências de casos reais, por vezes surpreendentes, esse estado de desconhecimento faz de quase todos os detentores do capital da empresa investidores míopes. Não é justo que se surpreendam com os valores e os riscos de suas riquezas somente quando surge um fato capaz de alterar suas posições, normalmente em circunstâncias que impedem qualquer tipo de reação.

Quando tomaram conhecimento do verdadeiro valor do capital que possuíam, muitas pessoas já se desfizeram de suas posições acionárias, especialmente nos momentos das previsíveis crises econômicas por que passam as empresas de tempos em tempos. É comum ouvirmos dizer que elas oferecem aos seus investidores um conjunto de informações completas a respeito dos negócios, principalmente quando se trata das demonstrações financeiras, normalmente em conformidade com regras muito bem organizadas e fiscalizadas, mas nem por isso isentas de críticas ocasionais por passarem informações limitadas sobre as ocorrências organizacionais, normalmente invisíveis aos públicos externos. É por isso que não é raro ouvir falar que as próprias organizações não fazem planejamentos estratégicos baseados em balanços. De qualquer modo, o prejudicado novamente seria o pequeno investidor, pois, se por um lado, as empresas produzem informações objetivas muito bem estruturadas, por outro, elas também desenvolvem projetos baseados em expectativas positivas que, se malsucedidas, naturalmente afetarão ativos que não serão reconhecidos em lugar algum, como um acordo de distribuição exclusiva em mercado diferenciado. Onde, afinal, se pode dizer que o investidor saciará a sua necessidade de conhecimento qualificado para se defender das ameaças que só ele pode julgar existirem?

A questão do reconhecimento dos ativos intangíveis pelas empresas vai, portanto, além da obrigação de executar o que está previsto nas normas. Mas, se a empresa deseja esclarecer melhor, pode se ver impedida justamente pelos rigores das normas. Veremos, um pouco adiante, o caso do Coritiba Futebol S.A., que, em 2003, num estudo de abertura do capital, teve o reconhecimento do valor econômico da sua marca lançado em balanço questionado pelo órgão regulador. No entanto, existem também os casos de reconhecimento formal de ativos intangíveis em que a falta de esclarecimento pode criar desconforto entre os investidores e a empresa.

Em reunião do conselho de administração da Gerdau, ocorrida em 11 de abril de 2006, foi decidido que algumas empresas pertencentes ao grupo deveriam pagar *royalties* pelo uso da marca Gerdau. Tudo começou porque a Gerdau encomendou a avaliação de suas marcas, as quais foram arbitradas em R$ 885 milhões, por meio de projeções no período 2005-2010, levando-se em conta juros, depreciações e amortizações, de acordo com a Bloomberg. O valor foi utilizado na reunião de 11 de abril como parâmetro para o pagamento trimestral de *royalties* de R$ 16,2 milhões à controladora Grupo Gerdau Empreendimentos Ltda., detentora legal da marca e que não tinha suas ações negociadas em bolsa como as demais empresas do grupo.

O fato causou bastante desconforto entre os acionistas, pois o valor foi considerado excessivo e porque, ao investirem em uma empresa, era de se esperar que a marca fosse parte do negócio, e não algo que pertencesse a terceiros. O investidor Mark Mobius, que à época tinha investimentos de US$ 30 bilhões em ações nos países emergentes, solicitou à Gerdau que parasse de pagar *royalties* aos fundadores pelo uso da marca, prática que, segundo ele, "violaria os direitos dos acionistas".

Em sua matéria, a Bloomberg citou a orientação de Mobius, segundo a qual as marcas deveriam ser devolvidas para a organização, o que impediria dúvidas futuras a respeito de sua propriedade. Alegou, também, que a marca poderia ser substituída por outra, considerando seu domínio de mercado e o fato de que a empresa lida com *commodities*. Ao final, e após amargar baixas importantes no preço das ações da companhia, os controladores do Grupo Gerdau Empreendimentos Ltda. fizeram exatamente o recomendado por Mobius, transferindo, sem nenhum ônus, as marcas para a Gerdau S.A., empresa de capital aberto.

A TAM, outra companhia de capital aberto, também paga *royalties* pelo uso da marca. De acordo com publicação arquivada no órgão fiscalizador do mercado de capitais nos Estados Unidos, a empresa comunicou que:

> A TAM Marília era dona da marca TAM a partir de sua incorporação até setembro de 2004, quando a TAM Marília sofreu uma cisão que resultou na criação da TAM Milor. A marca TAM (e outras marcas comerciais conexas) foi transferida para a TAM Milor. Tanto a TAM Marília como a TAM Milor são empresas controladas pela família Amaro. Até 10 de março de 2005, a relação que nós e nossas subsidiárias TAM Viagens e TAM Mercosur tinham com

a TAM Milor não previa qualquer compensação para o nosso uso da marca TAM e estava sujeito a revisão a qualquer momento. A fim de proteger o uso da marca TAM sobre uma base jurídica e comercial adequada, em 10 de março de 2005, a TAM S.A., a TAM Milor, a TAM Linhas Aéreas, a TAM Viagens e a TAM Mercosur entraram em acordo de licença para uso da marca, em cujos termos a TAM Milor concedeu a outras partes uma licença para usar a marca TAM em troca de uma remuneração mensal ou de pagamento de *royalties*. [...] A despesa corrente que nós e nossas subsidiárias TAM Viagens e TAM Mercosur registramos numa base anual para a utilização da marca é de R$ 14,3 milhões. Esse montante é reajustado anualmente com base no IGP-M. Esse acordo é válido até 9 de dezembro de 2011, após o que, desde que a concessão da TAM Linhas Aéreas é, por si própria, renovável, a licença de uso da marca será automaticamente renovada por um período equivalente.[24]

No balanço encerrado em 31 de dezembro de 2009, esses pagamentos totalizaram R$ 16,665 milhões, sendo R$ 15,429 milhões em 2008, todos registrados na rubrica "Despesas administrativas"[25]. Não se está questionando a legalidade das ações da TAM, ou mesmo que a empresa não esteja sendo transparente quanto ao pagamento de *royalties* para os membros da família Rolim. Fosse a empresa de capital fechado, não deveria apresentar qualquer tipo de explicação para cobrar *royalties* de quem quer que fosse. Como não é esse o caso da TAM, o que se pretende discutir é o potencial de desequilíbrio desfavorável aos investidores, que, num momento, são chamados a reconhecer e remunerar o valor dos ativos intangíveis da TAM, mas que, devido a recursos formais, podem se ver na condição de espectadores de situações desfavoráveis, até mesmo por não controlarem a marca e sequer o seu uso. Ousamos especular que podem não ter sido poucos os acionistas atraídos pelo sentimento de valor e de força da marca TAM. Lamentável que, ao final, eles não sejam os titulares de uma participação nesse ativo, por menor que ela venha a ser.

---

[24] Fonte: Relatório Form 20f 2007 Amendment, p. 77. Disponível em: <http://www.sec.gov/Archives/edgar/data/1353691/000129281409002091/tamform20f2007a.htm>. Tradução do autor.
[25] Fonte: TAM S.A. e TAM S.A. e suas controladas. Demonstrações financeiras de 31 de dezembro de 2008 e de 2009 e parecer dos auditores independentes.

Vemos nos exemplos do Coritiba, da Gerdau e da TAM a convergência de pontos objetivos e subjetivos. A valorização de apenas um dos grupos pode ser insuficiente para a ponderação do valor das empresas, pois o oferecido protocolarmente ao mercado, como os recursos da avaliação contábil, pode não se mostrar suficiente para retratar a realidade. O que está em jogo, é fácil perceber, é a segurança do mercado, inclusive no âmbito jurídico. Vimos que o investidor ou credor, por exemplo, com base no balanço contábil que lhe é apresentado, pode não ter uma noção exata dos bens e do valor da empresa. Se tiver ações negociadas em bolsa, parte das distorções poderia ser corrigida caso os fatores de volatilidade do mercado fossem reconhecidos e ponderados organizadamente, de forma que a avaliação da empresa não acabasse sendo incompleta e, fatalmente, distorcida.

Há, por parte de alguns analistas, a ideia de que a avaliação/reavaliação econômica de ativos intangíveis só poderia ser realizada de maneira ordinária, com base na edição de normas especiais que permitissem fixar critérios objetivos para essa opção. Vimos que isso seria inviável, pois dificilmente um conjunto de regras e práticas formais seria concebível para tratar adequadamente e sem conflitos as múltiplas e complexas diferenças, por vezes, irreconhecíveis entre as organizações. A Gerdau S.A. seguiu o *script* e abriu de forma regular o seu capital, antes de o Coritiba ter tido a intenção de fazer o mesmo. Por outro lado, a norma não impediu que a Gerdau tratasse a questão da propriedade da sua marca de maneira diferenciada, possivelmente sem a hipotética comunicação clara aos futuros acionistas: "Estamos abrindo o capital da nossa empresa, mas isso não inclui alguns ativos intangíveis relevantes, inclusive a nossa marca. Para que os futuros acionistas tenham direito ao seu uso, deverão pagar *royalties* a uma empresa de capital fechado". Certamente, a Gerdau não incorreu em irregularidade alguma, mas não se deveria esperar que o pagamento de *royalty* por um bem intangível e indissociável da companhia tivesse de ser pago extraordinariamente pelos novos acionistas. Como no exemplo da TAM, muito provavelmente o nome Gerdau foi um fator de atração de compradores para os papéis da empresa; uma espécie de isca que atraiu novos sócios, mas que, ao final das contas, pagariam pela minhoca que mordiscaram.

Muitas vezes, as normas estão sujeitas a interpretações conflitantes e de avaliação emocional, mesmo quando realizadas no âmbito interno pelos gestores. Na ausência dessas normas, é difícil admitir o reconhecimento formal do valor econômico dos ativos intangíveis em balanço que não esteja relacionado com a transação de fusão, de aquisição, de transferência ou de combinação de negócios. No entanto, vimos nos exemplos que os fatores subjetivos têm influência e são normalmente identificados em momentos de conflito ou de suspeita de que as coisas podem não ter sido feitas da forma ideal. Vemos que isso está mudando, pois constatamos, em diversas condições, que os ativos intangíveis precisam ser reconhecidos e, ainda, que a necessidade de sua identificação e a determinação do valor econômico vêm a ser um requisito até indispensável.

Assim indica o Tribunal de Justiça de São Paulo, na Apelação Cível nº 2068394/5-00:

> No particular, cabe assinalar que a sociedade ré tem natureza mercantil, o que importa dizer cuidar-se de empresa cujo patrimônio não é composto tão só por bens materiais, posto que também o compõem bens intangíveis (clientela, aviamento etc.) que induvidosamente têm valor econômico. Aliás, para tanto, nem seria preciso que se tratasse de sociedade e natureza mercantil (revelada pelo seu registro na Junta Comercial), porquanto mesmo uma sociedade civil – desde que tenha fins econômicos – tem patrimônio composto por bens tangíveis e intangíveis, o que significa que também uma sociedade civil de fins econômicos tem o que, no presente processo, talvez inadequadamente, vem sendo chamado de fundo de comércio.

Temos observado que o regime de exceções dá lugar ao ritmo de admissões, por exemplo, quando se trata do reconhecimento do valor dos ativos intangíveis e da necessidade de sua avaliação com base em critérios econômicos elaborados e, por que não dizer, particularizados, como na sentença da 5ª Vara Cível – 1º Juizado de Porto Alegre, Processo nº 001/1.05.0099135-2:

A questão que de fato ainda carece de decisão é aquela que afeta ao patrimônio marcário, dito intangível, já que, quanto a ele, o contrato prevê apenas que serão avaliados segundo preço de mercado.

Resta estabelecer no que isso consiste, até para que se evite, futuramente, discussão nova no plano liquidatório. Urge, ao revés, que essa aferição de valor fique definida de logo, observando-se, para tanto, o balanço avaliado pelo perito e pelos assistentes e que, de resto, não sofrem, para a marca, maiores inflexões de ordem puramente contábil.

O perito do juízo, ao avaliar o patrimônio marcário, fê-lo a partir de dados objetivos e subjetivos, encontrando, em síntese, a quantia de US$ 1.992.616,47 (fl. 1.513). O assistente, a seu turno, enveredou por senda mais preciosa, fazendo avaliações técnicas com base em sistemas de fluxo de caixa, investimentos e balanços.

A primeira premissa diz respeito à possibilidade em tese de pagamento desses haveres intangíveis em caso de dissolução parcial. A resposta é afirmativa.

Primeiro, porque o mundo moderno é o da informação, tendo a marca um significado negocial preponderante no trânsito do conceito que ela agrega ao repassar ao cliente um conjunto de informações produtoras de confiança. Um ativo dessa importância não deve, obviamente, ser sonegado ao sócio retirante, que perde, desde a dissolução, o vínculo pessoal que detinha com a marca.

Segundo, por um critério jurídico. É que a autonomia do direito marcário é regra no direito brasileiro, tendo a própria controladora tratado de patentear, universalmente, a exploração da sua marca e de suas controladas [...]. Esse reconhecimento da autonomia marcária é a principal prova de que se está diante de direito destacável, valorável e que, como tal, é apurável como ativo destinado a formar haveres. Não há prova maior desse caráter autossuficiente da marca do que o investimento massivo dos grandes conglomerados em mídia, estética e formação de conceitos afeitos à atividade desempenhada.

[...]

Partindo-se disso, que valor pode ter, no mercado, o nome [...]? A tarefa, a toda evidência, não é fácil. O caminho mais eficaz, nesse sentido, é a manifestação especializada, no que, sinceramente, não se amolda o parecer do perito do juízo. Não fica aqui nenhuma crítica pessoal, pelo contrário; é que se trata de um elemento de cunho restrito, cujo conhecimento específico e setorial é essencial.

Também não se trata de admitir, no momento, a necessidade de produzir nova perícia com essa só finalidade. Ao contrário, a prova pericial produzida no cursivo é um dado técnico a ser considerado, o qual deve, obviamente, ser cotejado com outros elementos de prova, e que receberão o valor que possam merecer.

O manancial teórico encartado aos autos permite ao juízo definir que o principal e melhor critério para a fixação de preço dos ativos intangíveis é método do fluxo de caixa descontado, insistentemente avalizado pelos autores e trazido aos autos pelo assistente, escudado em estudo técnico profundo sobre o tema.

Esse exemplo de desenvolvimento do tema não esgota os nossos estudos. Todavia, ele caracteriza a questão do reconhecimento do valor econômico dos ativos intangíveis de forma muito bem ponderada, ainda que restem questões complexas envolvidas, especialmente quanto aos critérios de avaliação, sobretudo nas projeções de valores futuros. Veremos, mais adiante, que o que torna eficaz o uso do fluxo de caixa para a avaliação econômica dos ativos intangíveis é um conjunto muito bem apurado de recursos de informação, os quais são estudados e redimensionados pelo analista em condições diferentes daquelas demonstradas formalmente (contabilmente) pelas empresas.

Reiteramos que a questão não é a do reconhecimento do valor econômico dos ativos intangíveis posteriormente à sua fusão, aquisição ou incorporação. A Lei nº 11.638/07 já oferece condições para que a porção relacionada a esses ativos seja segmentada e adequadamente lançada em balanço pelo seu "valor de mercado", o qual, segundo leitura hermética, só pode ser determinado com base na realidade dos valores transacionados entre comprador e vendedor[26].

Preocupa-nos, há longo tempo, a emergência permanente do conhecimento do valor da empresa *a priori* de qualquer movimento de

---

[26] A norma também definiu os procedimentos que visam assegurar que os ativos não estejam registrados contabilmente por valor superior àquele passível de ser recuperado por uso ou por venda. Esse exame deve ser feito no mínimo anualmente (*impairment test*) para ativos intangíveis com vida útil indefinida (de longa duração), ou um ativo intangível ainda não disponível para uso e com ágio por expectativa de rentabilidade futura.

transferência ou do esgotamento dos seus recursos, sejam eles materiais ou imateriais. A Lei nº 11.638/07 reconhece a realidade do "valor de mercado" e também nos permite interpretar que o dispositivo por si só não é capaz de estabelecer critérios para que esse valor seja determinado e reconhecido formalmente sem o advento de uma transação. Assim, acreditamos que permanece a necessidade de se oferecer ao mercado uma avaliação prévia do "valor de mercado", até mesmo como recurso de proteção de ativos com base no conhecimento de fatores de riscos, ameaças e oportunidades, que não podem ser analisados de maneira ordinária.

Goodwill

A DIFERENÇA ENTRE O VALOR contábil e o valor pago na compra de uma empresa é conhecida pelo termo *goodwill*, utilizado formalmente no Brasil como "fundo de comércio". É tido por alguns pesquisadores como o maior dos ativos intangíveis, não tanto pela sua individualidade, mas, sobretudo, pela multiplicidade de recursos que podem ser acomodados sob o termo. Tema clássico das teorias contábeis e financeiras, o *goodwill* é uma espécie de valor agregado, formado em razão de uma série de recursos, fatores e características que cada empresa possui. Pode, por exemplo, incluir a localização, os meios de distribuição, a comercialização ou representação, a reputação da marca e de seus dirigentes, entre outros itens, sendo muito difícil arbitrar o seu valor antes de uma fusão ou aquisição da empresa.

Normalmente, o valor do *goodwill* é conhecido com base no levantamento e no cálculo da diferença entre o valor nos livros e o valor pago (prêmio ou ágio) em uma transação de venda e compra de uma empresa. Há muitas décadas, a norma contábil permite identificar e lançar formalmente essa diferença em balanço, com exceção do valor de *goodwill* gerado internamente.

A OECD[27] reconhece o termo "*goodwill* adquirido" (*purchased goodwill*) como:

---

[27] OECD Glossary of Statistical Terms.

A diferença entre o valor pago por uma empresa em continuidade e a soma dos seus ativos menos a soma das suas responsabilidades, onde cada item tenha sido identificado separadamente e valorizado. O valor do ágio inclui qualquer benefício de longo prazo para a empresa que não tenha sido identificado separadamente como um ativo, bem como o valor do fato de o grupo de ativos ser usado em conjunto e não ser simplesmente uma coleção de ativos separáveis.

Voltemos à Lei nº 11.638/07. Esta não trouxe alterações no âmbito do estabelecimento de diretrizes específicas para os trabalhos de avaliação econômica de bens intangíveis, exceto a previsão de se apurar o "valor de mercado ou valor equivalente quando se tratar de aplicações destinadas à negociação ou disponíveis para venda" (art. 183, al. A).

Vemos o *goodwill* como um fator intangível quando da avaliação econômica de ativos intangíveis, e não apenas porque, segundo a Lei nº 11.638/07, o *goodwill* e os ativos intangíveis gerados internamente não podem ser avaliados. Nós não o consideramos um ativo intangível, pois, com algumas exceções, a empresa não tem a sua propriedade, mas sim a sua posse indissociável.

O *goodwill* é realmente muito complexo. Ele não é um ativo específico, porém é um termo que define um grupo de contas contábeis, no qual podem ser armazenadas dezenas ou centenas de fatores intangíveis não identificados de outra forma nos livros. O Regulamento do Imposto de Renda (RIR) faz até mesmo uma distinção entre fundo de comércio, intangíveis e outras razões econômicas[28].

Mas, ainda que não seja um ativo, esse fator pode ser determinante para a valorização dos ativos intangíveis, não raro, devido também ao fato de ser indissociável do negócio. Seguem quatro exemplos comentados de *goodwill*:

1   Posição geográfica. A empresa está localizada em uma rodovia ou num porto, o que permite o rápido escoamento da produção, diminuindo os

---

[28] Desdobramento do custo de aquisição (art. 385, § 2º III); avaliação do investimento (art. 387, § 3º, II, outros). Disponível em: <http://www.receita.fazenda.gov.br/Legislacao/RIR/L2Parte2.htm>.

custos de frete, a paralisação devido a greves, falta de combustível etc. Embora não seja a "dona" da estrada ou do porto, a empresa claramente se aproveita da proximidade física do seu canal de escoamento, o que beneficia os seus ativos tangíveis (caixa) e intangíveis (marca), formando associações positivas intangíveis: imagem de pontualidade e economia da marca, entre outras. Em outros casos, a presença de um fornecedor de serviços em dada cidade ou região, por exemplo, configura um atestado de especialização, o qual pode favorecer as vendas. Uma filial em Brasília pode significar bom trânsito político, a matriz na cidade de São Paulo pode representar presença no principal mercado do país, a fábrica na Califórnia oferece acesso rápido a *clusters* de tecnologia, e assim por diante.

2   Intenção de compra. Há muitos anos, as empresas oferecem serviços e produtos de forma satisfatória a certos mercados, cujos consumidores já se habituaram às compras daqueles fornecedores, sendo arriscado ou desaconselhável apostar na seleção de outros fornecedores, não raro, mesmo quando os preços são menores. Isso se deve às ideias de conforto e segurança formadas nas mentes dos compradores, que alertam para possíveis desvantagens importantes, como a perda de prazos, falta de capacidade de produção, qualidade etc.

3   Potencial de lucro. Devido à reunião de uma ou mais vantagens competitivas, a empresa consegue obter condições para produzir lucros melhor do que os seus concorrentes diretos. Pode ser devido ao estilo de gestão, às competências não classificadas e remuneradas de um ou mais operários, ou mesmo devido ao bom relacionamento entre os produtores e compradores. O empresário sabe que não controla legalmente esses possíveis meios e também que não reúne condições para assegurar o lucro futuro. Acredita, porém, que, se mantiver as condições que só ele conhece, poderá atingir essa condição.

4   Licenças e autorizações. São particularmente relevantes para certos tipos de indústria capazes de produzir algum tipo de impacto ambiental. As licenças para a instalação de uma fábrica, considerando-se também todas as providências burocráticas envolvidas, constituem-se em recursos de grande importância. Embora se trate de documentos, eles normalmente não

podem ser simplesmente transferidos de uma empresa para a outra, pois geralmente envolvem inúmeros quesitos técnicos, somente atendidos com base nas múltiplas competências e nos recursos da empresa original.

Normalmente, o *goodwill* não é formado de modo intencional, ou pelo menos as empresas teriam como reconhecer os seus custos diretos e indiretos. Elas não assumem um comportamento formal para criá-lo, pois ele se forma ao longo do tempo, conforme as características de cada empresa e cada tipo de negócio. Ele está entre nós há muitas décadas, como pode ser comprovado nas pesquisas registradas pelo livro *Primeiros princípios de contabilidade pura*, escrito pelo professor Francisco d'Áuria, em 1949. Na obra, o autor informa que, segundo Confúcio (531-479 a. C.), no *Livro da gênese dos antigos chineses* (2500 a. C.) eram emitidas instruções ao povo por meio da "Tábua" (*Hwangho*), trazida no dorso do cavalo-dragão. Os ministros eram então denominados "dragões" e distribuíam atribuições administrativas aos encarregados pela cobrança de impostos, os quais seguiam as seguintes diretrizes:

- **Se-Tu:** imposto sobre imóveis.
- **Se-Mu:** imposto das florestas.
- **Se-Kuei:** imposto sobre as águas dos lagos e rios.
- **Se-Tsao:** imposto sobre as pastagens.
- **Se-Ki:** imposto sobre as indústrias.
- **Se-Ho:** imposto sobre as mercadorias.

Francisco d'Áuria não utilizou esses exemplos de grupos tributários para ilustrar o conceito de *goodwill*, mas, ao refletirmos sobre as classes que pagavam impostos, ponderamos que, por exemplo, a posição geográfica do contribuinte era entendida como uma posição de privilégio, sobre a qual deveria incidir tributo específico.

Evidentemente, e pelo menos até este momento, os privilégios imateriais que causam a incidência de impostos não são vistos como meios para a sua cobrança. Por exemplo, a fábrica de refrigerantes A paga o mesmo IPI que a fábrica B em um mesmo Estado, ainda que esta última possivelmente esteja mais próxima dos seus canais de distribuição do que a outra. No entanto, o Estado possui uma forma de reconhecer aquilo que adiciona valor aos livros contábeis quando uma empresa é negociada.

O *goodwill*, então, é explicado pela apuração da diferença entre o valor total de ativos de uma empresa, os seus ativos tangíveis, os ativos intangíveis identificados e outros direitos. O que restar pode ser considerado *goodwill*, o que normalmente explica o valor maior pago pelo comprador ou investidor na empresa. Não é inviável identificar o *goodwill* antes de uma compra ou venda do negócio e detalhá-lo, exceto pelos benefícios das sinergias, quando da combinação formal dos negócios entre a empresa comprada e a empresa vendida. Os avaliadores envolvidos em fusões e aquisições normalmente dedicam muito tempo às análises de custos das sinergias, mas raramente se ocupam da compreensão dos riscos e das oportunidades destas em suas relações com os ativos e fatores intangíveis envolvidos, o que causa problemas operacionais importantes. Independentemente dos riscos e das economias de escala, as sinergias criam oportunidades importantes, especialmente de *cross-selling*.

No balanço de 2006, o Banco Itaú Holding Financeira S.A. descrevia na conta "Atividades de investimento em 2005" o preço pago pelo direito de *cross-selling* [29] aos clientes da Credicard, então arbitrado em R$ 207 milhões. No mesmo documento[30], o banco informava o ganho de R$ 158 milhões com a venda da marca Credicard, embora, no balanço encerrado em 31 de dezembro de 2009, informasse o valor a receber de pouco mais de R$ 303 milhões pela venda[31]. Sem aprofundarmos a questão dos dois valores, o que se verifica é que o valor do direito de *cross-selling* era maior que o valor da marca no primeiro documento.

No demonstrativo do Itaú, evidentemente o valor do *goodwill* pôde ser determinado, já que foi claramente identificado em relação ao valor dos

---

[29] Entendido como venda cruzada. É um exemplo do aproveitamento de sinergias, praticada, sobretudo, por prestadores de serviços. Por exemplo, os clientes da Credicard são também consumidores de seguros residenciais, potenciais correntistas do banco, tomadores de empréstimos, investidores etc. O acesso do Itaú a essa carteira potencial de clientes para prospectar seus demais negócios foi valorado pelo banco.

[30] Fonte: Formulário 20-F, Relatório Anual em conformidade com o art. 13 ou 15 (A) da Lei de Bolsas e Valores Mobiliários de 1934, p. F-8, registrado na Securities and Exchange Commission em 29 de junho de 2007.

[31] Fonte: <http://ww13.itau.com.br/portalri/HTML/port/infofinan/demon/Dcc_e_MDA/df311209/DCC311209.pdf>, nota 13. Acesso em: 21 abr. 2010.

demais intangíveis. Embora isso esteja resolvido segundo a norma contábil, essa informação não tem utilidade no contexto de uma avaliação de ativos intangíveis, dado que o valor foi revelado apenas após o efetivo desembolso de dinheiro por terceiros. O que diferencia a competência dos avaliadores de ativos intangíveis não é conhecer o valor de um intangível extraordinário e incidental, como o *goodwill*, reconhecido apenas após a liquidação da operação. O mérito está em se produzir uma avaliação que leve em conta o valor econômico dos ativos intangíveis, em contexto criativo, com base na construção de cenários bem ponderados que possam instruir as partes.

Sem a união de visão criativa com conhecimento técnico, o avaliador não auxiliará vendedores e compradores na decisão de remunerar adequadamente as diferenças ou vantagens devidas a causas econômicas irreconhecíveis nas demonstrações contábeis. Sem isso, a determinação da diferença de preço entre o que existe no mercado e nos livros será seriamente prejudicada. Ainda assim, muitas vezes essas transações servem como base para os métodos de avaliação fundamentados no critério de valor de mercado, utilizado para determinar o valor dos ativos intangíveis.

Em nossas pesquisas, concluímos que o valor econômico do *goodwill* surge frequentemente para comprovar a existência de fatores que não podem ser considerados ativos intangíveis. Sem o apoio especializado, nem todas as empresas são capazes de apurar o *goodwill* antes da venda de um negócio, e muitas até mesmo ignoram sua existência ou não acreditam nela. Em muitas entrevistas com empresários, raramente conseguimos identificar um pensamento organizado a respeito dos tipos de ativos existentes em suas organizações. Enquanto alguns empresários são capazes de elencar um grupo coerente de bens materiais e imateriais, outros simplesmente se prendem aos bens materiais e atribuem o restante a fatores incontroláveis, como sorte, felicidade, coincidência, momento etc.

Em condições normais, saber identificar com algum critério o elenco de fatores e de ativos de uma empresa, na maioria dos casos, não gerará grandes transformações na rotina das pessoas. Contudo, os momentos conturbados da economia, os movimentos da concorrência, as fissuras nos relacionamentos internos, inclusive entre os acionistas, tudo isso, em conjunto ou separadamente, causa a maioria das transformações inevitáveis nos negócios.

É comum que essas transformações coincidam com oportunidades de venda dos negócios, corriqueiras nas empresas de pequeno e médio porte. Nessas horas, o desconhecimento costuma trazer consequências, até para que finalmente se conheça o conjunto de ativos e fatores do negócio. O problema é que isso normalmente acontece em condições nem sempre favoráveis, pois, conforme o impacto das transformações internas e externas, o nível de estresse entre os envolvidos não possibilita a reflexão e o tratamento adequado das oportunidades internas. Situações como essa explicam grande parte dos negócios vendidos em condições desfavoráveis, dado que nem todos os aspectos imateriais determinantes são reconhecidos e dimensionados financeira e economicamente antes dos momentos conflituosos. Também podem indicar se as empresas foram mal compradas, por exemplo, com a dimensão incorreta dos custos e das oportunidades de *cross-selling*, entre outros recursos importantes.

As grandes empresas podem contratar a assessoria de auditores, advogados ou consultorias em tais situações. Em alguns casos, esses profissionais possuem um manual de verificação para identificar e até avaliar economicamente os fatores não revelados em balanço. Contudo, o que frequentemente causa problemas não é a ausência de um sistema, mas sim de uma base de experiência executiva dos analistas para enxergar e julgar as entrelinhas dos sistemas e processos – e não apenas opinar com base naquilo que já se encontra identificado e organizado em um manual. Em tais casos, o auditor ou contador sem experiência executiva em marketing ou vendas pode deixar de interpretar corretamente determinado impacto de mercado nas operações da empresa. Na maioria das vezes, o que percebemos é que as grandes empresas contratam assessores de grande capacidade acadêmica ou de gabinete, todavia, com pouca ou nenhuma carreira na infantaria.

Compreendemos que, por melhor que seja o planejamento e por mais experientes que sejam os assessores, as situações de fusões e de aquisições são frequentemente de grande pressão. O tempo de trabalho raramente é o ideal e as condições para o levantamento de dados são sempre desfavoráveis, seja pela desorganização da empresa, seja pela má vontade dos sócios e gerentes em ambiente de conflito ou por inúmeras outras razões que impedem o estudo ideal da empresa. Soma-se a tudo isso o medo dos envolvidos de perder uma grande oportunidade de mercado, o que muitas vezes também coopera para que certas pontas do negócio fiquem mal amarradas.

Por tratar do levantamento de recursos intangíveis não proprietários complexos em uma hipótese de negociação, a avaliação *a priori* (de venda, fusão, aquisição, investimento, cessão etc.) do *goodwill* não produz benefícios de gestão (controle de riscos, ameaças e oportunidades). Contudo, se bem conduzidos, os trabalhos realizados pelos avaliadores podem produzir vantagens para os compradores, os quais terão conhecimento de informações importantes, identificadas, classificadas e ponderadas como indicadoras de valor dos bens não demonstrados nos balanços num primeiro momento. Em seguida, servirão perfeitamente como indicativos das ameaças e oportunidades qualitativas do negócio. Um exemplo bastante simples desse processo de identificação *a priori* de *goodwill* é a avaliação possibilitada pelo método da "análise *SWOT*", desenvolvido em 1969 por pesquisadores da Universidade de Harvard, segundo Milorad *et al.* (2004, p. 72-86).

Embora o *SWOT* não seja um recurso de análise em profundidade dos recursos organizacionais, e nem se deveria esperar isso dele, a objetividade necessária para a sua classificação auxilia no trabalho de apurar e registrar uma visão sistêmica da estratégia da empresa, pois é necessário que os recursos sejam organizados e descritos em três grupos de investigação. O método assegura aos interessados o conhecimento de um conjunto de indicativos que, conforme cada caso, podem ser aprofundados para a obtenção de dados mais precisos, possivelmente com a execução de pesquisas internas e externas, como foi sugerido na norma ISO 10668:2010(E), emitida pela International Organization for Standardization e relacionada com a avaliação de marcas, mais adiante comentada. Na sequência, uma descrição sucinta do *SWOT* – nome formado pelas iniciais de *strengths, weaknesses, opportunities* e *threats*:

- *Strengths* (forças). São os pontos fortes da empresa: participação de mercado, baixo endividamento, marca, competência, experiência da equipe, entre outros, que distinguem e posicionam a empresa no seu mercado.
- *Weaknesses* (fraquezas). São os pontos fracos da empresa: sistemas ruins de informação, má localização, inexperiência em certos mercados etc., os quais impedem que a empresa se desenvolva (em relação às concorrentes).
- *Opportunities* (oportunidades). São chances futuras: globalização, filiais, erros dos concorrentes, novos mercados e produtos etc.
- *Threats* (ameaças). Podem ser internas e externas, mas normalmente são concentradas nos agentes externos, como crises econômicas, cartéis etc.

O recomendável é que a análise *SWOT* seja substituída ou complementada por recursos mais sofisticados de pesquisa em cada núcleo da organização. Ao lidarmos com a avaliação de marcas, por exemplo, recomendamos pesquisas de *brand equity*, que oferecem maior detalhamento das forças que sustentam uma marca e, consequentemente, de toda a organização. Normalmente, aplicamos a análise *SWOT* vinculada ao *checklist* (que veremos mais adiante) quando percebemos que os nossos clientes não possuem um corpo de executivos que pensa de forma alinhada e integrada a respeito da organização. Essa falta de coordenação dificulta o papel do avaliador, que não sabe em qual informação deve confiar, o que naturalmente compromete os trabalhos de investigação de dados, encarece os trabalhos de avaliação e, ao final, coopera para o agravamento dos problemas das empresas, principalmente em função do aumento do risco de distorções na avaliação.

Se ficar demasiadamente restrito aos aspectos normativos, o avaliador poderá deixar de analisar pontos importantes e, com isso, ficar impedido de orientar vendedores, compradores e investidores de modo completo. A vantagem dos métodos como a análise *SWOT* é deslocar o avaliador para um núcleo de levantamentos e reflexões que normalmente não fazem parte da rotina de muitos profissionais, especialmente daqueles mais afeitos aos sistemas normativos ou excessivamente quantitativos. Até aqui, demonstramos que não existem critérios formais para a avaliação econômica de ativos intangíveis e, também, a necessidade de apreciá-los de modo amplo. Revelamos um conjunto de normas associadas com a contabilização desses bens e do seu tratamento contábil, o que não impede que os avaliadores dediquem mais tempo ao reconhecimento e à ponderação dos recursos informais existentes em todos os negócios.

Vimos que vários grupos têm demanda de tais serviços. E, ainda que não exista um consenso a respeito de diretrizes de avaliação, ou que tais bens possam ser incorporados ao patrimônio das empresas de forma limitada, não se duvida de que eles sejam reconhecidos e que exista uma demanda urgente por informações de qualidade sobre práticas que assegurem que o espaço para a criatividade não prejudicará a qualidade da informação. Percebemos que, embora a Lei nº 11.638/07 tenha proporcionado o benefício do reconhecimento formal dos ativos intangíveis, antes de sua edição havia maior oportunidade para a avaliação econômica, especialmente entre as empresas de capital fechado.

Na Lei nº 6404/76, o art. 8º determina os critérios para avaliação de bens das companhias[32]. Vemos que existe fundamentação da competência para elaboração das avaliações e base de certos critérios, deixando ao cargo da empresa contratante a responsabilidade pelo uso do laudo de avaliação emitido. Os avaliadores experientes, embora não estejam obrigados a seguir as normas contábeis quando da avaliação econômica, reconhecem que certos princípios contábeis internacionais recomendados pelo Financial Accounting Standards Board (FASB), pelos United States Generally Accepted Accounting Principles (USGAAP) e pelas International Accounting Standards (IAS), entre outros órgãos, são fontes importantes

---

[32] Art. 8º: A avaliação dos bens será feita por 3 (três) peritos ou por empresa especializada, nomeados em assembleia--geral dos subscritores, convocada pela imprensa e presidida por um dos fundadores, instalando-se em primeira convocação com a presença dos subscritores que representem metade, pelo menos, do capital social, e em segunda convocação com qualquer número. § 1º – Os peritos ou a empresa avaliadora deverão apresentar laudo fundamentado, com a indicação dos critérios de avaliação e dos elementos de comparação adotados, e instruído com os documentos relativos aos bens avaliados, e estarão presentes à assembleia que conhecer do laudo, a fim de prestarem as informações que lhes forem solicitadas. § 2º – Se o subscritor aceitar o valor aprovado pela assembleia, os bens incorporar-se-ão ao patrimônio da companhia, competindo aos primeiros diretores cumprir as formalidades necessárias à respectiva transmissão. § 3º – Se a assembleia não aprovar a avaliação, ou o subscritor não aceitar a avaliação aprovada, ficará sem efeito o projeto de constituição da companhia. § 4º – Os bens não poderão ser incorporados ao patrimônio da companhia por valor acima do que lhes tiver dado o subscritor. § 5º – Aplica-se à assembleia referida neste artigo o disposto nos §§ 1º e 2º do art. 115. § 6º – Os avaliadores e o subscritor responderão perante a companhia, os acionistas e terceiros pelos danos que lhes causarem por culpa ou dolo na avaliação dos bens, sem prejuízo da responsabilidade penal em que tenham incorrido; no caso de bens em condomínio, a responsabilidade dos subscritores é solidária.

das melhores práticas de avaliações contábeis, as quais também podem apoiar avaliações econômicas, conforme cada caso.

Não é necessário obter certificação para o uso da norma ISO 10668: 2010(E), sendo a observância de suas indicações um gesto voluntário por parte das consultorias. Acredita-se que o uso da norma assegurará às empresas que encomendaram as avaliações de marcas a adoção de certos critérios na execução dos trabalhos. A maioria dos recursos sugeridos foi estudada em *O império das marcas* e, posteriormente, na primeira edição de *Branding* (Martins, 2006). Os dois livros demonstram que, quando se trata da avaliação econômica de ativos intangíveis, permanece a necessidade de não se acomodar sob normas formais e informais, excluindo o domínio e uso do conjunto de diversos recursos. Os critérios sugeridos na norma citada não são inéditos e tampouco intimidam as consultorias de ponta. Há muitos anos, adotamos um regime de autorregulamentação nos nossos modelos de avaliação, muito em função de nossa experiência no mercado financeiro, especialmente nas práticas de avaliação de negócios e de crédito.

Além do conjunto robusto de pesquisas e da experiência de campo, decidimos também adotar certas diretrizes de diversos órgãos, combinadas à adoção de algumas normas relacionadas com a auditoria. Como os auditores lidam com a organização e análise das informações contábeis, julgamos que poderíamos assimilar alguns dos procedimentos que eles utilizam fundamentalmente a fim de assegurarmos uma base segura de ações para a avaliação econômica. Além disso, identificamos que essas normas compreendem maior tradição quanto ao reconhecimento dos ativos intangíveis, como em "Evidential matter", publicado no nº 31 de *Statement on auditing standards*, em agosto de 1980. A *SAS* 31 estabelece cinco tipos gerais de afirmações, que podem ser classificados da seguinte forma: Existência; Integralidade; Avaliação; Direitos e Obrigações; Apresentação e Divulgação (Tarantino, 2006, p. 148).

A *SAS* 31 menciona "afirmações sobre a existência ou a ocorrência de lidar com o fato de ativos ou passivos da entidade que existem numa determinada data e se ocorreram as operações registradas durante um determinado período". O processo de auditoria será, tipicamente, assim:

- O auditor deve começar olhando pelos livros a prova de que uma transação ocorreu e de que ela foi gravada pelo sistema de contabilidade.
- O auditor deve testar a existência fora dos livros para aquilo que tenha sido gravado.
- O auditor deve estender sua pesquisa para encontrar recursos de débitos e créditos em um livro de entrada original para incluir provas convincentes da existência de ativos tangíveis ou intangíveis aplicáveis ou passivos.
- O processo de teste do auditor pode envolver testes substantivos com uma terceira parte externa, como a confirmação de recebíveis com a organização ou pessoas para as quais a confirmação foi enviada. Outro teste típico seria a confirmação dos saldos das contas de caixa.

Não estamos defendendo a intervenção nos trabalhos de auditoria e tampouco que as nossas avaliações obedeçam aos mesmos critérios. Não é papel das consultorias especializadas em avaliação econômica de ativos intangíveis realizar qualquer verificação de caráter administrativo, contábil ou financeiro, exceto aquelas de cunho gerencial, por exemplo, no estudo de marcas e marketing. Contudo, ao observarmos as diretrizes que recomendam procedimentos bem organizados e que se constituem em importantes passos para disciplinarmos o levantamento e a organização de informações, certamente devemos reconhecer essas orientações e aplicá-las conforme a nossa experiência e as limitações de cada cliente.

Deixamos claro nos nossos laudos os limites da consultoria nesse aspecto. A empresa contratante tem a obrigação legal de manter as suas contas e livros em dia e em conformidade com aquilo que se prevê em legislação específica. Os clientes devem fornecer ao avaliador as informações necessárias para a execução dos trabalhos, assegurando a origem e integridade dos documentos. Cabe ao avaliador indicar a documentação necessária e adequada ao desenvolvimento dos trabalhos de avaliação.

106   Capital Intangível

Quando possível, é oportuno recorrer às melhores práticas de órgãos relacionados com a contabilidade e a auditoria, pois, mesmo com a crescente importância dos ativos intangíveis e o surgimento de inúmeras diretrizes e tentativas de regulamentação, deixamos de contar com um alinhamento que auxilie no direcionamento da contratação e da execução dos serviços de avaliação econômica, inclusive com a adoção de critérios metodológicos básicos, ou mesmo quanto à elaboração, emissão e utilização dos laudos técnicos.

O assunto é complexo e pertence ao núcleo de conhecimento dos advogados especializados, com os quais normalmente atuamos prestando assessoria ou buscando aconselhamento. Todavia, e meramente como subsídio às empresas interessadas nas questões formais a respeito da avaliação de ativos intangíveis além da Lei nº 11.638/07, resumimos a legislação relacionada em quatro grupos: legislação societária[33]; legislação fiscal[34]; legislação internacional[35]; Código do Processo Civil.

A formalidade necessária

O LAUDO TÉCNICO é o documento formal emitido para cada avaliação de ativo intangível realizada e que será utilizado pelo cliente para a finalidade que motivou a nossa contratação.

Exceto nos casos das avaliações para fins contábeis ou para grupos econômicos, em que são analisadas, às vezes, uma dezena de empresas individualmente, os nossos laudos costumam ser extensos, raramente com menos de 40 páginas e geralmente entre 40 e 100 páginas. É possível que alguns concorrentes possam emitir documentos com bem menos páginas

---

[33] Lei nº 6.404/76; Lei nº 9.457/97; Lei nº 9.279/96; Deliberações CVM nº 183, 288 e 553; Código Comercial Brasileiro; Comitê de Pronunciamentos Contábeis (CPC 04, 15 e outros); Resoluções CFC 1.139 e 1.140/2008. As normas, reiteramos, tratam os intangíveis basicamente a partir dos seus custos. Por exemplo, o CPC 04 define um ativo intangível "como um ativo não monetário identificável e sem substância física, quando (1) for separável, isto é, capaz de ser separado ou dividido da entidade, podendo ser vendido, transferido, licenciado, alugado ou trocado, (2) resultar de direitos contratuais ou de outros direitos legais, (3) for provável que os benefícios econômicos futuros esperados atribuíveis ao ativo serão gerados em favor da entidade, e (4) puder ser mensurado com segurança o custo do ativo".

[34] Decreto nº 1.598/77; Lei nº 7.799/89; Lei nº 8.981/94; Lei nº 9.430/96; Decreto nº 3.000/99 (Regulamento do Imposto de Renda).

[35] Sarbanes-Oxley; Fasb 141-142-147; IAS 38; Section 482 IRS; outras.

e até que possam não estar registrados em nenhum órgão de fiscalização. Existem várias razões para emitirmos um documento que nós mesmos consideramos extenso, mas, a principal, é a diretriz metodológica dos nossos serviços, que exige o levantamento e a demonstração dos principais recursos qualitativos e quantitativos associados com o ativo intangível avaliado.

Por exemplo, ao avaliarmos um contrato de representação ou de distribuição, precisamos ir além das questões básicas, como, entre outras, as datas de assinatura e de vencimento, as responsabilidades, os valores, a cobertura geográfica. É importante verificarmos também o que tem possibilidade de interferir na valorização do contrato, como o estado do relacionamento entre as partes, o qual poderá afetar as cláusulas de prorrogação e de remuneração, entre outros itens que podem, consequentemente, prover determinações e orientações quanto aos parâmetros que utilizaremos para a avaliação.

Se o contrato previr a concessão de distribuição de um grupo de produtos, certamente teremos de obter seus dados de venda, as praças nas quais eles são distribuídos, o planejamento de vendas dos distribuidores, a infraestrutura existente para a solução de eventuais problemas ou conflitos com os varejistas e os consumidores, e assim por diante. Tudo isso deve ser apurado pela consultoria e apontado no laudo, de modo que os futuros leitores do documento possam contar com um conjunto mínimo de informações que esclareçam o estado dos recursos ou que orientem sobre os aspectos de riscos e ameaças, que devem ser reavaliados com maior ou menor profundidade conforme os interesses envolvidos.

De acordo com outra diretriz metodológica, também não interferimos no uso prático que os nossos clientes poderão fazer dos nossos laudos. Nunca abrimos mão da isenção técnica nas avaliações e sempre instruímos os nossos clientes a procurarem assistência especializada para a utilização dos laudos, quando eles nos apresentam questões que nos parecem alheias aos trabalhos. Por essa razão, também somos bastante procurados por advogados, auditores e assessores, em geral para prestarmos orientação técnica em processos de avaliações de ativos intangíveis. Esses profissionais normalmente já possuem algumas ideias a respeito dos usos desse serviço e, então, a nossa função é de apenas instruir adequadamente quanto ao valor econômico, sem nenhuma participação nos usos possíveis que o cliente fará dessa informação.

A exceção é quando atuamos como assistentes técnicos em processos judiciais, nos quais a nossa interferência é ampliada com a manifestação de opiniões e julgamento de quesitos colocados pela corte. Ainda assim, procuramos manter a regra de não declarar nossa opinião quanto ao uso dos resultados das avaliações, o que, no nosso entendimento, compromete a isenção necessária para emitirmos opinião de valor.

Como no início da nossa consultoria não tínhamos estilos para adaptar, ou mesmo a oferta de normas técnicas para a produção de laudos de avaliação de ativos intangíveis, em 17 anos de trabalho acabamos desenvolvendo e aperfeiçoando um padrão de documento que acreditamos ser muito eficaz.

Já há algum tempo, conciliamos a adoção de um conjunto de recursos nacionais e internacionais, os quais estabelecem diretrizes voluntárias ou obrigatórias para a elaboração de laudos. Por exemplo, no Brasil, são bastante conhecidas as normas da Associação Brasileira de Normas Técnicas (ABNT)[36], enquanto nos Estados Unidos temos os padrões da Uniform Standards of Professional Appraisal Practice (USPAP)[37], que vão além da questão da elaboração dos laudos e compreendem diretrizes para a avaliação de empresas, imóveis, ativos, entre outros itens. No entanto, esses usos não esgotam outros propósitos, como aqueles previstos na Instrução nº 487 da CVM de 25 de novembro de 2010 que modificou o regime das ofertas públicas de aquisição de ações (OPA), como previsto na Instrução CVM nº 361/02. Vemos que as avaliações econômicas de ativos intangíveis podem compor os laudos de análise das empresas nos processos de OPA, já que a CVM determina, no anexo III (§ III), que: "As informações constantes do laudo de avaliação deverão ser baseadas nas demonstrações financeiras auditadas da companhia avaliada, podendo, adicionalmente, ser fundamentadas em informações gerenciais relativas à companhia avaliada, fornecidas por sua administração ou por terceiros por ela contratados".

---

[36] Disponível em: <http://www.abnt.org.br>.
[37] Disponível em: <http://www.appraisalfoundation.org>.

A USPAP não obriga a adoção de apenas um formato de laudo e, de nenhuma forma, interfere na questão das metodologias. Isso é fundamental para a avaliação de ativos intangíveis, dada a sua característica de alta complexidade e exclusividade. É muito interessante que a USPAP ofereça um conjunto mínimo de recursos que devem ser incluídos nos laudos, os quais variam conforme o tipo de ativo avaliado.

As normas relacionadas com a avaliação de ativos intangíveis estão compreendidas sob a Regra 10-2 da USPAP, a qual prevê, inicialmente, dois tipos de laudos que devem ser escolhidos pelo avaliador conforme os objetivos do trabalho: *appraisal report* (laudo de avaliação) ou *restricted use appraisal report* (laudo de avaliação de uso restrito). O primeiro deve ser emitido quando a avaliação for utilizada tanto pelo cliente quanto por públicos externos. O segundo é emitido apenas para o cliente e serve exclusivamente ao uso interno. Essa distinção é muito importante.

Um ponto bastante sensível nos trabalhos de avaliação de ativos intangíveis é relativo ao uso de informações estratégicas confidenciais. Não conhecemos outra forma de avaliação que dispense o levantamento e os estudos, pelo avaliador, de informações reservadas. Por exemplo, não é possível avaliar uma marca sem entender a sua posição diante das concorrentes, suas margens líquidas, posicionamento e planejamento estratégico, fatores de custos, entre outros recursos que possam ser associados a vantagens inerentes à marca e que permitam ao avaliador escolher, para a avaliação, critérios indiscutivelmente associados ao bem, que podem reverter em vantagens sobre as concorrentes.

Assim, é muito comum que, antes do desenvolvimento dos trabalhos, o cliente apresente as suas necessidades e, como veremos em detalhes mais adiante, o propósito da avaliação. Eventualmente, trabalhamos com dois tipos de laudos, os quais classificamos como: laudo de avaliação e laudo de avaliação estratégica. O primeiro é de circulação pública, sempre controlada pelos clientes, o segundo é para seu uso exclusivo.

Os procedimentos de trabalho são basicamente os mesmos nos dois tipos de documento. Certas informações estratégicas são apresentadas no laudo de avaliação, mas nós não as detalhamos e comentamos sem a intervenção do cliente. No segundo documento, o laudo de avaliação estratégica, detalhamos os dados reservados, realizamos análises e fazemos recomendações aos clientes. Evidentemente, o preço dos serviços é diferenciado quando os dois documentos são requisitados.

Nas duas versões, os nossos laudos são emitidos em uma única via, cujas páginas são numeradas e personalizadas. Adotamos esses cuidados já há dez anos, com o que delegamos ao cliente a responsabilidade pela produção e distribuição de cópias, assegurando que o conteúdo do laudo será de conhecimento apenas dos públicos selecionados por ele. Em algumas circunstâncias, os clientes nos solicitam cópias, mas estas são produzidas mediante restrições que apresentamos conforme cada necessidade.

A USPAP detalha os 11 recursos essenciais de informação que devem constar nos laudos. Não são exigências nem um pouco complexas e tampouco esgotam outros cuidados importantes que também aplicamos há bastante tempo:

1 Identificar o cliente ou qualquer outro interessado utilizando o nome ou tipo. Serve para proteger a confidencialidade do trabalho. É possível emitir laudos sem a indicação do nome do cliente, mas essa situação é bastante incomum.

2 Indicar o uso pretendido do laudo.

3 Apresentar um resumo de informações suficiente para identificar o tipo de negócio, ativo intangível e sua propriedade.

4 Indicar em que medida o interesse avaliado contém elementos de controle acionário, incluindo as bases para essa determinação.

5 Indicar em que medida o interesse avaliado carece de elementos de comercialização e/ou liquidez, incluindo as bases para essa determinação.

6 Indicar o tipo (padrão) e definição do valor e da premissa de valor e citar a fonte da definição.

7 Indicar a data efetiva da avaliação e a data do laudo.

8 Resumir o escopo do trabalho no desenvolvimento da avaliação.

9 Resumir as informações analisadas, os procedimentos de avaliação

considerados e a fundamentação que suporta as análises, opiniões e conclusões; a exclusão da abordagem de mercado, baseada em ativos (custos) de aproximação, ou abordagem de renda deve ser explicada.

10 De forma clara e evidente: indicar o estado de todos os pressupostos e as condições hipotéticas extraordinárias, bem como indicar que sua utilização pode ter afetado os resultados do trabalho.

11 Incluir uma certificação assinada de acordo com a Norma 10-3.

Os laudos de avaliação que produzimos demonstram os critérios e o valor dos ativos intangíveis. São documentos que servem para o esclarecimento dos nossos clientes e de seus públicos e, portanto, devem conter um conjunto bem desenvolvido de dados, os quais apuramos e detalhamos em três partes.

Na primeira parte, realizamos uma retrospectiva da empresa contratante, do ativo avaliado e das informações gerais, como, entre outras, a constituição social, a estrutura interna e os fatos marcantes.

Na segunda parte, nos concentramos nos aspectos de mercado, como: principais concorrentes, comportamento de vendas, novas tecnologias, tendências etc. Os levantamentos são desenvolvidos conforme o tipo de ativo intangível avaliado. Por exemplo, tratando-se da avaliação de uma marca, abordaremos os recursos de marketing e comunicação, tendências de mercado, características da marca avaliada e de suas principais concorrentes etc.

Na terceira parte, abordamos os aspectos legais do ativo, dos procedimentos técnicos realizados, o trabalho de verificação, detalhamento e desenvolvimento da metodologia de cálculo de avaliação, finalizando com a nossa opinião de valor e a inclusão dos anexos, como, entre outros, planilhas, relatórios de pesquisa e cópias dos documentos relacionados.

Revendo e repensando os conceitos

NÃO EXISTEM NORMAS formais sobre os procedimentos e o estado legal das empresas interessadas na realização da avaliação econômica de ativos intangíveis. Segundo a Resolução Cofecon nº 860/74, essas assessorias seriam obrigadas a registrar-se nos Conselhos de Economia. Contudo, vimos que as avaliações podem exigir a participação de profissionais de diferentes áreas de conhecimento, de preferência cujas atividades sejam regulamentadas por meio de registro nos respectivos órgãos de fiscalização.

As avaliações podem ter diferentes propósitos, e, basicamente, justificam-se por meio do princípio de prestar esclarecimentos a diversos públicos, inclusive em juízo. As empresas interessadas em avaliações contábeis têm à disposição diretrizes legais específicas; elas devem observá-las atentamente e valer-se da assistência de contadores ou auditores.

A avaliação contábil de ativos intangíveis está cercada de um conjunto não integrado de leis, mas as avaliações econômicas feitas de maneira ordinária dependeriam da edição de normas que permitam fixar critérios objetivos para essa opção. A facilidade ou dificuldade para a precisão desses critérios não altera ou contradiz em nada as normas contábeis, haja vista a existência de propósitos diferentes, ainda que relacionados. A contabilidade, ciência exata, tem dificuldade em registrar algo que é difícil precisar de maneira objetiva. Ela tem a finalidade específica de apontar e de informar os fatos concretos de uma empresa, deixando para o mercado a avaliação subjetiva do seu valor real.

As avaliações econômicas de ativos intangíveis fazem o que a contabilidade não quer ou não pode fazer. Elas investigam, organizam e ponderam a respeito de um vasto conjunto de informações e acontecimentos corriqueiros e extraordinários das empresas, tudo para formar uma opinião sobre aquilo que, se normalmente não é visto ou percebido principalmente pelo público externo, certamente existe e pode, por vezes, causar terríveis consequências sociais se não for adequadamente compreendido e controlado.

Caso as empresas interessadas em avaliações não estejam certas quanto à necessidade de encomendar uma avaliação contábil ou econômica de seus ativos intangíveis, devem buscar o aconselhamento de sua assessoria legal, contábil ou tributária. Inicialmente, seus propósitos devem ser muito bem identificados, ponderados com ciência de que o investimento na contratação da consultoria deve ser justificado por meio de um ou mais benefícios bem claros. Para não correr riscos, as empresas interessadas em tais avaliações devem ser orientadas por consultorias experientes, capazes de identificar as características do ativo e de recomendar o método mais adequado de trabalho.

Não obstante a ausência de critérios estabelecidos para a realização de avaliações econômicas, elas são relevantes, pois servem para o esclarecimento de diversos públicos. Consideramos um problema grave o fato de muitas empresas não conhecerem os seus ativos intangíveis e, consequentemente, não poderem avaliar e controlar os seus impactos nos negócios. É possível que as avaliações formais estejam ampliando seu descrédito junto ao mercado, justamente pela sua incapacidade de oferecer recursos que possibilitem a análise das oportunidades ou dos riscos potenciais envolvidos em cada negócio. Esse é o entendimento da OECD:

> Bens intelectuais não são geralmente reconhecidos na contabilidade financeira. Embora as normas de contabilidade provavelmente possam ser desenvolvidas para considerar uma ampla gama de intangíveis, é difícil estabelecer e verificar os valores monetários (de avaliação) para esses ativos, que são muitas vezes arriscados e têm altas taxas de depreciação. A relativa falta de reconhecimento dos intangíveis na contabilidade, juntamente com a sua crescente importância nos processos de criação de valor, significa que as demonstrações financeiras perderam parte de seu valor para os acionistas. Se outras informações não preencherem o vazio, pode haver má alocação de recursos no mercado de capitais. Abastecer o mercado com material suficiente e informações não financeiras sobre ativos intelectuais melhora o exercício dos direitos de propriedade e ajuda a disciplina nos níveis de gestão e nos conselhos de administração, com repercussões econômicas positivas.[38]

Sabe-se que não é jurídica a determinação que leva em consideração somente um dispositivo legal. A aplicação restrita das normas que impedem a contabilização dos ativos intangíveis gerados internamente

---

[38] Fonte: <http://www.oecd.org/dataoecd/53/19/36701575.pdf>. Acesso em: 20 abr. 2010. Tradução do autor.

é legítima e compreensível, mas ela contraria interesses igualmente legítimos, sobretudo para a devida informação ao mercado.

A questão do reconhecimento contábil dos ativos intangíveis desenvolvidos internamente é complexa, pois, o que se percebe, é que existem exceções à regra. Embora o reconhecimento esteja fundamentado em normas válidas e legítimas, a recusa em admitir a existência das exceções ofende outras normas do ordenamento jurídico.

Consideramos o conteúdo da decisão proferida nos processos CVM nº RJ 2003/0504 e 2003/6655 da parte interessada Coritiba Futebol S.A. No relatório da CVM consta que, em 31 de janeiro de 2003, foi requerido o registro de companhia aberta de Coritiba Futebol S.A., concomitantemente ao pedido de distribuição pública de ações em mercado de balcão não organizado, aos quais foi apensada a documentação exigida pelas normas regulamentares da autarquia. Na análise dos arquivos, a Superintendência de Relações com Empresas (SEP) da CVM verificou alguns problemas, entre os quais o de maior relevância era: o Coritiba S/A, em suas demonstrações contábeis de 23 de agosto de 2002, reconheceu intangível gerado internamente – direito de uso da marca Coritiba Foot Ball Club – avaliado economicamente. Prossegue o relatório[39]:

> A título de maior informação, o patrimônio total da companhia montou em R$ 51.010.013,00, na data base de 23/08/2002, sendo que a marca correspondeu a R$ 51.000.000,00 (fls. 16 a 24) e, na distribuição pública de ações preferenciais, a companhia pretende fixar o preço de emissão com base no valor patrimonial das ações (art. 170, § 1°, inciso II).
>
> Em decorrência da natureza da matéria – registro e mensuração de intangível gerado internamente –, foi formulada consulta à SNC, através do Memo SEP/GEA-1 n° 29/03, de 11/02/2003 (fls. 306 e 307).
>
> Em resposta, a SNC, através do Memo SNC/GNC/n° 21/03, de 21/02/2003 (fls. 308 e 309), manifestou-se tecendo, em linhas gerais, as seguintes considerações:
>
> 1 Intangíveis gerados internamente não encontram respaldo nas normas contábeis brasileiras para sua contabilização.

---

[39] Fonte: <http://www.cvm.gov.br/port/descol/respdecis.asp?File=4083-0.HTM>. Acesso em: 21 abr. 2010.

2 Na constituição da companhia, a integralização de seu capital com bens do imobilizado, de natureza intangível, em essência reavaliados, contraria frontalmente o Pronunciamento Ibracon[40] anexo à Deliberação CVM nº 183/95.

3 Nem as normas internacionais de contabilidade – os IAS emitidos pelo International Accounting Standards Board – admitem a figura do intangível gerado internamente (IAS 38, § 51º) e são ainda bastante restritivas quanto ao intangível adquirido.

Pacificada a questão no âmbito técnico, foram formuladas novas exigências à companhia em 26/02/2003, através do Ofício CVM/SEP/GEA-l nº 126/2003 (fls. 311 a 313), contemplando, além do estorno do intangível nas demonstrações contábeis de 23/08/2002, correções no preenchimento do formulário IAN e nas disposições do Estatuto Social, e solicitação de envio de formulários e documentos não apresentados originalmente. [...]

Oficiada a respeito, em 16/05/2003 (fls. 322), a companhia protocolizou, em 08/06/2003 (fls. 324 e 325), passados 128 dias do pedido inicial e 100 dias da ciência das exigências formuladas pela SEP, nova petição, junto da qual anexou nova documentação, e por meio da qual entendeu haver sanado todos os problemas envolvendo o seu processo de registro inicial de companhia aberta.

Da análise da documentação, a SEP indeferiu o pedido de registro de companhia aberta, uma vez que não foram atendidas as exigências de estorno do ativo intangível gerado internamente em suas demonstrações contábeis, e, acessoriamente, pelo preenchimento incorreto do Quadro 3.3 do formulário IAN. A companhia foi comunicada a respeito, através do Ofício CVM/SEP/GEA-l nº 331/2003, de 16/06/2003 (fls. 453 e 454).

Em 17/06/2003, o registro de distribuição pública de ações foi indeferido pela SRE através do Ofício CVM/SRE/GER-2/nº 616/2003 (fls. 64 do Processo CVM nº 2003/6655).

Em 11/07/2003, a companhia protocolizou recurso nesta autarquia em face da decisão da SEP, sendo o mesmo tempestivo, haja vista ter recebido o

---

[40] Ibracon (Instituto dos Auditores Independentes do Brasil).

comunicado de indeferimento em 26/06/2003 (data do AR) e o prazo regulamentar para interposição de recurso ser de 15 dias, sendo que em 08/07/2003 já havia protocolado recurso em face da decisão da SRE. No recurso apresentado em face da decisão da SEP, a companhia arguiu basicamente que:

• Os direitos de propriedade industrial são bens móveis por acessão legal, nos termos do art. 5 da Lei nº 9.279/96.

• Sendo bens móveis, são, portanto, suscetíveis de valoração econômica.

• Sendo bens móveis, são, portanto, suscetíveis de valoração econômico--financeira e de livre disponibilidade por parte dos seus detentores.

• A Lei nº 6.404/76 permite a formação do capital social com contribuições em dinheiro ou em qualquer espécie de bens suscetíveis de avaliação em dinheiro.

• Ao tratar da classificação das contas do ativo das companhias, a legislação acionária determina que integra a conta do ativo imobilizado todo e qualquer direito que tenha por objeto bens destinados à manutenção das atividades da companhia, ou exercidos com essa finalidade.

• O acionista controlador integralizou suas ações mediante cessão, pelo prazo de 30 anos, dos direitos de uso da marca "Coritiba Foot Ball Club", devidamente registrada junto ao Inpi, avaliada por empresa especializada.

• O principal bem dos clubes de futebol profissionais é justamente sua marca, pois a ela agrega-se toda a história de conquistas e a paixão de seus torcedores.

• Em que pese o entendimento contrário do Ibracon, não há razão para o cancelamento do registro da marca na conta do ativo imobilizado do Coritiba Futebol S/A.

• Além de ceder os direitos de uso da marca, o acionista controlador também cedeu pelo prazo de 30 (trinta) anos, por meio de escritura pública anexada aos autos, os direitos de uso do Estádio Major Antonio Couto Pereira, assim como os direitos sobre os contratos de transmissão de televisão, o relatório da SEP trata de 04 (quatro) passagens de recurso apresentados pela companhia, que têm relação direta com a matéria objeto de conflito, para serem contrapostas tecnicamente, quais sejam:

1. O fato de o Coritiba Futebol S/A ter se espelhado no futebol europeu, ao requerer seu registro de companhia aberta, destacando inclusive dados de

faturamento e de emissão envolvendo os clubes Manchester United e Newcastle United.

2. O fato de o IAS 38 – pronunciamento internacional de contabilidade – caracterizar ativos intangíveis como sendo aqueles que são controlados pela entidade e que geram benefícios econômicos futuros.

3. O fato de a CVM, ao disciplinar a reavaliação de ativos, por intermédio de sua Deliberação CVM nº 183/95, e ao restringi-la a ativos tangíveis, não possuir respaldo na legislação vigente para tal.

4. O fato de o Conselho de Contribuintes do Ministério da Fazenda ter admitido a reavaliação do direito de uso de marca, quando adquirido.

[...]

Após minuciosamente analisar cada um dos itens acima elencados, a área técnica conclui que:

• A marca "Coritiba Foot Ball Club", para ter sido contabilizada pelo montante que foi, deveria ter sido objeto de (i) uma transação entre terceiros independentes e (ii) uma fixação de preços dentro de uma relação de comutatividade. É o que os anglo-saxões consideram como sendo o preço justo derivado de uma "arm's length transaction".

• Embora a companhia, em seu recurso, tenha feito menção ao pronunciamento do IASB (fls. 462), restringiu-se a reproduzir exclusivamente aquilo que lhe atendia, ou melhor, aquilo lhe convinha reproduzir, a saber, a definição de ativo intangível. Tivesse, talvez, feito uma leitura sistemática do documento, perceberia o quão equivocada foi a sua citação. A SNC, com muita propriedade, tratou objetivamente dos §§ 19º, 22º e 51º do pronunciamento, de modo a pacificar por vez a matéria no âmbito das normas de contabilidade internacionais.

• Resta também provado que à luz do IAS 38, a marca "Coritiba Foot Ball Club" não seria passível de registro contábil pelo seu valor econômico. Isso é deveras relevante pelas seguintes razões: (i) a Iosco[41] recomenda aos seus signatários a adoção ou internalização das normas do IASB, e a CVM, enquanto membro, tem o compromisso de adotá-los, (ii) a CVM, nos últimos anos, tem se orientado nas normas de contabilidade internacionais na condução do processo de regulação contábil (uma das evidências disso é a Deliberação CVM nº 273/98,

---

[41] Iosco (The International Organization of Securities Commissions).

cuja fonte inspiradora é o IAS 12. Aliás, o relator do projeto da Deliberação CVM nº 273/98 foi o ilustre professor Ernesto Gelbeck, que também compôs o Steering Committee do IAS 12), (iii) consta do anteprojeto de reforma da Lei das S/A (parte contábil) elaborado pela CVM, em conjunto com notáveis da profissão contábil brasileira, em sua exposição de motivos, a necessidade de se criarem condições para harmonização da lei às melhores práticas contábeis internacionais, e (iv) consta do substitutivo do anteprojeto, Projeto de Lei nº 3.741, de relatoria do deputado Emerson Kapaz, a informação de que as bases conceituais do projeto advêm das recomendações do IASB[42].

• [...].

• A Lei nº 6.385/76, com alterações promovidas por diplomas ulteriores, em seu art. 22, § 1º, inciso IV, não deixa a menor dúvida de interpretação. À CVM compete expedir normas aplicáveis às companhias abertas sobre padrões contábeis, relatórios e pareceres de auditoria.

• A CVM, ao disciplinar a reavaliação, por uma imposição legal, a restringiu a ativos tangíveis, quando da emissão da Deliberação CVM nº 183/95 (ainda que isso concorra para um desvio do modelo contábil tradicional, calcado no custo histórico como base de valor). E restringiu também o critério de mensuração de ativos ao custo corrente ou de reposição.

• Em suma, objetiva-se avaliar os ativos em função de seu valor de utilidade ou valor de uso nas condições em que se encontram, voltados à continuidade operacional da empresa.

• Aplicando a base conceitual da reavaliação ao caso concreto do Coritiba, tem-se que: (i) tecnicamente, é uma impropriedade reavaliar um intangível, posto que não se enquadra no rol de ativos contemplados pela teoria da manutenção do capital físico, e (ii) reavaliar, tecnicamente, implica a adoção do custo corrente ou de reposição como base de mensuração. Valor econômico, contabilidade a valores de saída, como adotado pelo Coritiba, é, tecnicamente, outra impropriedade.

• Há, na lei societária, o princípio da dualidade da escrituração contábil. Distributárias, como, por exemplo, manifestações do Conselho de Contribuintes, devem ser atendidas em livros auxiliares. Assim reza a lei, em seu art. 177, § 2º:

---

[42] IASB (International Accounting Standards Board).

Da análise do recurso apresentado pela companhia em face da decisão da SRE que indeferiu o registro da distribuição pública de ações, o qual analisava cada uma das exigências formuladas pela área técnica, a SRE manifestou-se no sentido de que:

• O indeferimento do registro de companhia aberta pela SEP por si só já impossibilita a SRE de conceder o registro da distribuição pública de ações.

• A própria companhia admite que determinadas exigências relativas ao registro de distribuição pública de ações preferenciais não foram satisfeitas dentro do prazo legal.

• Resta, ainda, a necessidade de aperfeiçoamentos significativos no estudo de viabilidade, laudo de avaliação e fatores de risco constantes do prospecto. Após apresentada a manifestação das áreas técnicas, SEP e SRE, respectivamente, os autos foram encaminhados ao Colegiado desta CVM.

[...]

Dessa forma, quando da análise da concessão de determinado registro, seja de companhia ou de valores mobiliários, a CVM deve observar, além das normas contidas nas Leis nº 6.404/76 e nº 6.385/76, as instruções da CVM que tratam tanto da matéria do registro quanto de todas as outras normas que se aplicam às companhias abertas registradas.

O caso em análise, tendo em vista as demais exigências formuladas pelas áreas técnicas, as quais, a meu ver, poderiam vir a ser atendidas pela companhia com certa facilidade, versa principalmente sobre a legalidade das demonstrações financeiras da companhia emissora – requisito fundamental à concessão do registro, na forma dos incisos V e VI da Instrução CVM nº 202/93 – enviadas a esta CVM.

Isso porque, as áreas técnicas, Superintendência de Normas Contábeis e SEP, após ouvir a primeira, concluíram que a integralização de ações com bens do ativo imobilizado intangível não seria possível nos termos do pronunciamento do Ibracon anexo à Deliberação CVM 183/95, bem como das normas emitidas pelo IAS – International Accounting Standards Board.

De fato, no presente caso, nas demonstrações financeiras do Coritiba Futebol S.A. enviadas a esta autarquia, a conta "Marcas e patentes", que representa quase todo o ativo da companhia, é um ativo imobilizado intangível gerado internamente, o que, por sua vez, afronta o § 51° do IAS-38.

Isso porque casos de integralização de capital com bens do ativo imobilizado ensejam registro de reserva de reavaliação, o que de fato ocorreu no presente caso. Contudo, tal fato se deu com uma diferença importante, qual seja, a integralização com um bem imobilizado intangível. Veja-se o que diz a regra: "13. A Lei nº 6.404/76 menciona que a reavaliação pode ser feita para os 'elementos do ativo', o que pode dar o entendimento de abranger não só itens do imobilizado, como de investimentos e ativo diferido, além de estoques, entre outros. A legislação fiscal é mais restritiva e refere-se somente a itens do ativo permanente não abrangendo, portanto, os estoques ou outros ativos constantes do circulante ou realizável a longo prazo.

14. **O entendimento neste Pronunciamento é de que a reavaliação seja restrita a bens tangíveis do ativo imobilizado**, desde que não esteja prevista sua descontinuidade operacional (Pronunciamento do Ibracon anexo à Deliberação CVM nº 183/95)" (grifamos).

Adicionalmente, deve-se notar que o patrimônio total da companhia montou em R$ 51.010.013,00, na data base de 23/08/2002, sendo que a marca correspondeu a R$ 51.000.000,00. Isto é, 99% do patrimônio da companhia é a marca gerada internamente, entre acionista controlador e companhia, a qual está contabilizada em infração ao pronunciamento do Ibracon anexo à Deliberação CVM nº 183/95 e às normas internacionais do IASB.

Do ponto de vista estritamente contábil, tem razão a área técnica da CVM. Todavia, do ponto de vista jurídico-societário, a operação realizada pelo recorrente não é nem ilegal nem inviável. Tem-se, então, que conciliar os aspectos contábeis com os aspectos jurídicos, de forma a não permitir que a contabilidade termine por negar o direito e, mais ainda, violar o art. 5º da C. F., que diz que ninguém é proibido de fazer algo senão em virtude de lei.

Não obstante alguns pontos que mereceriam maior esclarecimento, sobretudo por causa da atualização da norma e das sucessivas demonstrações de valorização e influência dos bens intangíveis nas empresas de capital aberto, a decisão da CVM é oportuna porque reconhece, expressamente, que a medida adotada pelo Coritiba "não é nem ilegal nem inviável", desde que se possa "conciliar os aspectos contábeis com os aspectos jurídicos".

No próprio acórdão encontramos indicações a respeito de como se fazer a conciliação recomendada: "Tem-se, então, que conciliar os aspectos contábeis com os aspectos jurídicos, de forma a não permitir que a contabilidade termine por negar o direito e, mais ainda, violar o art. 5º da C. F., que diz que ninguém é proibido de fazer algo senão em virtude de lei". Oportunamente, o acórdão destaca também que as avaliações são permitidas sob certas condições:

> De fato, no caso presente, a questão n   ão é tão direta. A reavaliação espontânea, que é admitida em normas societárias e tributárias vigentes, embora objeto de restrições por parte da CVM, deu-se como efeito de uma operação societária, qual seja o aumento de capital fora da área de competência regulamentar da CVM. Por isso que não vejo necessidade de se adentrar na penosa discussão do que seria reavaliação espontânea e transação entre partes independentes.
>
> A Cooperativa Vinícola Aurora Ltda., sociedade por quotas de responsabilidade limitada, realizou, nos termos da regulamentação a ela aplicável, reavaliação de alguns elementos integrantes de seus ativos, reconhecendo, na sua contabilidade, os efeitos desta reavaliação.
>
> [...]
>
> A Lei nº 6.404/76, a exemplo de diversas outras legislações, permitiu expressamente que o capital social pudesse ser integralizado não apenas com dinheiro, mas com "qualquer espécie de bens suscetíveis de avaliação em dinheiro". Permitiu, então, em outras palavras, que qualquer elemento monetizável pudesse servir para o "pagamento" da parcela do capital social subscrito.
>
> É bom que se diga, desde logo, que não há qualquer restrição à espécie de bem que pode servir para a contribuição ao capital social, a única exigência que a lei faz é que seja suscetível de avaliação em dinheiro, ressalvado, infelizmente dada a má técnica legislativa, a hipótese prevista na alínea "g" do art. 115, da Lei nº 6.404/76, inserida pela reforma da Lei nº 9.457/97.
>
> Por isso é que me parece que as partes envolvidas no aumento de capital podem e devem decidir se o aumento de capital naquelas condições é interessante. Se o aumento do capital deve se dar mediante a integralização de ativos, isolados ou em conjunto; se se deve dar apenas em dinheiro; ou se

se deve dar através da transferência de um patrimônio ou de um complexo de bens, direitos e obrigações. [...]

Portanto, do ponto de vista estritamente jurídico, não há irregularidade na operação, no sentido de que é viável a subscrição mediante a conferência de marca ou outro ativo qualquer. Portanto, o procedimento eventualmente indesejado ou não admitido pela área técnica, não importa, deu-se em sociedade limitada – Cooperativa Vinícola Aurora Ltda. – que não está sob a jurisdição da CVM e nem pretende obter registro de companhia aberta.

Já a companhia que pretende ver concedido o registro de companhia aberta – Aurora Ativos S.A. – não realizou qualquer reavaliação espontânea, apenas adquiriu ativos pagamento [sic], integralização de ações por ela emitidas e subscritas pela Cooperativa Vinícola Aurora Ltda.

Correndo o risco de dizer o óbvio, chamo a atenção para o fato de que a Aurora Ativos S.A. não poderia realizar reavaliação dos ativos em questão, inclusive pela razão simples, mas fatal e definitiva, de que ela não tinha tais ativos antes de recebê-los em subscrição de aumento de capital. Não dá para se reavaliar em sua contabilidade o que não se tem. Primeiro precisa-se ter o ativo contabilizado por determinado valor para então depois reavaliá-lo.

À vista disto, parece-me que a reavaliação e seus efeitos se deram em sociedade por quotas de responsabilidade limitada, que não se submete à regulamentação da CVM e nem pretende, no caso, se transformar em companhia aberta.

Não conhecemos os detalhes a respeito da avaliação da marca do Coritiba. Sabemos que as marcas ligadas aos esportes são ativos intangíveis de grande valor, e, se administradas com competência, podem proporcionar receitas e lucros significativos. Por outro lado, sua capacidade de geração de negócios é bastante instável, haja vista a grande dependência continuada de resultados positivos das equipes, o que não pode ser assegurado por nenhum dirigente ou estrutura bem montada. É consenso que todos os times querem sempre vencer os campeonatos que disputam, mas todos sabem também que isso não é possível.

As marcas de esportes são normalmente valorizadas em função da sua capacidade de extensão no licenciamento de produtos e serviços, venda dos direitos de transmissão, atletas de técnica extraordinária, *merchandising* e cotas de patrocínio. Todos esses centros de ganhos estão vinculados ao desempenho dos times, o que normalmente dificulta os estudos de projeções dos avaliadores em cenários mais favoráveis que a realidade histórica dos clubes. Além disso, também pesa contra a elaboração de cenários mais complexos a competência e experiência administrativa dos dirigentes, além da questão permanente da violação dos direitos autorais com a pirataria de produtos, frequentemente acompanhada do subfaturamento apresentado por muitos licenciados para reduzir o pagamento de *royalties*.

Todos esses fatores podem ter sido considerados na avaliação da marca do Coritiba, já que os seus dirigentes são as pessoas mais adequadas para instruir os avaliadores e indicar quais centros de valorização da marca são os mais indicados, dadas as circunstâncias da avaliação.

O conjunto de leis envolvidas nos processos de avaliação de ativos intangíveis ainda se encontra desarticulado e privilegia a avaliação contábil, normalmente restrita aos custos desses bens e não ao seu valor. Em verdade, concordamos com Antonio Lopes de Sá (2009):

> Tudo, em uma empresa, está envolvido pelo risco e, se tomado isso em sentido absoluto, inviabilizam-se projeções. Cada elemento patrimonial tem suas peculiaridades e os intangíveis, possuindo características também distintas, se sujeitam a critérios especiais de aferição. Não se deve confundir a avaliação para fins de informação geral financeira, todavia, com aquelas para fins gerenciais e negociais.
>
> Variando o critério de observação, variam, também, os critérios de medição e os decorrentes valores, é óbvio. Uma coisa é atender-se a um sistema legislativo e normativo, presos, esses, ainda, às questões tradicionais exclusivas do "direito" e de "normas egressas de entidades", e outra é avaliar-se para estabelecer uma particular determinação para gerir ou negociar, considerado o critério específico de interesse particular.
>
> Afirmar, por exemplo, que a avaliação dos intangíveis só deve ser considerada ao custo de aquisição é admitir como exclusiva tal condição (as normas tomam esse sentido).

Negar que seja possível avaliar e reavaliar os intangíveis, comprados ou frutos de formação interna no empreendimento, é também recusar conhecer sobre a variação natural do movimento das riquezas e de seus entornos que são, por natureza, mutáveis por transformação constante (sujeita a influências às vezes transitórias).

Valores estabelecidos em bases "subjetivas", quando praticados em negociações, deixam de traduzir a "realidade objetiva" (esta de índole científica). A expressão do intangível tem sido vítima tanto de licenciosidade quanto de restrições radicais para que não se insira o constituído nas demonstrações contábeis. Tal extremismo (como o adota a norma dita internacional) prejudica a qualidade da informação e fere a doutrinária científica sobre a matéria, ofuscando a realidade.

Existem, todavia, empresas que valem mais pela força de seus intangíveis criados dentro delas do que pela dos elementos corpóreos, como são algumas do ramo de informática, farmacêutico, químico, prestações de serviços e outras de altas especializações científicas, onde não se pode desprezar na avaliação, como riqueza efetiva, o que as aludidas possuem de "incorpóreo". Sonegar a evidência e a realidade referida é deformar a fidelidade informativa, ocultando a realidade.

Ressaltamos também, no acórdão da CVM, a referência das outras normas capazes de suportar a avaliação/reavaliação econômica dos ativos intangíveis, como a Lei de propriedade industrial, como é conhecida a Lei nº 9.279, de 14 de maio de 1996, que trata da propriedade intelectual e dos direitos sobre bens imateriais.

Segundo o art. 5, "consideram-se bens móveis, para os efeitos legais, os direitos da propriedade industrial". Assim, todos os ativos lícitos, e que possam ser classificados como "móveis", são "suscetíveis de valoração econômico-financeira e de livre disponibilidade por parte de seus detentores". A Lei nº 9.279/96 é particularmente importante para a avaliação econômica de ativos intangíveis, os quais normalmente contemplam um ou mais componentes da propriedade intelectual, naturalmente intangíveis.

Acreditamos que uma atualização da Lei nº 9.279/96 poderia ir ao encontro da necessidade de se conciliarem os aspectos contábeis com os aspectos jurídicos, evidentemente acolhendo os recursos da teoria econômica relacionada aos ativos intangíveis. Vemos que isso cooperaria para o melhor esclarecimento de todos os interessados nas questões de riscos, ameaças e oportunidades dos bens imateriais.

O laudo de avaliação é o documento formal emitido pela empresa avaliadora, o qual dará respaldo técnico e jurídico ao trabalho. No Brasil, não existem normas legais para a emissão e redação de laudos, embora seja recomendável que se utilizem diretrizes nacionais e internacionais pertinentes que se constituem em melhores práticas e podem ser facilmente aplicadas e adaptadas pelos avaliadores. Essas diretrizes não comprometem ou interferem nos métodos de cada consultoria, selecionados conforme o perfil de cada empresa, suas necessidades, as condições internas e externas à ela em dado momento histórico, tudo isso conciliado à experiência da consultoria e à sua devida inscrição em órgão de fiscalização.

Referências finais

SEM PREJUÍZO das interpretações apresentadas quanto às distinções e aos tratamentos formais e informais dos ativos intangíveis, vemos que as empresas devem se posicionar em relação à avaliação desses bens conforme as suas convicções sobre a melhor maneira de esclarecer os seus públicos. Nem sempre as avaliações necessitam ser tratadas de modo formal nas demonstrações financeiras, e é até mesmo possível que isso não seja conveniente ou necessário.

No primeiro capítulo, vimos que existem interpretações conflitantes sobre as formas possíveis de se classificarem e compreenderem os ativos intangíveis, mesmo entre os pesquisadores mais experientes.

Sem a intenção de realizar uma revisão completa das diferentes correntes de pensamento, produzimos um quadro comparativo de quatro grupos de ativos intangíveis, segmentando-os conforme os objetivos da empresa, e os quatro tratamentos aplicáveis em cada caso. Nas duas colunas finais à direita, apresentamos a escola de cada pensamento, bem como o método relacionado.

Esse quadro foi desenvolvido com base nas pesquisas de diversos autores, apenas como um recurso de demonstração das diferentes formas de pensamento e de trabalho que os avaliadores podem adotar.

QUADRO 2.2 Comparação de quatro grupos de ativos intangíveis

ATIVO	OBJETIVOS	FINANCEIRO?	ECONÔMICO?	LAUDO?	AUDITORIA?	ESCOLA	MÉTODO
Marca	Venda, fusão, aquisição, licenciamento, investimento, cisão.	Sim.	Sim. Instruir os interessados quanto aos fatores de risco, ameaças e oportunidades, inclusive de sinergias.	Sim.	Sim, se S/A de capital aberto, e opcional nos demais casos.	1. Reilly & Schweihs.	1. Avaliação Financeira.
	Administração: esclarecimento interno e *stakeholders* como complemento ao Relatório Anual ou Balanço Social.	Não. Apenas os valores monetários relacionados.	Sim. Orientar decisões de marketing, comunicação e investimento.	Não. Relatório de Avaliação Estratégica e Desempenho.	Não, se contábil.	1. Aaker: *Brand equity* . 2. Kaplan & Norton.	1. Avaliação de Marketing. 2. *Scorecards.*
	Legal	Sim. Para apoiar decisão judicial e demonstrações contábeis.	Sim. Para apoiar levantamento do *SWOT* e possíveis danos na imagem da marca.	Sim.	Sim.	1. Reilly & Schweihs.	1. Avaliação Financeira.
	Balanço: assimetria entre valor de livros e valor de mercado.	Sim.	Não.	Sim.	Sim. Lei nº 11.638, CVM, IAS e relacionadas.	2. Reilly & Schweihs.	2. Avaliação Financeira.
Patente ou *Copyright*	Venda, fusão, aquisição, licenciamento, investimento, cisão; qualidade da PD&I.	Sim.	Sim. Levantamento do *SWOT* para sinergias, capilaridade e assimetrias.	Sim.	Sim. Quando S/A de capital aberto e opcional nos demais casos.		

	Royalties inter e extra *company*.	Sim. Para determinar a taxa própria de *royalty*.	Sim. Para avaliar a capilaridade, *networking* e plano de metas.	Não.	Sim, se S/A de capital aberto, e opcional nos demais casos.		
Capital Intelectual	Administração.	Não.	Sim. Desempenho, plano de metas e recompensas.	Não.	Não.	1. Kaplan & Norton. 2. Sveiby. 3. Skandia. 4. Pike & Ross. 5. Stewart. 6. Standfield. 7. Sullivan.	1.*Scorecards*. 2. IAM. 3. *Navigator*. 4. HVA. 5. *Intangible Value*. 6. *Standards*. 7. *Value extraction*.
Contratos, Licenças e Concessões	Venda, fusão, aquisição, licenciamento investimento, cisão.	Sim, se houver cessão, venda ou reembolso de investimentos.	Sim. Para demonstrar centros de influência e valorização.	Sim. Nos casos em que estejam combinados com demais intangíveis.	Sim, se envolver ativação contábil e nas S/A de capital fechado. Opcional nas demais.	3. Reilly & Schweihs. 4. Standfield.	3. Avaliação Financeira. 2. *Standards*.
	Sistema de administração, controle, alavancagem e informação ao mercado; assimetria entre o valor de mercado e de livros.	Sim. Para os intangíveis sujeitos a reembolso por uso, transferência, cessão ou alienação.	Sim. Análise de desempenho, plano de metas e recompensas; demonstrar centros de influência e valorização para *stakeholders*.	Sim. O laudo será redigido em linguagem para todos os públicos, ou segmentado. Uso das diretrizes da Lei nº11.638, CVM e relacionadas, quando aplicáveis.	Sim, se envolver ativação contábil e nas S/A de capital fechado. Opcional nas demais.	1. Reilly & Schweihs. 2. Standfield. 3. Tobin. 4. Baruch Lev.	1. Avaliação Financeira. 2. *Standards*. 3. Fator Q. 4. *Scoreboard*.

FONTE: <HTTP://WWW.GLOBALBRANDS.COM.BR>.

Capítulo 3

O MERCADO DESINFORMADO

Mas, quando você gostar de alguma coisa,
nunca deve deixar que a lógica te atrapalhe.
JERRY SEINFELD

Não importam o tamanho do cliente, sua tradição, suas necessidades ou até mesmo qualquer experiência prévia na contratação de uma avaliação de ativo intangível. Todo projeto de avaliação é uma história diferente, que exigirá da consultoria um tratamento específico para a sua execução.

Nossa consultoria tem uma metodologia de trabalho entendida como o conjunto funcional e ampliado das práticas descritas neste livro. Contudo, isso não significa que temos um aglomerado de dogmas, impermeáveis à criatividade e à capacidade de desenvolver trabalhos inovadores, que inspirem e orientem os nossos clientes e esclareçam os seus públicos.

Em 15 anos de trabalho, nunca tivemos uma avaliação igual a outra, ainda que os procedimentos de trabalho tivessem começado da mesma forma: os clientes nos procuraram, apresentaram as suas necessidades, e executamos os serviços conforme o nosso julgamento. Com o tempo, aprendemos que a primeira e mais importante certeza que precisamos obter dos nossos clientes diz respeito à finalidade da avaliação.

Após descrevermos as práticas relacionadas com o escopo legal dos trabalhos de avaliação e os recursos que se devem esperar dos laudos, a questão dos motivos da contratação dos serviços não pode parecer algo ainda a ser esclarecido. Contudo, o leitor se surpreenderia com o número de empresas que nos procuram sem ter uma ideia muito clara do que pretendem fazer com a contratação de uma avaliação econômica de ativo intangível, um serviço especializado ainda muito sofisticado e também custoso.

Perfil dos nossos clientes

NUNCA FIZEMOS LEVANTAMENTO estatístico sobre o perfil dos interessados nos nossos serviços. No entanto, o retrospecto de consultas e de negócios fechados nos permite segmentá-los em três grupos:

1) Curiosos

Algumas pessoas descobrem, pela mídia, que as marcas valem bilhões, e, então, imaginam terem uma fortuna nas mãos simplesmente porque possuem um símbolo conhecido e que às vezes está associado a um volume considerável de vendas. Ao verificarmos a história e o perfil dessas empresas, o que percebemos, muitas vezes, é que elas têm apenas logotipos, os quais identificam visualmente produtos, serviços e companhias, mas não representam benefícios emocionais significativos e, portanto, valiosos. Reconhecer as diferenças entre logotipos e marcas é uma atividade ligada ao *branding*, cujas técnicas devem ser dominadas por todos os interessados em avaliações de marcas.

Normalmente, não fazemos negócios com esses empresários que têm pouca ideia a respeito do que uma marca realmente significa, especialmente da complexidade de sua administração e comunicação. Esclarecemos os objetivos e limites dos nossos serviços, os quais, nesses casos, convergem para as oportunidades de avaliações para propósitos legais, como a saída de sócio ou divórcio.

Excepcionalmente essas empresas possuem uma oportunidade comercial em fusão e aquisição que não envolve o interesse externo em maior grau pelo *goodwill* do negócio (posição de mercado, relacionamentos, acordos comerciais informais, localização etc.), e a primeira coisa que o potencial comprador fará será extinguir ou arquivar a marca. Muitas vezes, realizamos a avaliação de outros intangíveis para essas empresas, além da identificação e do mapeamento do *goodwill*.

2) Profissionais de mercado

São consultores envolvidos em processos de investimentos e avaliações de empresas, com pouco ou nenhum conhecimento a respeito da economia dos ativos intangíveis. Normalmente, os nossos laudos de avaliação são contratados e utilizados para apoiar as negociações entre empresas, ou mesmo para integrar a avaliação ao procedimento de *due dilligence*[43] e esclarecer os investidores quanto a questões pontuais sobre os intangíveis, como o *brand equity*[44] da marca, dentre outras finalidades.

3) Gestores empresariais

Lamentavelmente, esse é o grupo de menor representatividade dentre aqueles que demonstram interesse no nosso trabalho. Nos dois grupos anteriores, normalmente vemos algum objetivo determinado, ainda que de menor coordenação dentre os curiosos. No entanto, a procura escassa de nossos serviços por parte de gestores empresariais é realmente uma constatação empírica que nos preocupa.

Desde o lançamento de *O império das marcas*, disseminamos a ideia de que as avaliações de marcas, por exemplo, devem se prestar a duas finalidades muito importantes. A primeira, é o conhecimento do papel da marca para a valorização da empresa, de modo que os administradores se mantenham informados a respeito do seu valor econômico (não contábil) e possam administrar melhor as oportunidades de mercado, obter capital de investimento em condições adequadas, entre outros benefícios legais ou operacionais devidos ao conhecimento amplo do valor da empresa. Isso

---

[43] Em tradução literal significa "devida diligência" e representa um conjunto de práticas e providências para a análise de informações e documentos de uma empresa, na maioria dos casos, envolvida em processo de fusão ou de aquisição. Os levantamentos são registrados em relatório das condições apuradas, o qual será utilizado para esclarecimentos futuros entre as partes, ou mesmo para a determinação de responsabilidades e direitos.

[44] Uma medida de um conjunto de forças da marca, proposta pelo professor David Aaker, a qual pode ser conhecida em detalhes no livro *Branding: um manual para você criar, gerenciar e avaliar marcas* (Martins, 2006).

também impediria que muitas organizações detentoras de marcas importantes transferissem esses bens a preços aviltantes, justamente pela imprevisão dos demonstrativos contábeis. Cabe reiterar que a norma apenas reconhece o valor econômico dos ativos intangíveis posteriormente à sua transferência ou venda (realização).

A segunda finalidade da avaliação de marcas se prende à utilidade estratégica, especialmente ao oferecer aos gestores um conjunto ponderado de reflexões em torno dos benefícios para a valorização e alavancagem das marcas e dos demais intangíveis relacionados. Com o trabalho, os acionistas podem refletir a respeito dos riscos e das oportunidades envolvidas, podendo considerar chances de venda, fusão e aquisição de modo organizado. Além disso, é possível também avaliar as questões de investimentos internos em marketing e comunicação, bem como em pesquisa e desenvolvimento de novos produtos e serviços.

Mesmo considerando-se os limites encontrados entre os três tipos de públicos acima caracterizados, temos observado, nos últimos anos, o desenvolvimento da melhor cultura dos ativos intangíveis no mercado. Contudo, também identificamos a perigosa tendência ao sensacionalismo, sobretudo quando se trata da avaliação de marcas. Vemos mesmo a disseminação de noções inadequadas e a ameaça de vulgarização de conceitos, os quais, em longo prazo, podem retardar ou até comprometer o reconhecimento e o desenvolvimento dos ativos intangíveis nas relações entre as organizações e o mercado.

Quando abordamos as questões legais associadas aos ativos intangíveis, demonstramos que o assunto ainda é bastante controvertido e, também, que estamos distantes de um conjunto de normas coordenadas para o estabelecimento de procedimentos de avaliação econômica. Por outro lado, vimos um conjunto de reflexões e decisões formais inovadoras, nas quais é destacada a influência dos ativos e fatores intangíveis na sociedade do conhecimento. Indiscutivelmente, essas demonstrações cooperam, a seu modo, para o desenvolvimento e aprimoramento dos conceitos.

No entanto, nem todos os atores do mercado possuem condições de fazer uma avaliação de alto nível da importância e do valor dos ativos intangíveis.

Lamentavelmente, as informações nem sempre são produzidas e distribuídas no tempo certo e com a qualidade ideal, o que coopera para a disseminação de "verdades" normalmente baseadas em teorias e práticas restritas.

As marcas são, sem dúvida, os ativos intangíveis mais reconhecidos e conhecidos e, portanto, também os mais sujeitos à maior influência de opiniões e de críticas, nem todas manifestadas de forma ideal e muitas vezes de maneira até contraditória. Podemos contar com uma infinidade de recursos muito bem estabelecidos para o julgamento de marcas nas teorias do marketing e da comunicação, ainda que muitas métricas existentes não possam ser diretamente aplicadas à valorização econômica das marcas. É o exemplo do *Top of Mind*, bastante cultuado no Brasil. Diz Yanaze (2007, p. 276-277) que:

> Uma das formas de medir o prestígio de uma marca é avaliar em que medida ela se associa à categoria de produto que representa. Quando a marca é a primeira a ser lembrada pelo consumidor, em uma dada categoria de produtos, diz-se que a marca é *Top of Mind* (encontra-se no topo da mente) do consumidor. O *Top of Mind* normalmente está associado à participação da empresa no mercado.

O *Top of Mind* é obtido com a realização de pesquisas nos mercados selecionados, normalmente resultando na classificação das marcas em categorias de produtos e serviços. Não sou entusiasta do *Top of Mind*, pois, não obstante a importância da posição privilegiada da marca na memória do consumidor, não se pode assegurar que ela será a mais comprada em função da sua maior lembrança e, ainda, que isso lhe garanta a vantagem de cobrar um preço maior do que o das marcas colocadas nas posições inferiores, o que aumentaria os lucros dos fabricantes.

Os *rankings* de avaliação de marcas

A MEDIÇÃO DO *TOP OF MIND* é um recurso de informação externa, obtido por pesquisa de mercado. Ele só tem função informativa e, isoladamente, acredito que não seja adequado para instruir uma avaliação da imagem da marca. Ainda que isso fosse possível, essa medição seria muito limitada, pois não se pode julgar a imagem da empresa como boa ou ruim se também não investigarmos outros tipos de informação externa, junto a todos os seus públicos. Da maneira como entendemos a imagem de uma marca, é também necessário consultar o *Diário Oficial* (balanços e atas), os *sites* da Receita Federal e da Justiça Federal (regularidade fiscal e judicial), listas do Procon e do Banco Central, Serasa, entre outros recursos não associados ao marketing da marca. Caso a empresa seja de capital aberto, as pesquisas podem ser ampliadas pelas buscas nos *sites* da BM&F Bovespa (Bolsa de Valores, Mercadorias e Futuros) e da CVM (Comissão de Valores Mobiliários), além da SEC (Securities and Exchange Commission) dos Estados Unidos, no caso das empresas brasileiras com ações negociadas nas bolsas daquele país. Vemos que, se a imagem da marca não vai bem nos levantamentos utilizados como exemplos, não se pode imaginar que os consumidores contem com as suas marcas preferidas durante muito tempo, pelo menos sem algum tipo de ameaça de contrariedade.

Além das informações sociais e financeiras formais, o avaliador também precisará de outros tipos de dados internos para obter um conjunto de características precisas dos negócios. Custos de matéria-prima e de produção, termos dos acordos com fornecedores e distribuidores, projetos de investimentos, processos industriais, margens líquidas, entre outras informações, são de grande importância estratégica para reconhecer os diferenciais da empresa no mercado e os impactos que eles causam em suas contas e projeções. Muitas dessas informações são sempre sigilosas, não podendo ser divulgadas sem o comprometimento das vantagens competitivas que asseguram o desempenho e a sobrevivência dos negócios. No Capítulo 5 deste livro, oferecemos uma grande amostra dessas informações e como elas podem ser ponderadas criativamente em um processo de avaliação de marca.

Mesmo quando o avaliador é contratado pela empresa, o levantamento de informações internas pode ser dificultado por inúmeras razões, como a falta de cooperação voluntária e involuntária dos administradores, resultando, por exemplo, no oferecimento de informações incompletas, devido à falta de engajamento em razão da má vontade de gerentes insatisfeitos com os seus patrões, além de outros complicadores não menos importantes. Se, mesmo atuando do lado de dentro das empresas, o trabalho dos avaliadores pode ser dificultado, imagine, então, se eles atuarem apenas externamente. E não somente para arbitrar o valor de um dos ativos intangíveis, mas objetivamente para classificá-lo em relação aos concorrentes ou em um segmento.

Estou tranquilo para criticar os *rankings* de avaliação de marcas, pois o faço desde 1996, quando não existia no Brasil nenhuma das consultorias que praticam ou pretendem praticar o recurso. É o que comprova o texto a seguir, retirado da primeira edição de *O império das marcas* (p. 185-186):

> Diversas fórmulas de avaliação do valor monetário das marcas já apareceram principalmente na Europa e [nos] Estados Unidos, mas nenhuma delas conseguiu impor um modelo adequado, por omitir ou desconsiderar fatores importantíssimos na sua avaliação e no conjunto das incertezas que quaisquer acontecimentos futuros geram nas empresas – no caso, as vendas das marcas e a sua relação com os consumidores. Longe ainda do ideal, a empresa Interbrand Group, de Londres, propõe a aplicação de um múltiplo (resumidamente, sobre o fluxo de caixa projetado da marca) dos lucros das marcas ao longo de sete dimensões da sua performance, o que o professor de marketing da Universidade de Stanford, Kevin Lane Keller[45], considera uma forma subjetiva para alcançar um valor monetário confiável. As sete dimensões contempladas na análise da Interbrand são as seguintes: 1. liderança [...], 2. estabilidade [...], 3. mercado [...], 4. internacionalização [...], 5. tendência [...], 6. suporte [...], e 7. proteção [...].
>
> Quando estudados em separado, esses dados apontam distorções, mas o conjunto da análise forma, segundo a Interbrand, uma boa ferramenta para o trabalho de valoração das marcas. Em seus exercícios conclusivos, a entidade utiliza os sete tópicos para gerar um múltiplo sobre o fluxo de caixa projetado das receitas da marca, cuja finalidade é arbitrar o seu valor monetário. Quanto mais forte a marca, maiores as garantias de receitas futuras.

[45] Cf. Keller (1993).

Por mais criteriosa que possa ser, a aplicação de um múltiplo sobre os sete tópicos considerados pode levar a distorções difíceis de serem compreendidas. No *ranking* publicado pela revista *Financial World* de 2 de agosto de 1994 (que se utiliza – com o aval, supomos – dos critérios e princípios da Interbrand), marcas do porte de Nikon, Basf, Siemens, IBM, Corning, Krups, Michelin, Pirelli etc. são classificadas como de valor negativo apenas porque registraram resultados negativos (ou irrelevantes) no ano da análise. É o que ocorre com a aplicação de um múltiplo, especialmente quando não existe consenso universal quanto à sua aplicação. [...] A Siemens, que em 1994 não valia nada, em 1995 valia US$ 1,7 bilhão, a Michelin passou a valer US$ 2,6 bilhões, a Pirelli, US$ 299 milhões, e, o mais surpreendente, a IBM, do nada, em 1994, foi alçada à condição de terceira maior marca do planeta, passando a valer US$ 17,1 bilhões! [...] Quanto mais valiosa a marca, menor a sua liquidez. Imaginemos apenas que, além dos fantásticos bilhões para investir na compra das três primeiras marcas, qualquer meio investidor teria que materializar outros tantos bilhões para fazê-las funcionar. Toda compra (de marcas e padrões, inclusive) supõe um retorno sobre o valor investido, o que não conseguimos imaginar com esses exemplos, por mais que haja uma fulminante recuperação do poder mundial de consumo.

Precisamos levar em conta que *O império das marcas* foi um livro bastante ousado, escrito em uma época em que a gestão de marcas e a avaliação dos ativos intangíveis eram questões incipientes no mundo inteiro. O conhecimento a respeito desses temas era noviço, mas não havia a complacência encontrada nos *rankings* atualmente, nos quais as marcas são valoradas e comemoradas como estrelas solitárias das corporações, balas de prata capazes de eliminar ameaças sobranceiras permanentes, como mascarar a incapacidade de as empresas gerarem lucros sustentados, entre outros riscos de maior ou menor gravidade. Dentre propostas inovadoras e casos reais de gestão e comunicação de marcas, observações técnicas bem ponderadas sobre os *rankings* sustentavam a nossa posição a respeito da complexidade e fragilidade envolvidas na administração de marcas:

Sendo ativos de longo prazo de maturação e que demandam gerenciamento contínuo, as marcas não podem ser condecoradas ou crucificadas apenas por critérios que compreendam seu desempenho isolado em determinado ano. Como poderemos constatar mais à frente, rentabilidade sobre vendas não é necessariamente o fator-chave na valoração de uma marca. Ser bem ou malsucedida em determinado ano pode apenas denunciar que a marca pode ter sido bem ou mal conduzida pelos seus responsáveis. A marca, muitas vezes, é inocente! (Martins; Blecher, 1996, p. 188)

Não somos retardatários em *branding*, gestão e avaliação de ativos intangíveis no Brasil. Se, naquela época, acreditássemos na viabilidade, necessidade ou utilidade de se produzirem *rankings* do valor das marcas brasileiras, não teria sido difícil praticar o que se tornou um modismo no mercado e reproduzir ou adaptar o *ranking* da Interbrand. Sua matemática é bastante simples e sofreu muitas correções desde o seu lançamento, exceto pelo fato de que os dados continuam a ser obtidos com base em informações públicas de balanço, o que limita a validade desses *rankings* à publicação anual. Acumulando lucros ou prejuízos, as marcas continuarão a ser avaliadas. A novidade, contudo, é que as marcas que pertencem a empresas que têm prejuízos podem ser excluídas das listas.

Foi bastante louvável o esforço de pesquisa da Interbrand na concepção do *ranking*. No entanto, o que me deixa bastante perplexo é que ele permaneça e que tenha incentivado a geração e proliferação de similares, especialmente quando já se sabe muito mais a respeito da complexidade da avaliação de marcas do que na época do surgimento da Interbrand e de *O império das marcas*. Por essa razão, voltarei a avaliar o fenômeno em uma nova perspectiva científica, começando pela descrição dos resultados de *rankings* selecionados, os quais serão tratados com base em uma interpretação objetiva e comparativa. Como a contestação ao modelo de *rankings* de avaliação de marcas tem crescido, concluirei com a demonstração de reflexões de grande valor técnico, totalmente baseadas na realidade de uso dos resultados públicos dos *rankings*.

Que utilidade teriam os *rankings* de valor das marcas?

DIZEM QUE UM FATO só tem significação à medida que acrescenta ou diminui a plausibilidade de uma teoria. Não trataremos de sua disseminação pelas consultorias que produzem *rankings*, mas, ao supor que elas querem nos fazer acreditar que o valor das marcas calculado uma vez por ano é o valor definitivo delas – e apenas delas –, então isso reforçará o nosso objetivo de discutir a teoria a partir de uma posição antagônica, desapaixonada.

Pesquisas de média profundidade poderiam auxiliar os analistas a compreenderem facilmente as limitações técnicas dos *rankings*. Neste livro, por exemplo, não economizamos citações de uma série de fontes de pesquisa de alta qualidade a respeito da avaliação de marcas e outros ativos intangíveis. O que constatamos na bibliografia é que, em nenhuma obra, os *rankings* e métodos dessas consultorias despontam como objetos de estudo ou mesmo como referências técnicas que podem ser assimiladas produtivamente pelas organizações, quem sabe até para a formulação de normas avançadas para a avaliação econômica de ativos intangíveis, o que seria um fruto de grande utilidade.

Se considerarmos que o pioneiro *ranking* da Interbrand já existe há bastante tempo, seria de se esperar que o seu método já houvesse se notabilizado entre a comunidade de pesquisadores de qualidade, ainda que estes fossem concorrentes daquela consultoria. Nós, por exemplo, não teríamos o menor problema em aplicá-lo. Prova de nossa disposição em nos pautarmos pelas melhores práticas é que assimilamos princípios e instrumentos de cálculo de diversos pesquisadores em nossa metodologia. Ao utilizarmos conteúdos de alta qualidade técnica, e sempre com a citação das fontes, estamos, por certo, reconhecendo e até endossando o trabalho de outros pesquisadores, quem sabe até de potenciais concorrentes. O que diferencia uma consultoria da outra não é necessariamente o que só ela alega conhecer, mas sim a qualidade do que ela produz. Qualquer consultoria experiente pode comprovar essa virtude, por exemplo, ao apresentar a seus clientes o seu acervo técnico sustentado por atestados emitidos pelas empresas que atendeu.

Constatamos, desde *O império das marcas*, que os livros do assunto de qualidade estão muito mais repletos de embasadas críticas sobre os riscos da má gestão de marcas do que do valor das marcas em listas. Estas, quando citadas, servem a autores normalmente não familiarizados com as práticas de avaliação de empresas ou, ainda, a veículos de mídia que não praticam jornalismo investigativo, pois, se o fizessem, procurariam ao menos saber se as marcas avaliadas em *rankings* estão registradas, se pertencem de fato às empresas citadas ou estão envolvidas em pendências de graves proporções. Contudo, se ainda tivéssemos dúvidas acerca da necessidade da produção de listas como recurso, bastaria estudar algumas pesquisas sérias sobre estratégia para compreender que as marcas, exclusivamente, não explicam ou justificam os resultados obtidos pelas organizações, ainda que seus nomes sejam muito famosos. Voltando algumas páginas, comprovamos que mesmo a Apple depende excessivamente de uma multidão de aproximadamente duzentos fornecedores (concorrentes, inclusive) para viabilizar a existência e progresso de sua marca.

Também podemos obter comprovação desde as pesquisas dos professores David Dranove e Sonia Marciano, da Kellogg School of Management. Eles descrevem um interessante estudo das receitas da Disney, apropriadamente intitulado "Alinhando a teoria aos fatos" (Dranove; Marciano, 2005, p. 66-70). Contestam a teoria de que o sucesso da Disney nos filmes de animação digital ocorre devido à marca do mesmo nome.

A premissa é que muitos analistas se esquecem de que os recursos de rentabilidade de uma organização devem se fundamentar na consistência de dados econômicos sólidos. É certo que a marca Disney é um ativo intangível valioso e de fundamental importância para os negócios da organização. Mas Dranove e Marciano apuraram que apenas ela não seria suficiente para explicar o sucesso da companhia. Dada a ausência de recursos complexos, a pesquisa foi simplificada ao avaliar a receita de bilheteria durante um período extenso, para finalmente analisar se o nome da marca era o principal ativo dos Estúdios Disney. Nos três quadros a seguir, resumimos os levantamentos que sustentam a pesquisa.

QUADRO 3.1 Receitas de bilheteria da Disney (1986-1994)

NOME DA PRODUÇÃO	LANÇAMENTO	BILHETERIA EUA US$ MILHÕES (DE 2003)
O ratinho detetive	1986	65
Oliver e seus companheiros	1988	114
A pequena sereia	1989	166
Bernardo e Bianca: na terra dos cangurus	1990	39
A bela e a fera	1991	197
Aladim	1992	284
O rei leão	1994	388

FONTE: DRANOVE E MARCIANO (2005).

Os autores destacam o crescimento de 500% da bilheteria no período, mas, comparando às receitas de bilheteria dos parques temáticos, foi comprovado o avanço de apenas 67%, já ajustados à inflação do período. Argumentam que a marca Disney poderia justificar como *Oliver e seus companheiros* faturou US$ 114 milhões, mas não poderia explicar o notável sucesso dos "quatro grandes" filmes: *A pequena sereia, A bela e a fera, Aladim* e *O rei leão*. Outro recurso, além da marca, teria sido responsável pelo crescimento.

Imaginaram ter sido Michael Eisner – que assumiu a Disney em 1984 –, aplicando novos métodos de gestão na organização, o que contribuiu para o seu rápido desenvolvimento. Contudo, ele não era o responsável direto pelas produções dos estúdios, as quais estavam sob a responsabilidade de Jeffrey Katzenberg, contratado também em 1984. Na análise de Dranove e Marciano, Katzenberg era o fator intangível que justificava o "valor da marca" Disney, pois, quando ele deixou a empresa em 1994, as receitas foram seriamente afetadas. Isso está demonstrado no quadro a seguir.

Capital Intangível

QUADRO 3.2 Receitas de bilheteria da Disney (1995-2001)

NOME DA PRODUÇÃO	LANÇAMENTO	BILHETERIA EUA US$ MILHÕES (DE 2003)
Pocahontas	1995	171
O corcunda de Notre Dame	1996	117
Hércules	1997	113
Mulan	1998	137
Tarzan	2000	189
102 dálmatas	2000	72
A nova onda do imperador	2000	95
Atlântida	2001	87

FONTE: DRANOVE E MARCIANO (2005).

QUADRO 3.3 Resumo das receitas da Disney (1986-2001)

GESTÃO	VIGÊNCIA	BILHETERIA EUA US$ MILHÕES (DE 2003)
Katzenberg	1986-1994	1,553
Pós-Katzenberg	1995-2001	981

FONTE: DRANOVE E MARCIANO (2005).

Evidentemente, Katzenberg tinha uma equipe talentosa e um futuro na Disney, mas ele esperava o reconhecimento do seu trabalho com a promoção à vice-presidência em 1994, ocupando a vaga deixada por Frank Wells, que morreu naquele ano. Como isso não aconteceu, deixou a companhia e se juntou a Steven Spielberg e David Geffin para formar a Dreamworks SKG. O resto da história é muito conhecido por todos aqueles que gostam de cinema: *O pacificador, O príncipe do Egito, O resgate do soldado Ryan, Beleza americana, Shrek* e muitos outros filmes. O caso lembra até um pouco as consequências do descarte do DOS pela IBM a Bill Gates, que acabou resultando na Microsoft. Comprova também que o conhecimento não pertence mesmo a nenhuma organização.

Dranove e Marciano destacam as singularidades de Katzenberg. Além de cuidar da produção e distribuição, também administrava o marketing dos filmes. Isso explica sua visão de *branding*, por exemplo, no cuidado em fazer poucas produções, de modo a trabalhá-las com o tempo e explorar o potencial de *merchandising* dos novos personagens, aproximando as produções ainda mais dos consumidores. Talvez devido à falta de recursos humanos igualmente diferenciados, a administração seguinte não investiu no mesmo cuidado e preferiu realizar produções sistemáticas até 2000, ano em que chegou a lançar três filmes. Possivelmente, a velocidade de produção pode ter deixado de lado algumas características emocionais importantes, por exemplo, associadas aos personagens e suas conexões afetivas com os consumidores.

Exemplos como o de Katzenberg comprovam que nem mesmo as empresas detentoras de marcas importantes são capazes de reconhecer, valorizar e reter fatores intangíveis que afetam a valorização da marca. Esses recursos são normalmente dissociados das listas de valor das marcas, pois as metodologias utilizadas podem não ser capazes de capturar e segmentar todos os fatores, apurar ativos e monetizar o que for pertinente com base em uma análise externa não condescendente das organizações. Se isso fosse possível, certamente seríamos incapazes de dizer que estaríamos apreciando um *ranking* de valor das marcas.

Entretanto, não é apenas no exterior que encontramos situações nas quais o valor da marca só faz sentido contextualmente e não isoladamente. Nos mesmos anos em que os administradores da Sadia massageavam os próprios egos celebrando a direção da "marca de alimentos mais valiosa do Brasil", os investidores deixavam de contar com recursos que pudessem lhes mostrar uma radiografia das fundações tangíveis e intangíveis da empresa, e que viriam a afetar o valor inquestionável de toda a organização, e não apenas de sua marca.

Luiz Fernando Furlan era, desde 1993, o presidente do Conselho de Administração da Sadia, cargo que deixou, em 2003, para assumir o Ministério de Desenvolvimento, Indústria e Comércio Exterior, no qual permaneceu até 2007. Nesse ano, foi empossado na presidência do Conselho de Administração da Fundação Amazonas Sustentável, na qual ficou até outubro de 2008, quando foi convocado às pressas para reassumir a presidência do conselho da Sadia, a fim de tentar salvar a empresa do fiasco ligado às perdas de R$ 760 milhões com apostas ousadas em derivativos.

Por certo, a Sadia é uma marca valiosa, não sendo necessário que nenhuma lista externa tente precisar e informar isso sem uma finalidade útil bem determinada. Mas é preciso acionar a lógica e reconhecer que ela não é valiosa apenas por causa do seu logotipo, do reconhecimento dos consumidores ou dos produtos que quase todos os brasileiros conhecem e consomem. Não podemos dissociar a marca da sua rede de relacionamentos e de sua distribuição no varejo, dos seus sistemas industriais, dos seus *softwares* exclusivos, da sua capacidade de inovação e até do caráter dos seus dirigentes, entre outras dezenas ou centenas de recursos. A marca pode ser valiosa por causa de tudo isso e de muito mais coisas que as pessoas, muitas vezes, nem sequer imaginam, estejam elas no comando da empresa, estejam nos balcões das padarias.

Conhecer o valor simultaneamente temporal e atemporal de uma marca em *ranking* é uma leitura sem nenhuma finalidade prática, sequer de educação administrativa. Mesmo como investidores ou consumidores das marcas, é muito difícil formar uma opinião externa ajustada dos negócios, porque normalmente não conseguimos compreender e verbalizar com objetividade as nossas impressões ou opiniões a respeito das organizações, especialmente daquelas que admiramos. Não raramente, isso acontece por conta da ineficiência média dos recursos de comunicação oferecidos pelas empresas. Como quase sempre elas só são capazes de fornecer informações, e não recursos que nos permitam exercitar a análise, normalmente só conhecemos os fatos importantes quando não podemos ser mais do que espectadores frustrados.

Parece-nos agora claro que a Sadia derrapou nas curvas fechadas do seu logotipo, não apenas porque o "piloto Furlan" não estava no controle. O mercado, a seu modo, entendia que a ausência do executivo poderia exigir um tempo de aprendizado por parte dos novos gestores, mas nem sequer estava próximo de imaginar qual seria o comportamento técnico e moral da equipe e do conselho administrativo sob a pressão da crise gigantesca de setembro de 2008. Furlan pôde ser resgatado e compareceu para ajudar, mas, infelizmente, encontrou um corpo cuja morte cerebral já havia sido decretada.

Causa e efeito nos *rankings* de avaliação de marcas

DE MODO GERAL, o consumidor típico dos *rankings* de valor das marcas é também simpatizante de outros tipos de listas: mais bonitos, mais ricos, melhores cidades para conhecer, melhores livros, os mais inteligentes, os filmes mais caros da história etc. Saber quem é o homem (por que muitas listas são tão machistas?) mais rico do mundo é outro exemplo de informação que não tem a menor importância ou valor para a maioria das pessoas ocupadas, mas esse tipo de banalidade acaba sendo algo interessante, pois gera sociabilidade por facilitar conversas genéricas em botecos, por exemplo. Outras listas, como aquelas relacionadas com livros e filmes, podem ter alguma utilidade, pois orientam escolhas simples, por exemplo, qual filme assistir no final de semana. Certos *rankings* são oportunos, notadamente quando associados a propósitos úteis, como a escolha de uma escola para as crianças, o desejado curso de pós-graduação, os bancos mais reclamados no Banco Central, e assim por diante. O problema com as listas fúteis é que elas geram muitas pautas fáceis para certas revistas, *blogs* e jornais e, por conta disso, animam empresas e veículos que têm necessidade de se mostrar e pouco tempo para investigar a qualidade técnica das pesquisas que alegam realizar.

É também comum, devido ao apelo popular e ao tratamento desvirtuado e deslumbrado por parte da mídia, que estatísticas importantes sejam tratadas com menor destaque do que aquele dedicado aos *rankings*. Os levantamentos anuais de queixas de consumidores nos Procons e no Banco Central, por exemplo, são bastante valiosos para a determinação da competência de muitas marcas em satisfazer as necessidades materiais e imateriais dos seus públicos. A extensão das possíveis leituras dos levantamentos, se comparada aos valores e posições de muitas marcas nos *rankings*, certamente causaria espanto, e até perplexidade.

Mesmo com tudo isso, não é difícil criar listas para classificar praticamente o que se desejar. A demanda por qualquer fato publicável só tem crescido com a fragmentação da mídia, especialmente por conta das inovações tecnológicas, como a internet. É preciso apenas que as listas ofereçam uma segmentação e a classificação de algo que possa representar algum tipo de impacto ou curiosidade, ainda que, às vezes, isso até resvale na vulgaridade. Os leitores raramente estão preocupados com a qualidade de pesquisa dos fornecedores de listas e, não raro, acabam assistindo a filmes ruins, comendo em péssimos restaurantes e, talvez, até investindo em empresas à beira da falência. As experiências desastrosas comprovam que não é só porque uma lista foi publicada em algum lugar que devemos automaticamente acreditar que tudo o que ela indica é verdadeiro. Como é muito mais fácil ler e repetir os dados descritos nas listas do que estudá-los, a maioria das pessoas tende a depender cada vez mais das coisas fáceis e alternativas, e não do que é sábio. É o reinado do pragmatismo.

Alguns equívocos apontados em *rankings* podem até não ser de grande importância, e talvez até sirvam para despertar o surgimento de outras listas para classificar listas, já que elas não param de surgir. Tudo isso pode mesmo ter seu lado divertido, mas acho uma temeridade recorrer formalmente às listas de avaliação de marcas apenas com base no fenômeno do seu fetichismo social, do sensacionalismo e até como instrumentos para exercer a vaidade corporativa e as suas urgências pragmáticas. Dada a recorrência da publicidade a recursos "científicos" para a produção de alguns *rankings*, é oportuno começarmos por tentar entender as razões técnicas para sua existência.

Os cientistas acreditam que saber sobre causas e efeitos é saber o que certos elementos fazem com os outros (Alves, 2002). No entanto, o que significa dizer que uma coisa é causa da outra quando se pensa nos *rankings* de avaliação de marcas? Ainda não é um consenso, mas cada vez mais pessoas acreditam que elas e os demais ativos intangíveis são valiosos e, também, que não existe muita informação a respeito desses bens, especialmente devido à falta de critérios objetivos uniformes para avaliá-los economicamente ou mesmo pela ausência do seu valor econômico nos balanços das empresas. Essa noção, em princípio, surgiu da impressão transmitida ao mercado com base em certas transações ocorridas entre empresas, nas quais os valores transacionados eram, por vezes, absolutamente distantes dos valores patrimoniais nos livros contábeis, e até mesmo do preço dessas ações em bolsas de valores. Não raro o valor das marcas foi comumente ressaltado como o pivô do maior volume transacionado entre aquelas organizações, ou da maior valorização de certas ações.

Não se tem muita confiança a respeito dos fatores que envolvem e justificam os valores transacionados na maioria das fusões e aquisições de empresas, o que pode incluir desde o simples desejo de espanar um concorrente do caminho até a compra de uma carteira de clientes ou de um acervo técnico que possibilita a entrada em um mercado competitivo – o que, sem a compra da empresa lá instalada em condições favoráveis, poderia consumir muitos anos e recursos muito mais custosos do que o valor da oportunidade de compra.

A certeza que muitos têm é de que os valores envolvidos na maioria das transações de venda e compra de empresas geralmente não encontram respaldo nos livros contábeis, o que leva o mercado a entender que existe um *quantum* de valor não explicado ou esclarecido de forma adequada e que esse *quantum* deriva, fundamentalmente, do valor daquilo que ninguém conhecia ou tinha avaliado antes de forma inusitada. Alguns pesquisadores insistem que é o valor das marcas que justifica o "algo mais" pago em tais transações. Outros analistas, entretanto, podem suspeitar da existência e valorização de outros ativos intangíveis menos conhecidos, como contratos de distribuição e venda, *cross-selling*, patentes, *copyright*, entre outros. Para não complicar, e meramente para ilustrar, vamos dizer que o valor extraordinário pago na maioria das transações pode ser classificado como "valor econômico" da transação.

Relembremo-nos, como foi visto no Capítulo 2 desta obra, que os bens intangíveis passaram a ser reconhecidos recentemente no Brasil pelas normas contábeis, especificamente desde a edição da Lei nº 11.638/07. A norma não explica como calcular o valor, mas traz uma série organizada de concessões e restrições a respeito da contabilização dos ativos intangíveis, as quais não levam em conta o valor econômico gerado internamente. Entende-se, praticamente, que a importância gerada internamente ocorre quando o valor econômico do ativo intangível não foi protagonista de uma transação real entre empresas (dentro ou fora do mesmo grupo econômico). Este é o valor econômico que só pode ser apurado por consultoria especializada.

Resumidamente, vimos que as normas só reconhecem o valor econômico dos ativos intangíveis em função dos seus custos ou pela ocorrência de transações entre empresas em que tenha havido a transferência de dinheiro (caixa). Com base em certos procedimentos normativos (baseados nas normas IFRS[46]), é possível determinar a porção ideal da transação, que pode ser arbitrada às marcas ou a outros ativos intangíveis relevantes, conforme cada caso (*goodwill*). Sem essa situação, a marca vale basicamente o seu custo de criação, de transferência, de carregamento ou de manutenção, o que geralmente resulta em números pífios, distantes do valor de mercado, que, como assumimos, é representado pelo valor econômico dos bens. Em tais condições, vamos dizer que a quantia reconhecida pela norma é o "valor contábil" dos ativos intangíveis ou da própria empresa.

Imaginemos uma transação rumorosa de compra de uma empresa, ou mesmo um embate jurídico de grande repercussão. Nos dois casos, podem ser apresentados ao mercado dois tipos de "balanço": o contábil, formal; o econômico, informal. Ambos revelarão o que o mercado já aprendeu a reconhecer sem nenhum tipo de instrução: a existência de um abismo entre o valor econômico e o valor contábil, uma "zona cinzenta" que normalmente confunde os *stakeholders* (públicos). Essa realidade, demonstrada ora de forma subjetiva, ora de forma objetiva, provoca nos analistas externos uma sensação de desconforto em relação às informações fornecidas pelas empresas, pois é como se estas se vissem diante da dicotomia permanente de viver e se comunicar entre dois preços: o formal (contábil) e o informal (econômico).

Um sinal de solução para o melhor esclarecimento do mercado tem sido o uso crescente do "balanço social", um documento produzido sob certos padrões de referência. Originalmente criado para comemorar e comunicar os

---

[46] São os Padrões Internacionais de Relatórios Financeiros (tradução de IFRS, International Financial Report Standards), que compreendem os Padrões Internacionais de Contabilidade (tradução de IAS, International Accounting Standards), dentre outros, utilizados no Brasil como referências.

feitos e as realizações de cunho social das empresas, o recurso passou a ser utilizado também como meio de informação ao mercado dos levantamentos que elas realizam de seus valores internos, muitos dos quais também avaliados de forma quantitativa. Assim, a prática de publicação dos balanços sociais é um indício forte de boa governança, o que tem sido cada vez mais valorizado pelo mercado. Infelizmente, esses balanços são publicados e divulgados apenas anualmente, o que coopera para que o mercado fique à deriva na maior parte do tempo. Nesse entretempo, navega-se por tentativa e erro para julgar as ações subjetivas (informais) importantes das organizações, sobretudo nos períodos de turbulência na economia, nos quais a profusão de informações responsáveis é tudo o que se precisa e se busca.

Contudo, se a lógica indica que o valor econômico representa o valor real de mercado das empresas e dos seus bens, por que a norma só dá razão e reconhecimento ao valor contábil? Existe algum recurso que permita que o mercado conheça o valor econômico das empresas anteriormente a uma situação concreta de venda ou de problemas graves?

Vamos assumir que essas duas dúvidas cruciais expliquem as causas dos *rankings*. Que eles seriam produzidos como instrumentos de esclarecimento ao mercado, e revelariam o valor econômico existente nas empresas, sendo este fundamentalmente representado pelo valor das marcas, apurado anualmente. Com isso, admitiríamos que os *rankings* fossem elaborados para contentar uma necessidade de esclarecimento. A questão é: os *rankings* podem esclarecer sobre o valor econômico das empresas? Eles cumprem essa missão ou se limitam ao valor das marcas?

Não vemos como esse tipo de lista possa esclarecer os investidores quanto aos pontos de vulnerabilidade ou de oportunidade das organizações que controlam marcas importantes. Já aprendemos que as marcas são tão valiosas quanto mais dependam de inúmeros outros ativos e fatores intangíveis, normalmente não conhecidos e informados pelas empresas. Se raríssimas delas conhecem e controlam os seus intangíveis, como acreditar que é possível avaliar e monetizar externamente esses recursos? Eis o que prometem as listas de valor dos ativos intangíveis: nova tentativa de criar moda.

Tudo isso não tem sido suficiente para impedir que empresas sérias, bem administradas e amarradas a melhores práticas de governança deixem de celebrar suas posições de liderança em tais listas, como se, *a priori*, estas endossassem suas estratégias de ação ou justificassem os resultados contábeis, além das ações sociais e gerenciais. O veículo preferido para festejar tem sido o balanço social, recurso que eu gostaria de adotar para a demonstração e o esclarecimento dos acontecimentos extracontábeis, inclusive dos ativos intangíveis.

No balanço social de 2007, a Petrobras, por exemplo, celebrava o valor de sua marca "em US$ 1,012 bilhão, um aumento de 37% em relação ao ano anterior" (Petrobras, 2007, p. 8). O que significa, realmente, um aumento de 37% no valor da marca? O que fez a empresa para "ganhar" cerca de US$ 400 milhões apenas com o valor de sua marca de um ano para outro? Esse "ganho" trouxe algum benefício para os acionistas e credores? Dois anos depois, em outro levantamento, a empresa voltaria a celebrar, agora na condição de "ser a marca mais valiosa do Brasil e uma das mais valiosas do mundo"[47]. Esse status, todavia, não eximiu a empresa de contraditória posição desvantajosa, conforme se lê em publicação de 25 de junho 2010[48]:

> A Petrobras é a empresa de capital aberto, considerando as companhias de América Latina e Estados Unidos, que teve a maior queda de valor de mercado em 2010 [...]. De acordo com os dados, a queda do valor de mercado da estatal brasileira até quinta-feira (24) foi de US$ 52,9 bilhões (R$ 94,3 bilhões). Isso significa que, neste ano, o valor da Petrobras caiu 26,6%. [...] O valor de mercado é o preço de cada ação da empresa multiplicado pelo número de papéis em circulação, ou seja, representa o quanto um investidor pagaria se fosse possível comprar todas as ações da companhia.

[47] "A Petrobras está entre as marcas mais valiosas do mundo, segundo o *ranking* '2010 BrandZ Top 100', da Millward Brown Optimor. A Companhia estreia na 73ª posição, com sua marca avaliada em US$ 9,7 bilhões. [...] A Petrobras também se destacou como a marca mais valiosa do Brasil, segundo pesquisa realizada este ano pela consultoria BrandAnalytics e pelo instituto Millward Brown. Com valor de marca de R$ 19,3 bilhões, a Petrobras lidera o *ranking* das mais valiosas, à frente de Bradesco (R$ 14,8 bilhões), Itaú (R$ 13,3 bilhões), Banco do Brasil (R$ 11 bilhões), Natura (R$ 6 bilhões), Skol (R$ 5 bilhões), Brahma (R$ 2,5 bilhões), Perdigão (R$ 2 bilhões), Casas Bahia (R$ 1,8 bilhão) e Sadia (R$ 1,6 bilhão)." Disponível em: <http://www.petrobras.com.br/pt/noticias/marca-petrobras-entre-as-mais-valiosas-do-mundo/>. Acesso em: 10 maio 2010.
[48] Fonte: <http://economia.uol.com.br/ultimas-noticias/redacao/2010/06/25/petrobras-tem-a-maior-queda-de-valor-de--mercado-na-al-e-nos-eua.jhtm>. Acesso em: 25 jun. 2010.

Curiosas devem ser as razões que levaram uma empresa indiscutivelmente valiosa como a Petrobras a ter a necessidade de apelar publicamente para o endosso de terceiros a respeito da importância e do valor de sua marca, como se o seu gigantismo e sua capacidade de comunicação já não fossem suficientes para sinalizar tal dimensão de valor. Este, aliás, me pareceu bastante modesto quando comparado aos exemplos que veremos mais adiante. Se tudo isso não fosse suficiente, no mesmo balanço[49], a empresa celebrava uma série de premiações até certo ponto extravagantes, como o "Top Intangível 2007".

Mega marcas institucionais como Petrobras, Unilever, P&G, Banco do Brasil, dentre tantas, são casos especialíssimos, os quais consideramos situados em patamar inédito: o *priceless*. São exemplos que estão acima e além da normalidade, pois dependem de um conjunto tão vasto e grandioso de recursos tangíveis e intangíveis, o que, inclusive, impede que essas marcas sejam comercializadas. Contudo, é possível que elas sejam avaliadas e dimensionadas em condições extraordinárias, conforme os desafios táticos e estratégicos de cada organização. Certamente, uma visão hipermoderna de avaliação de marcas como essa impõe uma independência de pensamento, a qual normalmente não é possível quando o avaliador se obriga a classificar ou ordenar marcas.

Mas a prática do ufanismo baseado nas avaliações quantitativas externas e extravagantes não é exclusiva da Petrobras. Ela se repete em outras organizações importantes, a exemplo da Sadia, que, já no balanço de 2006, comemorava ser "a marca brasileira mais valiosa do setor de alimentos desde 2001 [...]"[50]. Deu sequência ao recurso no relatório anual de 2007, desta vez de forma modesta: "Durante o ano, a Sadia ficou entre as 20 melhores colocadas no *ranking* das 100 marcas mais valiosas do Brasil [...]"[51], segundo fonte citada em várias páginas do mesmo relatório.

Nas demonstrações aos acionistas em 2008, quando o destino já havia pavimentado suas curvas rumo à Perdigão, a Sadia reiterava a excepcional condição: "Sua principal marca, a Sadia, integra a relação das 20 mais valiosas

---

[49] Cf. anexos.
[50] Cf. anexos.
[51] Fonte: <http://ri.sadia.com.br/ptb/1109/SADIA_ra2007_Port.pdf>, p. 5, 6, 18, 75. Acesso em: 25 maio 2009.

do Brasil [...]", repetida igualmente em várias páginas do documento[52]. O desfecho todos nós já conhecemos. Enquanto a Sadia celebrava prestígio nas listas, a Perdigão, em silêncio, trabalhava, desde as bases de sua "desvalorizada marca", a trilha de eficiência gerencial que a fez engolir a Sadia para endireitá-la.

Acredito, realmente, na possibilidade de se aprender com os erros das grandes organizações e até com as suas idiossincrasias administrativas. Assim, vejo no fiasco da Sadia a oportunidade de aprendermos uma grande lição de comunicação: quando uma empresa precisa comemorar vitórias rasas em seus relatórios dirigidos ao mercado, é necessário deixar o guarda-chuva sempre à mão, redobrando a atenção para a existência de coisas obscuras eventualmente encobertas sob os confetes e as serpentinas.

Muito embora a nossa análise de 1996 tenha sido superada pelo tempo, outros analistas e críticos de diferentes classes permaneceram atentos e até mesmo passaram a levantar e confrontar os resultados dos *rankings*, buscando encontrar a coerência técnica ou utilidade dessas produções.

É o caso do levantamento realizado pelo blogueiro Stefan Sagmeister[53]. Ele reuniu os *rankings* da Millward Brown Optimor, intitulados "BrandZ" (mas que também utilizam a assinatura "Most Valuable Global Brands", incluindo o ano da edição de cada lista) e da Interbrand, ambos publicados em 2007, tomando como base dados colhidos nos 12 meses anteriores, e colocou-os lado a lado para comparar os resultados e distribuí-los conforme a posição de valor de cada marca avaliada.

Reproduzimos o quadro a seguir, colocando os dados de forma mais clara, com destaque para a posição em que cada marca se encontra segundo os levantamentos de cada empresa. À esquerda da tabela temos os dados apurados pela Interbrand e, à direita, os dados apurados pela Millward Brown, apresentando a marca que, segundo a consultoria, deveria ocupar a posição. Por exemplo, na primeira linha, vemos o valor atribuído à marca Coca-Cola pela Interbrand, o que a coloca em primeiro lugar. A Millward Brown, entretanto, apurou que a posição pertenceria à marca Google, para a qual arbitrou um valor maior.

---

[52] Fonte: <http://ri.sadia.com.br/ptb/1632/sadia_ra2008.pdf>, p. 1 e 22.
[53] Fonte: <http://stefanliute.typepad.com/branding/2007/08/best-global-bra.html>. Acesso em: 22 mar. 2010.

O mercado desinformado 151

QUADRO 3.4 Comparativo entre dois *rankings*

POSIÇÃO	MARCA	VALOR SEGUNDO A INTERBRAND 2007	VALOR SEGUNDO A INTERBRAND 2008	MARCA	VALOR SEGUNDO A BRANDZ EM 2007	VALOR SEGUNDO A BRANDZ EM 2008
1	Coca-Cola	65.32	66.66	Google	66.43	86.05
2	Microsoft	58.70	59.00	GE	61.88	71.38
3	IBM	57.09	59.03	Microsoft	54.95	70.89
4	GE	51.56	53.08	Coca-Cola	44.13	58.20
5	Nokia	33.69	35.94	China Mobile	41.21	57.22
6	Toyota	32.07	34.05	Marlboro	39.17	37.32
7	Intel	30.95	31.26	Wal-Mart	36.88	34.55
8	McDonald's	29.39	31.05	Citi	33.71	30.32
9	Disney	29.21	29.25	IBM	33.57	55.33
10	Mercedes--Benz	23.56	25.58	Toyota	33.43	35.13
11	Citi	23.44	20.17	McDonald's	33.14	49.50
12	HP	22.19	23.50	Nokia	31.67	43.97
13	BMW	21.61	23.30	Bank of America	28.77	33.09
14	Marlboro	21.28	21.30	BMW	25.75	28.01
15	American Express	20.82	21.94	HP	24.99	29.28
16	Gillette	20.41	22.07	Apple	24.73	55.20
17	Louis Vuitton	20.32	21.60	UPS	24.58	23.61
18	Cisco	19.09	21.30	Wells Fargo	24.28	24.74
19	Honda	17.99	19.08	American Express	23.11	24.81
20	Google	17.83	26.00	Louis Vuitton	22.69	25.74
21	Samsung	16.85	17.69	Disney	22.57	23.70
22	Merrill Lynch	14.34	11.40	Vodafone	21.11	36.97
23	HSBC	13.56	13.14	NTT DoCoMo	19.45	15.05
24	Nescafé	12.95	13.06	Cisco	18.81	24.10
25	Sony	12.90	13.59	Intel	18.71	22.03
26	Pepsi	12.88	13.25	Home Depot	18.34	15.38
27	Oracle	12.44	13.83	SAP	18.10	21.67
28	UPS	12.01	12.62	Gillette	17.95	21.52
29	Nike	12.00	12.67	Mercedes--Benz	17.81	18.04

30	Budweiser	11.65	11.44	Oracle	17.81	22.90
31	Dell	11.55	11.69	HSBC	17.46	18.48
32	JP Morgan	11.43	10.77	Tesco	16.65	23.20
33	Apple	11.03	13.72	ICBC	16.46	28.00
34	SAP	10.85	12.23	Verizon Wireless	16.26	19.20
35	Goldman Sachs	10.66	10.33	Starbucks	16.06	12.01
36	Canon	10.58	10.88	Honda	15.47	16.65
37	Morgan Stanley	10.34	8.70	Dell	13.90	15.29
38	IKEA	10.08	10.91	Bank of China	13.69	19.42
39	UBS	9.83	8.74	Royal Bank of Canada	13.62	19.00
40	Kellogg's	9.34	9.71	Porsche	13.37	21.71
41	Ford	8.98	7.90	Deutsche Bank	13.21	15.10
42	Philips	7.74	8.32	Yahoo!	13.20	11.46
43	Siemens	7.73	7.94	eBay	12.93	11.20
44	Nintendo	7.73	8.77	Samsung	12.74	11.87
45	Harley- -Davidson	7.71	7.61	Ford	12.63	10.97
46	Gucci	7.69	8.25	L'Oréal	12.30	16.46
47	AIG	7.49	7.02	Banco Santander	12.09	14.55
48	eBay	7.45	8.00	Pepsi	11.76	15.40
49	Axa	7.32	7.00	Carrefour	11.71	15.06
50	Accenture	7.29	7.95	Merrill Lynch	11.66	9.8
51	L'Oréal	7.04	7.50	UBS	11.59	11.22
52	MTV	6.90	7.19	Target	11.56	14.74
53	Heinz	6.54	6.65	ING	11.54	15.08
54	Volkswagen	6.51	7.05	Canon	11.41	12.40
55	Yahoo!	6.06	5.50	Sony	11.39	FORA
56	Xerox	6.05	6.40	Morgan Stanley	11.20	11.32
57	Colgate	6.02	6.44	Chevrolet	11.20	10.86
58	Chanel	5.83	6.35	Nissan	11.19	11.70
59	Wrigley's	5.77	6.10	Chase	11.18	12.78
60	KFC	5.68	5.58	Motorola	10.79	7.57
61	GAP	5.48	4.36	China Construction Bank	10.76	19.60
62	Amazon. com	5.41	6.43	Accenture	10.53	14.14

63	Nestlé	5.31	5.60	Nike	10.29	12.50
64	Zara	5.16	5.95	Harley--Davidson	10.27	10.40
65	Avon	5.10	5.26	Wachovia	10.04	11.02
66	Caterpillar	5.05	5.29	Budweiser	9.98	10.84
67	Danone	5.01	5.41	Orange	9.92	14.09
68	Audi	4.86	5.41	Marks & Spencer	9.51	11.60
69	Adidas	4.76	5.07	FedEx	9.31	9.27
70	Kleenex	4.60	4.64	Cingular Wireless	9.26	FORA
71	Rolex	4.58	4.96	Siemens	9.11	14.66
72	Hyundai	4.45	4.85	State Farm	8.74	9.42
73	Hermes	4.25	4.57	H&M	8.71	11.18
74	Pizza Hut	4.25	4.10	JP Morgan	8.49	9.76
75	Porsche	4.23	4.60	TIM	8.44	7.90
76	Reuters	4.19	8.31	Goldman Sachs	8.24	11.94
77	Motorola	4.14	3.72	T-Mobile	8.05	8.94
78	Panasonic	4.13	4.28	Colgate	7.71	10.58
79	Tiffany	4.00	4.20	Chanel	7.50	8.66
80	Allianz	3.95	4.03	Subway	7.43	10.33
81	ING	3.88	3.77	IKEA	7.37	8.51
82	Kodak	3.87	FORA	Royal Bank of Scotland	7.20	FORA
83	Cartier	3.85	4.24	Volkswagen	7.03	7.14
84	BP	3.79	3.91	Cartier	7.02	9.28
85	Moet & Chandon	3.73	3.95	Hermes	6.94	9.63
86	Kraft	3.73	FORA	Best Buy	6.67	FORA
87	Hennessy	3.63	3.51	Barclays	6.61	7.38
88	Starbucks	3.63	3.88	Avon	6.56	7.21
89	Duracell	3.60	3.68	Gucci	6.52	9.34
90	Johnson & Johnson	3.44	3.58	Zara	6.47	8.68
91	Smirnoff	3.37	3.59	WaMu	6.13	FORA
92	Lexus	3.35	3.59	Amazon.com	5.96	11.51
93	Shell	3.33	3.47	BP	5.93	FORA
94	Prada	3.28	3.58	AIG	5.88	7.10
95	Burberry	3.22	FORA	ABN AMRO	5.62	FORA
96	Nivea	3.11	3.40	Auchan	5.57	7.15
97	LG	3.10	FORA	Asda	5.54	FORA

98	Nissan	3.07	FORA	Lexus	5.42	FORA
99	Polo RL	3.04	FORA	Esprit	5.41	7.91
100	Hertz	3.02	FORA	Rolex	5.39	FORA
TOTAL		**1.155**			**1.597**	

Observações:[54]

O blogueiro fez uma série de exercícios comparativos e até mesmo uma análise retroativa desde 2002 para um dos *rankings*, tendo chegado a outras conclusões, todas manifestadas no *blog*. Ele também incentivava os visitantes a fazerem suas próprias reflexões e análises, ilustrando, por exemplo, a imensa disparidade de valores entre os dois estudos. Resolvi aceitar a sugestão. Selecionei 15 marcas das listas de 2007 para refletir a respeito da utilidade e consistência informativa desses trabalhos para o mercado. O resultado é inquietante.

QUADRO 3.5 Análise da amostra

MARCA	VALOR SEGUNDO A INTERBRAND	VALOR SEGUNDO A BRANDZ	≠ EM %	≠ EM $
Valores em US$ milhões				
Accenture	7.29	10.53	44.44	3.24
Intel	30.95	18.71	39.55	12.24
Apple	11.03	24.73	124.21	13.70
UPS	12.01	24.58	10.66	12.57
Citi	23.44	33.71	43.81	10.27
Coca-Cola	65.32	44.13	48.02	21.19
Disney	29.21	22.57	29.42	6.64
GE	51.56	61.88	20.02	10.32
Google	17.83	66.43	272.57	48.60
Ford	8.98	12.63	40.65	3.65

[54] Os valores foram apurados desde as fontes citadas, e não levam em conta a presença das mesmas marcas nos dois *rankings* e exercícios, sendo válida para referência a posição do exercício de 2007 das duas consultorias. A marcas ausentes ("Fora") surgem apenas a partir da 55ª posição, o que não afetou estatisticamente a análise demonstrada no Quadro 3.5, que só levou em conta 15% da amostra, cujo critério foi o de "discrepâncias selecionadas aleatoriamente".

HSBC	13.56	17.46	28.76	3.90
IBM	57.09	33.57	70.06	23.52
Intel	30.95	18.71	65.42	12.24
Mercedes-Benz	23.56	17.81	32.29	5.75
Ikea	10.08	7.37	26.88	2.71
Diferença acumulada				**190.54**

CRIADO PELO AUTOR COM BASE NAS FONTES MENCIONADAS.

Encontrei US$ 190,54 bilhões de diferença entre os valores apurados pelos dois *rankings*, e isso em apenas 15% da amostra! O dado é tão significativo, que representa aproximadamente 50% da diferença do valor total entre as duas listas, que é de US$ 442 bilhões! Mesmo os aficionados por listas podem se surpreender com essa disparidade. Contudo, aos olhos de alguns especialistas, é até normal que a falta de disciplina gere resultados surpreendentes, ainda que dessa ordem catastrófica. No entanto, o problema é que as distorções em *rankings* só aumentam e na mesma proporção cresce o número de consultorias que utilizam esse recurso de publicidade.

O *ranking* estudado pelo blogueiro foi publicado em meados de 2007. Por essa razão, acrescento a coluna com os dados de 2008, que também foram publicados em meados do ano, pouco antes da crise econômica mundial eclodida em setembro. A crise foi um verdadeiro liquidificador de marcas outrora reluzentes nos *rankings*. A primeira a virar pó foi a Lehman Brothers, a qual, de cara, arrastou a AIG, que só não quebrou devido à maciça injeção de dinheiro público dos Estados Unidos. O efeito dominó também atingiu a Merrill Lynch, que, após valorada em US$ 11,4 bilhões pela Interbrand em 2008, foi incorporada pelo Bank of America, enquanto o Wells Fargo comprou o Wachovia, surgindo então a "Wells Fargo Company", provavelmente para resgatar alguma reputação da marca, a exemplo do Bear Stearns, comprado pelo JP Morgan Chase por US$ 236 milhões, ou cerca de 10% do seu valor de mercado. Tudo parecia ter se acalmado no mundo dessas marcas importantes até que, em abril de 2010, o Goldman Sachs foi acusado de fraude no mercado *subprime*, causando prejuízo estimado de US$ 1 bilhão aos seus investidores[55]. A Washington Mutual, mais conhecida pela marca WaMu, caiu nas mãos do Chase, enquanto as fusões ou aquisições entre empresas deficitárias criou outras marcas que, meses antes, soariam impensáveis, como Morgan Stanley Smith Barney. Quando constatamos que, no Brasil, marcas de empresas e de bancos outrora importantes também foram depreciadas ou desapareceram, como Banco Nacional, Transbrasil, Vasp, Bamerindus, Real, Banespa, Encol, Unibanco, Sudameris, entre outras, é possível ver ainda alguma utilidade dos *rankings* de valor das marcas nisso tudo?

A cronologia é importante, mesmo quando não é exata. Enquanto uma das consultorias arbitrava o valor da marca WaMu em pouco mais de US$ 6 bilhões, seus administradores atuavam nos bastidores solapando a confiança dos clientes e matando os seus sonhos. Ao mesmo tempo em que, em um dos *rankings*, a marca Chevrolet era valorizada em quase US$ 11 bilhões em 2008, a GM acelerava velozmente rumo à concordata.

E como deixar de lado a Toyota, valorizada na casa dos US$ 30 bilhões pelas duas consultorias em 2008? Vai ficar na história, e será até esquecido, mas, em 2010, a marca foi pivô de um dos maiores escândalos de negligência quanto aos direitos do consumidor. É claro que não foi a primeira e nem será a última montadora de veículos envolvida em *recalls*, que, mesmo aptos a indicar a queda da qualidade nos padrões de produção, não deixam de revelar déficit do senso de responsabilidade das empresas com seus consumidores.

O que surpreendeu no caso da Toyota é que uma marca tão forte e tradicional tivesse optado pela negligência ao tratar de um problema técnico. Apenas para ficarmos em uma das dezenas de fontes[56] que abordaram o assunto, vale lembrar que, desde 2009, a Toyota fez o *recall* de mais de 8 milhões de veículos no mundo por problemas em tapetes que poderiam enganchar no acelerador ou por defeitos nos pedais, fato que ficou conhecido mundialmente como "pedal grudento".

Como se o problema do *recall* em si já não fosse suficiente para desabonar uma marca tão fortemente associada com qualidade, o jornal *The*

---

[55] Fonte: <http://www.brasileconomico.com.br/noticias/goldman-sachs-e-acusado-de-fraude-no-mercado-subprime_80821.html>. Acesso em: 16 abr. 2010.

[56] Fonte: <http://www1.folha.uol.com.br/folha/dinheiro/ult91u719540.shtml>. Acesso em: 12 abr. 2010.

New York Times descobriu que a companhia deixou de cuidar da segurança nos Estados Unidos com o mesmo rigor adotado na Europa e no Canadá, pois apenas em janeiro de 2010 ela fez o *recall* de cerca de 2,3 milhões de veículos naquele país. Ainda segundo a fonte, os documentos e a cronologia mostram que a empresa teve amplo conhecimento dos problemas do "pedal grudento" muito antes daquela data. Eles também comprovam que a Toyota tratou de forma distinta os consumidores dos Estados Unidos em relação aos da Europa e do Canadá.

O fato é uma importante lição, pois, ao observarmos que, enquanto o valor da marca Toyota evoluía nos dois *rankings*, a companhia, conforme indicam outras reportagens pesquisadas[57], já estava em pleno estágio de desenvolvimento dos problemas que causaram o *recall*, ou mesmo que pavimentaram sua postura de desatenção aos direitos dos consumidores. Pelo menos foi o que indicou também o Secretário dos Transportes dos Estados Unidos, Ray LaHood, que afirmou ter provas de que a Toyota não cumpriu a lei. "Pior do que isso, eles conscientemente esconderam um perigoso defeito durante meses e não agiram para proteger milhões de motoristas e suas famílias. Por essas razões, estamos pedindo a multa máxima possível segundo as leis atuais." A multa, no caso, foi de US$ 16,4 milhões, segundo a reportagem da *Folha de S.Paulo*.

A revista *Veja*[58] foi além e manifestou surpresa quanto ao fato de uma empresa erigida sobre um pilar de frugalidade ter sucumbido às tentações da grandiosidade. A publicação reuniu e analisou o que julga ser o conjunto de cinco defeitos que macularam a reputação da companhia: 1) crescimento a qualquer preço, 2) corte obsessivo de custos, 3) queda no controle de qualidade, 4) pouca transparência, e 5) reação lenta à crise. Depois dessa reportagem, a má notícia também alcançou os admiradores da marca no Brasil, pois o modelo Corolla chegou a ter a sua venda proibida no Estado de Minas Gerais após problemas de aceleração contínua terem sido relatados em nove casos, provocados pela falta de fixação do tapete no veículo[59].

---

[57] Como em <http://edition.cnn.com/2010/US/03/22/toyota.throttle.warning/index.html>, na qual a CNN apurou que a Toyota já havia comunicado internamente a seus revendedores problema semelhante com o modelo Camry em 2002.
[58] Fonte: <http://veja.abril.com.br/070410/5-defeitos-toyota-p-108.shtml>. Acesso em: 10 abr. 2010.
[59] Fonte: <http://www1.folha.uol.com.br/folha/dinheiro/ult91u724115.shtml>. Acesso em: 21 abr. 2010.

Podemos prosseguir, assim, indefinidamente, buscando aqui e acolá quantas incompatibilidades desejarmos demonstrar para ilustrar o incômodo de ver festejos de publicações de listas que celebram o valor das marcas, enquanto a realidade de ineficiência de muitas empresas donas de marcas importantes e reconhecidas fica cada vez mais obscurecida. Ainda comentando a análise de *Veja*, os fatos contidos sob o quarto defeito suportam a nossa teoria de que as listas são incapazes de identificar aspectos relevantes com alguma utilidade informativa para o mercado:

> A Toyota sabia desde 2003 dos defeitos causados no acelerador que provocavam a aceleração ininterrupta do veículo, mas optou por adiar o anúncio do primeiro *recall*. Nesse ínterim, a fabricante japonesa optou por indenizar os motoristas individualmente e substituir os veículos defeituosos por outros novos. Um ex-advogado da empresa acusou-a de encobrir informações a respeito dos acidentes. Em agosto de 2009, outra falha, agora relacionada ao enroscamento do tapete do motorista no acelerador, provocou a morte de um policial rodoviário americano e dos outros três ocupantes do veículo. O *recall* para esse defeito só ocorreria três meses depois.

A marca Unibanco também já foi protagonista lustrosa nos *rankings*. No documento de 2008 intitulado: "O poder das marcas na América Latina. O estudo de marcas mais importante já realizado no continente, feito por quem mais entende de marca no mundo", no qual foi descrito "o *ranking* das 50 mais valiosas", a marca é valorada em R$ 4,771 bilhões (mais de quatro vezes o valor da marca Petrobras em 2007), com a seguinte observação:

> Consistência é a palavra-chave na valorização dessa marca. Apesar de um faturamento numa linha similar ao do ano anterior, o banco aumentou sua geração de margem operacional. E ganhou em resultados graças a um trabalho de marca muito bem arquitetado. [...] E as campanhas publicitárias fortalecem a imagem de banco "próximo".[60]

---

[60] Cf. <http://www.interbrand.com/images/studies/O_Poder_das_Marcas_na_América_Latina _2008.pdf>. Acesso em: 10 abr. 2010.

É muito difícil para quem conhece *branding* e bancos compartilhar a análise de consistência na comunicação do Unibanco e aceitar que o trabalho de marca tenha sido bem arquitetado, quando a história revela que a instituição sempre foi mais fraquinha do que brilhante em sua comunicação. Infelizmente, isso se prolongou até o reposicionamento de 2005, quando, mais uma vez, ficou evidenciada a inconsistência (ou incoerência), pois a primeira coisa que o Itaú fez, poucas semanas após a compra, foi apagar da mídia todas as campanhas do Unibanco, já que, afinal, ele nem parecia banco. Prevaleceu a comunicação do Itaú, essa indiscutivelmente consistente. Tem quem não irá concordar com a minha análise, mas basta pesquisar para constatar que, quando a comunicação é coerente com o posicionamento da marca, ela prevalece mesmo em aquisições – como foi demonstrado na aquisição do Banco Real pelo Santander, que não apenas manteve a linha do Real, como a incorporou em sua própria comunicação. E fez isso mesmo assumindo o estilo de comunicação da marca que adquiriu, de proporções bem menores em volumes de ativos.

Falando nesse banco, em outro *ranking*[61], também publicado em 2008, a marca Banco Real foi valorada em R$ 1,733 bilhão. Ou seja, de um *ranking* para outro encontramos uma diferença de 175,3%, ou de R$ 3,38 bilhões. Só para não perdermos o ritmo, e ainda no campo das marcas engavetadas em processos muito conhecidos de fusões e aquisições, a marca Banco Real foi valorada em outro levantamento em R$ 1,844 bilhão, enquanto a marca compradora, do Banco Santander, em R$ 1,550 bilhão. A marca Banco Real, até então muito festejada pela qualidade e consistência do seu projeto de *branding*, não foi capaz de proteger a empresa Banco Real da investida de um concorrente com *branding* "inferior", todavia, compensado pela então melhor qualidade de gestão, o que pesou bem mais que o valor da marca.

Em mais um caso desse mesmo *ranking*, em que a marca compradora também valia menos que a marca comprada (precisamente 18,9%), reencontramos o exemplo da Sadia, então valorada em R$ 4,02 bilhões, contra R$ 2,713 bilhões da Perdigão. Ou seja, a desvalorização da Perdigão em

---

[61] Fonte: "100 marcas mais valiosas: o valor da marca na vida das empresas". *Gazeta Mercantil*, São Paulo, suplemento especial, p. E1 e E6, 6 e 7 set. 2008.

relação à Sadia era de 47,5%, ou R$ 1,289 bilhão! Pelo que podemos constatar nesses exemplos, o valor superior de certas marcas em *rankings* não se constitui em vantagem financeira sob condições desfavoráveis de mercado, ou da qualidade e do valor superior de outros recursos distantes do *branding*. Nas avaliações mais desencontradas, o equívoco fundamental das consultorias foi tratar certas marcas como "mercadorias" monetizáveis, um desvio conceitual que contraria os princípios elementares do que é verdadeiramente uma marca. Normalizá-la em um *ranking* configura, relativamente, uma exclusão às práticas verdadeiramente avançadas de criação e administração de marcas.

É importante esclarecer que esses *rankings* não são apenas baseados nos índices de certas preferências e opiniões dos consumidores. Se fosse apenas isso, seria até compreensível que marcas falidas, geridas com inépcia e de forma irresponsável, ou, em alguns casos, até desonestamente, pudessem ser ainda preferidas pelos seus admiradores. As opiniões subjetivas cabem especialmente nas situações de análises de *branding*, pois já se sabe que a razão não é companheira da emoção quando se trata da preferência e compra de certas marcas.

Conhecer o comportamento dos consumidores a respeito de uma seleção de marcas é algo realmente útil, por exemplo, para definirmos uma série de providências de *branding*, comunicação, marketing, planejamento estratégico, entre outras finalidades muito bem determinadas. Contudo, vemos que relacionar essas pesquisas com o valor econômico das marcas, para categorizá-las em *ranking* de valor financeiro, leva a distorções e violações de conceitos importantes, cujo grau varia conforme a metodologia de cada consultoria.

Observamos que certos *rankings* utilizam modelos econométricos que sugerem levar em conta não apenas os aspectos de *brand equity*[62] das marcas, mas, igualmente, o prêmio que os consumidores estão dispostos a pagar por elas em função das impressões externas quanto à suposta maior ou menor força da marca. Mas este também é um pensamento bastante desatualizado. Segundo a moderna teoria de economia comportamental, é algo de frágil reflexão, como pensa o autor da obra *Previsivelmente racional*, D. Ariely (2008, p. 36):

---

[62] Força da marca. Conceito estudado em Martins (2006).

Como demonstram nossas experiências, o que os consumidores estão dispostos a pagar pode ser facilmente manipulado, e isso significa que os consumidores não têm, de fato, grande controle sobre as próprias preferências e sobre os preços que estão dispostos a pagar pelas diversas mercadorias e atividades.

Certos *rankings* possuem esse e outros desvios técnicos, mas o que é comum a todos é a pretensão de arbitrar valor financeiro às marcas e à distância das organizações, rebaixando as marcas a simples produtos, em certos casos, sem nenhuma chance de comercialização, como tenho destacado. Vemos o uso intensivo de premissas qualitativas, que, no nosso entendimento, só podem ser apuradas e ponderadas com o apoio intensivo e incondicional dos detentores do conhecimento nas empresas, sem o qual as avaliações ficarão prejudicadas, principalmente favorecendo a produção de dados contraditórios e genéricos. As consequências de se ignorar a realidade escondida das organizações também podem ser constatadas com base na análise de exemplos concretos de fusões e aquisições de empresas. Em certos casos, ela poderá revelar que os valores alcançados pelos *rankings* nem sequer podem se aproximar da realidade do mercado.

Eis o que podemos entender na análise da diferença entre o valor de *ranking* e o valor de venda da Volvo. Segundo o *ranking* Brand Finance 500[63], de 2008, a marca valia exatos US$ 4,623 bilhões. Em 28 de março de 2010, a Ford Motor Co. confirmou a venda da Volvo para a chinesa Geely Automobile Holdings Ltd. por US$ 1,8 bilhão pela compra da Volvo Cars[64]. Ou seja, a realidade desfavorável entre o mercado e o *ranking* foi de 156,83%, ou US$ 2,823 bilhões, em menos de dois anos! Em algum momento, essas empresas publicarão e até esclarecerão o valor do *goodwill* envolvido, mas, ainda assim, o peso da diferença entre teoria e prática não deixará de ser escandaloso.

A marca Casas Bahia também pode nos auxiliar a ponderar sobre outro exemplo de incoerência quando analistas distantes da realidade tentam arbitrar o valor das marcas. Desde a formação da Nova Casas Bahia, em dezembro de 2009, a empresa esteve envolvida em um imbróglio preliminar de grandes

---

[63] Fonte: Brand Finance Global 500, maio 2008.
[64] Fonte: <http://veja.abril.com.br/agencias/ae/economia/detail/2010-03-28-975746.shtml>. Acesso em: 28 mar. 2010.

proporções com o grupo Pão de Açúcar. Em abril de 2010, as publicações de negócios começavam a divulgar problemas de negociação entre as partes, especulando até mesmo a respeito do risco de rompimento da operação, surgindo também boatos quanto à propriedade da marca Casas Bahia. Agentes envolvidos no negócio informaram que a marca continuava propriedade da família Klein, enquanto, no comunicado ao mercado ("fato relevante") de dezembro de 2009, afirmava-se que "os bens e direitos de propriedade intelectual da Casas Bahia (logo e marca) fazem parte da sociedade entre os grupos". Na ocasião, o jornal *Brasil Econômico* entrevistou dois especialistas produtores de *rankings*. O primeiro informou que a marca valia R$ 1,9 bilhão, enquanto o segundo declarava que a marca valia R$ 7,2 bilhões. Alegava-se que a diferença de 278,95% (!), ou de R$ 5,3 bilhões, era "por conta de diferentes critérios metodológicos" (Barata Neto; Oliveira; Esteves, 2010, p. 4-5).

A ausência da avaliação e detalhamento do *goodwill* pode explicar parte desses desvios colossais, mas ainda restaria entendermos os fatores escondidos não ponderados pelas consultorias, que realmente distinguem a marca Casas Bahia e afetam o seu valor. Não nos parece que apenas o logotipo seja capaz de superar, por exemplo, a capacidade, a experiência de negociação e os relacionamentos da família Klein com os fabricantes. De nada adianta manter o logotipo famoso nas fachadas se as negociações com os fabricantes não forem muito bem articuladas, e se elas não permitirem à empresa vender bons produtos a preços mais baixos que a concorrência, um dos pilares indissociáveis da marca até a chegada do Grupo Pão de Açúcar, que também tem os seus pilares. Restariam ainda conhecer, avaliar e ponderar os sistemas de análise e concessão de crédito, os contratos de exclusividade e de parcerias, os pontos privilegiados, a química entre os novos sócios e assim por diante. Sem todo esse pacote, os consumidores simplesmente deixarão de reconhecer a marca Casas Bahia, a marca Pão de Açúcar e, só o tempo dirá, as duas marcas e seus pilares sob a mesma tenda.

À medida que o mercado se torna mais informado a respeito da complexidade envolvida nas avaliações e gestão de marcas (*branding*), a tendência é que outros especialistas e os bons veículos de comunicação de negócios aumentem o tom em relação às divergências e extravagâncias importantes apresentadas nos *rankings*. É o que depreendemos da seguinte nota publicada pelo jornal *O Estado de S. Paulo* em 18 junho de 2010:

Valor da marca

Por que as consultorias divergem tanto?

No final da semana passada, a consultoria Interbrand divulgou a lista das marcas mais valiosas do Brasil. Pela sétima vez consecutiva, deu o Banco Itaú na cabeça. Sua marca foi avaliada em R$ 20,6 bilhões, seguida pelo Bradesco (R$ 12,3 bilhões), Petrobrás (R$ 10,8 bilhões) e Banco do Brasil (R$ 10,4 bilhões). A divulgação do trabalho da Interbrand, que foi precedida por duas outras consultorias de marca, a Brand Analytics e a Brand Finance, chama a atenção para um fenômeno: afora o fato de que entre os quatro primeiros colocados estejam os mesmos nomes (Itaú, Bradesco, Petrobrás e BB), não há a menor coincidência entre os valores apurados para cada marca e em sua consequente colocação no respectivo *ranking* [...].

Subjetividade

Enquanto que, para a Interbrand, a marca Itaú é a que vale mais, para a Brand Finance a mais valiosa é a do Bradesco, e para a Brand Analytics é a Petrobras. Essa discrepância parece preocupar os próprios consultores. "É uma situação que incomoda, e é estranha para os leigos", admite Alejandro Pinedo, diretor geral da Interbrand. "Tanta divergência é ruim para o prestígio da própria ferramenta", afirma Eduardo Tomiya, diretor da Brand Analytics. Segundo Gilson Nunes, diretor da Brand Finance, o motivo das diferenças não estaria nas metodologias empregadas pelas consultorias, que seriam semelhantes. "O problema está em componentes intangíveis, como a força da marca e a projeção do lucro futuro", diz. "Aí, o grau de subjetividade acaba influenciando o resultado."[65]

Questionamentos como os apresentados na reportagem do *Estadão* sugerem riscos relevantes de desinformação, especialmente quando também conhecemos a análise de críticos estranhos à prática das avaliações econômicas de ativos intangíveis. Em Martins *et al.* (2010) encontramos

---

[65] Fonte: <http://www.estadao.com.br/estadaodehoje/20100618/not_imp568418,0.php> Acesso em: 18 jun. 2010.

Capital Intangível

um trabalho de pesquisa cujo objetivo foi "promover uma análise crítica das premissas e dos critérios utilizados por empresas de consultoria especializadas em avaliação de marcas, sendo essa crítica baseada na perspectiva de transparência e viabilidade de tais 'metodologias' para possível reconhecimento contábil das marcas geradas internamente". O trabalho de pesquisa possui grande mérito em seus objetivos, inclusive quanto ao foco de estudo definido desde "os métodos utilizados por três empresas de consultoria que divulgam *rankings* periódicos de marcas no Brasil, analisados em nível estrutural com base nos dados e nas informações disponíveis em fontes públicas".

Antes de continuarmos, precisamos rever os limites do objeto de pesquisa. No desenvolvimento deste livro, defendemos um conjunto de práticas e de benefícios associados à avaliação econômica de ativos intangíveis. As avaliações contábeis são necessárias, e aplicamos muitos dos seus conceitos para subsidiar os trabalhos de auditores e contadores. Mas, ao considerarmos as análises publicadas pelas consultorias estudadas por Martins *et al.*, não identificamos nenhum indício de que aquelas avaliações tinham propósitos contábeis. Na verdade, as consultorias sequer sugerem que os valores revelados em seus *rankings* equivalem ao valor contábil das marcas. Ao que tudo aponta, e não obstante a ausência de uma chancela de "avaliação econômica das marcas" nos *rankings*, não se verifica a indicação de que os valores apurados devam ser contabilizados pelas empresas.

Martins *et al.* (2010, p. 5) elaboraram o objeto de pesquisa com base em premissas que, no nosso entendimento, comprometeram os objetivos do trabalho:

> Algumas correntes defendem a mensuração do valor da marca como forma de reduzir a assimetria entre o valor de mercado e o da empresa. A justificativa apresentada é de que o valor da marca surge quando o mercado precifica as empresas em níveis superiores ao seu valor contábil (Aaker, 2001). Porém, não existe um consenso sobre o fato de a marca ter um valor intrínseco. Como seria possível definir seu valor, segregadamente, do valor da empresa? Como segregar o valor da marca do valor do *goodwill* da empresa?

Há, na verdade, uma profusão de notícias em livros, jornais e revistas de negócios a tratar especificamente da compra e venda de marcas, sem qualquer menção ao *goodwill* ou outro ativo tangível ou intangível relacionado. Como vimos na questão do empacotamento, é defensável supor que existam outros bens associados às marcas adquiridas ou vendidas, tanto quanto o é acreditar no valor intrínseco das marcas encontradas naquelas transações. Os leitores interessados, e com tempo para pesquisar, encontrarão dezenas de balanços de empresas no exterior nos quais o valor da marca é segregado de outros ativos intangíveis, não sendo raro, inclusive, que contenham o valor de marcas adquiridas de outras companhias. Existem também casos locais em demasia. Para simplificar, selecionamos dois exemplos divulgados por ocasião da publicação da primeira edição deste livro:

Marabraz compra a marca Mappin e vai lançar nova rede com a bandeira
São Paulo – A Marabraz, rede especializada no comércio de móveis, anunciou nesta terça-feira que comprou a marca Mappin e que irá lançar uma rede varejista com a bandeira da tradicional loja de departamentos paulistana. A marca foi arrematada em dezembro num leilão de ativos da massa falida do Mappin. Embora tenha sido avaliada em R$ 12 milhões, a marca foi arrematada pela Marabraz pelo preço de R$ 5 milhões. (...)[66]

Não conhecemos as razões que orientaram a audaciosa decisão de compra feita pela Marabraz. Mas, sabendo tratar-se de uma marca envolvida em processo de falência, certamente não deveríamos esperar a associação da marca a qualquer outro ativo tangível ou intangível envolvido naquela aquisição. Outro caso tem relação com produtos genéricos:

Cade determina a venda de marcas de remédio da Medley
Lorenna Rodrigues, da Sucursal de Brasília
O Cade (Conselho Administrativo de Defesa Econômica) determinou nesta quarta-feira a venda de três marcas de medicamentos comercializadas pela Medley, líder na produção de genéricos no Brasil.

---

[66] Fonte: <http://oglobo.globo.com/economia/mat/2010/01/12/marabraz-compra-marca-mappin-vai-lancar-nova--rede-com-bandeira-915513911.asp>. Acesso em: 25 de ago. 2010.

166 Capital Intangível

A determinação foi imposta como condição para aprovar a compra do laboratório pela francesa Sanofi-Aventis, maior produtora de medicamentos de marca do país. A fusão, ocorrida no início do ano passado, deu origem ao laboratório com o maior faturamento no Brasil.

Pela decisão do conselho, as empresas terão que repassar aos concorrentes as marcas Digedrat, Peridal e Lopigrel. (...)[67]

Como a produção dos produtos genéricos envolve apenas o acesso a fórmulas e compostos químicos, não vemos a necessidade de suspeitar da aquisição vinculada de outros recursos tangíveis ou intangíveis de valores significativos envolvidos na determinação do órgão. Mesmo as listas de clientes, ou acordos de distribuição, podem ser facilmente conquistadas pela compradora, seja pela sua atuação relevante nos canais existentes de vendas das marcas, seja pelo fato de que esta já possui infraestrutura industrial para reproduzir os medicamentos e fazer com que eles alcancem consumidores que certamente buscarão os produtos nos pontos de venda ou de distribuição.

Realmente, não identificamos pretensões contábeis nos trabalhos das consultorias produtoras de *rankings*. Questionar as premissas técnicas daqueles trabalhos quanto ao "possível reconhecimento contábil das marcas geradas internamente" é desproporcional, embora seja até possível que o valor econômico das marcas se incorpore aos balanços, caso elas sejam transacionadas por valores baseados em avaliações econômicas, o que ocorre até com bastante frequência. Nesses casos, os valores da marca e de outros ativos intangíveis podem e até precisam ser segmentados.

Em suas considerações finais, Martins *et al.* (2010, p. 18) reitera a impressão do viés contábil nas avaliações econômicas praticadas pelas consultorias produtoras de *rankings*, não sem deixar de acrescentar ressalvas quanto aos modelos de avaliação e falta de transparência dos processos de cálculo:

A crítica não foca a existência de aspectos subjetivos, pois eles são inerentes ao processo de mensuração desses ativos, porém devem ser estimados por

---

[67] Fonte: <http://www1.folha.uol.com.br/folha/dinheiro/ult91u737611.shtml>. Acesso em: 25 ago. 2010.

instrumentos verificáveis. Essa é a principal limitação das metodologias analisadas, já que não se percebe essa possibilidade de verificação. Além disso, as empresas apresentam conceitos amplos e pouco embasados para a mensuração dos fluxos de caixa específicos da marca e da taxa de desconto. Essas premissas são peças fundamentais para as metodologias e deveriam ser a contribuição efetiva em relação às metodologias tradicionais de precificação de ativos.

Quanto à falta de transparência, os métodos ficam fragilizados na forma como são gerados os dados e as informações que alimentam as premissas utilizadas. É evidente a importância de se mensurar o valor desses intangíveis, porém, os métodos perdem credibilidade ao divulgarem valores que de alguma forma não possam ter suas estimativas verificadas pelos usuários da informação. Os modelos estudados também apresentam similaridades com a avaliação do *goodwill*, podendo confundir os valores de marcas e do *goodwill*, bem como de outros intangíveis (localização, capital intelectual etc.).

Com isso, fica bem visível porque as normas contábeis apresentam restrições quanto à ativação de ativos intangíveis criados internamente, bem como quanto à reavaliação de ativos intangíveis; a inexistência de modelos objetivos e testados que subsidiem tais valores ainda impede a evolução das práticas contábeis nessa área.

O aumento de impressões desfavoráveis dessa natureza parece vincular as consultorias especializadas em avaliações de marcas às consultorias produtoras de *rankings*. Infelizmente, muitos analistas deixam de esclarecer que existem diversas consultorias de avaliação de ativos intangíveis que não praticam ou endossam tais extravagâncias. A situação fica ainda mais complexa quando alguns críticos sugerem a relação inexistente entre as avaliações realizadas segundo as normas contábeis e aquelas baseadas em fundamentos econômicos sólidos, as quais, no nosso entendimento e de outros pesquisadores analisados, são as mais eficazes para melhorar a qualidade da informação ao mercado a respeito do valor das empresas e de seus ativos intangíveis.

Não acredito que as avaliações econômicas de ativos intangíveis sejam capazes de afetar ou comprometer as avaliações contábeis. Pelo contrário, vemos a complementaridade dos dois núcleos, pois a qualidade desejada de informação ao mercado passa pelo entendimento integrado daqueles campos do conhecimento. Até que isso ocorra, e até que os críticos atuais e futuros desenvolvam o entendimento ideal dos fundamentos envolvidos, preocupa-nos a ameaça sobranceira de depreciação de um trabalho importante e, como vimos no Capítulo 2, imprescindível em diversas condições jurídicas e de mercado.

Marca e infraestrutura

DIZEMOS HÁ BASTANTE tempo que está comprovado empiricamente que o nome da marca influencia as avaliações dos produtos ou serviços por parte dos consumidores. Em outras palavras, o nome da marca é usado, em maior ou menor grau, como uma heurística para a avaliação *a priori* do produto ou do serviço. Mesmo que o consumidor não seja usuário de determinada marca, poderá comprá-la se tiver número suficiente de referências positivas. Ao avaliar a marca, devemos entender muito bem o que, de fato, a distingue no mercado, pois, conforme cada caso, os fatores de influência podem ser controlados ou replicados por terceiros em condições até mais favoráveis, as quais podem ser vinculadas a outras marcas. O que temos observado com frequência é a profusão de marcas em diversas categorias de produtos e serviços, bem como a facilidade de migração dos consumidores entre elas, o que nos faz pensar que a infidelidade dos consumidores chegou para ficar. Afinal, se as pessoas fossem de fato fiéis às mesmas marcas, nada justificaria o surgimento desenfreado de novos logotipos no mercado, e em números extraordinários.

Nas condições atuais de fragmentação da mídia e do desenvolvimento dos ativos intangíveis na economia é, evidentemente, ainda muito mais simples e econômico contar com o endosso da marca conhecida e associada a um ótimo conjunto de referências e recursos. Sozinha, entretanto, vemos que é cada vez mais difícil que ela seja capaz de substituir tudo aquilo do que ela depende para se sustentar em ambiente de intensa concorrência. O grande desafio para as empresas proprietárias de marcas importantes é que o sucesso só engrandece os já duros desafios para se manter no topo ou pelo menos integrar a grade de escolha dos consumidores.

Distorções de valor como aquelas apresentadas pelas consultorias, quando somadas à falta de entendimento ideal da economia dos ativos intangíveis, podem ter cooperado para o desenvolvimento de certos estudos radicalmente avessos à ideia dos *rankings*. Estes não admitem qualquer avaliação quantitativa dos ativos intangíveis separadamente do capital intelectual (CI) e questionam as tentativas de padronização das avaliações. Em 2003, a Comissão Econômica das Nações Unidas para a Europa publicou um importante trabalho sobre a avaliação e capitalização de ativos intangíveis, do qual destacaremos que:

> A medição do mercado de capitais desde quaisquer indicadores quantitativos, incluindo a sua avaliação separadamente dos outros componentes do CI, é inútil na maioria dos casos, embora a medição quantitativa de diversas partes do mercado de capitais seja possível. Muitas empresas mostram a quantidade de consumidores regulares de seus produtos, por exemplo, o número de usuários registrados de um *software*, os assinantes de um jornal etc. Tem sido muito comum avaliar em termos de dinheiro marcas de negócios, marcas de serviços e, recentemente, marcas.[68] Especificamente a empresa Interbrand publica regularmente os resultados dos cálculos do valor das marcas líderes. No entanto, não há unanimidade entre os especialistas sobre a relação entre os conceitos de "marca registrada", "marca" e "reputação". Na verdade, muitos deles consideram o termo "marca" um jargão. Do mesmo modo, não há entendimento sobre o que a Interbrand está realmente avaliando. [69] (ONU, 2003, p. 23)

A comissão demonstra inquietação com a vulgarização de conceitos, o que concordamos, pois o risco maior dos *rankings* – nos quais o valor

---

[68] No Brasil, existe menor rigor quando utilizamos o termo "marca" (que naturalmente deve ser registrada no Inpi) para designar ou identificar empresas, produtos ou serviços, sendo muito raro o uso isolado dos termos "nome comercial" ou "razão social", que não necessariamente precisam ser registrados no Inpi, mas em outros órgãos. Frequentemente, o termo "logotipo" também é utilizado para se referir a uma marca. No exterior, convencionou-se adotar a divisão entre *trademark* (o equivalente a "marca comercial" ou "nome comercial"), *service marks* (marca de serviço) e *brands*, mais próxima do uso praticado no Brasil. Outros usos incluem os termos "logotipo" e "logomarca", esta uma variante sem muito sentido lógico por tratar-se da junção de logotipo e marca.
[69] Tradução do autor.

da marca aparenta fazer sentido apenas em um mundo desconectado da realidade da infraestrutura da organização – é realmente o de que a chuva de confetes confunda a visão do mercado ao encobrir os dramas corporativos. O que aprendemos nos últimos anos é que o mercado também aprendeu a fazer as suas avaliações de marcas. Para isso, ele conta com recursos crescentes e um nível de conhecimento e julgamento cujas premissas ainda não são plenamente dominadas, a ponto de se avaliar apenas (a imagem de) um ativo intangível, e não a sua cadeia de valor. Os consumidores são capazes de determinar as suas escolhas, inclusive sem nenhum tipo de apoio ou interferência das organizações. Precisamos conviver com essa nova realidade e aprender a dominar os recursos de *branding* com maior vigor e competência.

Embora as consultorias patrocinadoras de *rankings* divulguem a realização de entrevistas com os consumidores justamente para investigar os atributos ou as forças das marcas, os exemplos demonstrados revelam a incapacidade de se produzirem indicadores relevantes a respeito das fraquezas das organizações que controlam as marcas, o que, conforme o momento econômico, é tudo o que os públicos externos desejam e precisam conhecer. Existem defeitos imensos e pequenos em todas as organizações, e os consumidores não só acreditam cada vez mais nisso, como também são capazes de reagir e de contaminar as impressões de outras pessoas, por meio das mídias sociais, por exemplo. Deixar de avaliar os defeitos e celebrar apenas as qualidades só confunde ainda mais as coisas, dirigindo o relacionamento da marca com o mercado com base em premissas que podem animar as suspeitas de falta de transparência.

O antídoto necessário pelo menos ajudaria que as consultorias publicassem os pormenores das pesquisas que alegam realizar, detalhando e relacionando a cada empresa os pontos negativos encontrados. Por exemplo, se for confirmado que desde 2002 a Toyota sabia internamente a respeito de problemas com os seus carros, é difícil imaginar que isso tenha evoluído até 2009 sem que as supostas pesquisas realizadas pelos *rankings* tivessem detectado alguns sinais dessa grave situação. Talvez isso tivesse afetado a valorização continuada da marca apontada por eles, mas pelo menos o mercado se beneficiaria ao receber algum tipo de orientação produtiva sobre uma marca supostamente incólume.

Vale a pena insistirmos no exemplo da Toyota, já que a marca vende milhões de automóveis no mundo inteiro. Se a metodologia de pesquisa aplicada pelas consultorias não puder ser utilizada para identificar tendências negativas ou fatores de desestabilização das marcas e de suas empresas, então, temos de acreditar na existência da necessidade de produção de novos recursos de avaliação e de informação mais sofisticados e eficazes do que os *rankings*.

Nem bem os problemas com o "pedal grudento" tinham começado a desacelerar, a Toyota já recebia os dividendos da intolerância de um tipo de público menos permeável à miopia em nome do amor à marca. A revista *Consumer Reports* realizou testes independentes com o veículo Lexus GX460 e apontou que o modelo SUV oferece perigo de capotamento ao fazer determinadas curvas. Dessa vez, a Toyota reagiu com rapidez e anunciou que iria suspender temporariamente a venda do modelo. No *site* da revista[70], é mostrado um filme com o teste e, na página, encontramos o seguinte título: "Don't buy: safety risk – 2010 Lexus GX 460". Não custa nada lembrar que a marca Lexus é criação da Toyota para o segmento de alto luxo, estratégia de *branding* que durante muito tempo foi citada nos livros de marketing como exemplo de sucesso de estratégia de comunicação.

Defendemos que a avaliação econômica de ativos intangíveis envolve inúmeros procedimentos complexos, reunidos sob diversas disciplinas como administração de empresas, economia, direito, contabilidade, auditoria, marketing, finanças, entre outras. Vimos que a marca não pode prescindir de uma série de fatores e recursos qualitativos, normalmente acomodados sob a rubrica do *goodwill*. Do ponto de vista legal, nem tudo o que é considerado intangível pode ou precisa ser monetizado, especialmente nos casos em que não exista um propósito útil para a avaliação, notadamente para informação e esclarecimento externo.

Se ainda com todas essas explicações, a utilidade dos *rankings* de avaliação de marcas servisse para instruir ou orientar a respeito do valor de

---

[70] Fonte: <http://blogs.consumerreports.org/cars/2010/04/consumer-reports-2010-lexus-gx-dont-buy-safety-risk.html>. Acesso em: 12 abr. 2010.

mercado das empresas, pelo menos teríamos um referencial importante nas marcas famosas. Contudo, nem mesmo isso é possível com base nos casos de venda, compra, recuperação ou falência de empresas detentoras de exemplos com disparidades importantes.

Deixando um pouco de lado as questões técnicas e colocando-nos no papel do leitor médio, normalmente leigo, muitas vezes ficamos em dúvida ao estudar esses *rankings*. O fato é que não sabemos se a informação transmitida se refere ao valor da marca no contexto da empresa que a controla, segundo uma visão de marketing e *branding* da consultoria, ou se a marca é simplesmente algo que pode ser separado e assegurar atuação independente da sua proprietária atual, sendo comercializável por qualquer outra empresa. Mais uma vez, não podemos saber se ao comprarmos a ideia de que a marca Coca-Cola vale US$ x bilhões, também não precisaremos conhecer o valor da mítica receita secreta de seu xarope, os acordos de distribuição privilegiada, os contratos com a rede de engarrafadores em todo o mundo, o pessoal treinado e experiente, as licenças ambientais, os *softwares* exclusivos, as máquinas e os equipamentos patenteados e assim por diante. Afinal, apenas a propriedade da marca nos asseguraria compensar a ausência de todos esses recursos?

Bem no início de nossas pesquisas, nós acreditávamos contraditoriamente no empacotamento e também que as marcas fossem separáveis da empresa. Não estávamos totalmente enganados, pois, há bastante tempo, já aprendemos que isso não é impossível, mas excepcionalmente possível. Por exemplo, se as marcas Apple e Nike possuem uma infraestrutura terceirizada de produção, montagem e distribuição, isso significa que elas são mais separáveis desses recursos do que outras empresas verticalizadas, por exemplo, LG e Samsung. Os pacotes das marcas Apple e Nike incluem um conjunto significativo de outros ativos intangíveis, mas eles não impedem a cessão ou exploração dessas marcas como investimentos.

De certa forma, a imagem dessas marcas já é reconhecida como um subproduto de suas ações negociadas no mercado de capitais com os movimentos de compra e venda. O problema que vemos nessa relação é a influência negativa da volatilidade, quando nem sempre os investidores podem contar com um sistema organizado e confiável de informações, o que costuma resultar na análise apaixonada da realidade das companhias de capital aberto.

Nos casos dos *rankings*, em que o valor das marcas enquanto "mercadorias" embute a ideia de que elas podem ser desvinculadas e separadas de suas empresas, vemos uma incoerência que não é mais aceitável diante das melhores e modernas práticas de avaliação de negócios. Smith e Parr (2005, p. 169) entendem que raramente é possível comprovar a venda de patentes ou marcas como negócios inseparáveis de outros recursos, hipótese particularmente relevante para as marcas, muito mais do que para tecnologias. Pinçaram o recurso da "atribuição" (transferência legal) no USC nº 15, § 1060[71], para sustentar a afirmação:

> A marca registrada, ou uma marca cujo pedido de registro tenha sido apresentado, deve ser atribuída como *goodwill* da empresa na qual é usada, ou como parte do *goodwill* do negócio relacionado com a utilização ou simbolizado pela marca.[72]

Precisamos conhecer um pouco mais a respeito da ideia de transferência da marca. Smith e Parr entendem que, quando os direitos de marca são transferidos, estes devem estar acompanhados do "*goodwill* do negócio". É ele que assegurará que o novo dono tenha todos os recursos para gerar produtos ou serviços que utilizem a marca e que sejam indistinguíveis daqueles do proprietário anterior, o que impedirá que os consumidores sejam enganados ou que fiquem confusos. Entendem, assim, que isso pode significar que a transferência da marca deve ser acompanhada de outros ativos tangíveis, fórmulas, listas de clientes e quaisquer

---

[71] United States Code. O Código dos Estados Unidos é a codificação por assunto das leis gerais e permanentes do país. É dividido por temas gerais e em 50 títulos publicados pelo Conselho do Instituto de Revisão da Lei da Câmara de Representantes dos Estados Unidos. Desde 1926, o Código dos Estados Unidos tem sido publicado a cada seis anos. Entre as edições anuais, suplementos cumulativos são publicados com o fim de apresentar as informações mais atuais. Fonte: <http://www.gpoaccess.gov/uscode/>. Acesso em: 10 abr. 2010.

[72] Tradução do autor.

outros ativos necessários para assegurar a capacidade de produção e venda do novo proprietário, sem que este corra o risco de prejudicar o seu investimento e expectativas de ganhos.

Esse entendimento deve ser flexível e levar em conta as exceções. Existem casos em que a compra, transferência, produção e venda são processos que não exigem um conjunto complexo de recursos, os quais são de levantamento relativamente simples e podem ser documentados com segurança pelo avaliador, como demonstrarei no próximo capítulo. Já atuei na avaliação específica de marcas, mas em contexto muito bem determinado, normalmente nos casos em que elas precisaram ser compartilhadas com terceiros, ou remuneradas internamente ou externamente. Isso pode ocorrer nos projetos de PD&I, franquias, licenças, pagamentos de *royalties* entre companhias do mesmo grupo econômico, doação em pagamento, entre outras finalidades muito bem esclarecidas. Em tais casos, a marca é valorada como ativo separável da empresa e pode ocorrer com a determinação de um valor monetário, taxa de *royalty* ou valor de licença e outras formas, conforme o entendimento entre as partes. Os avaliadores experientes sabem como tratar as contas e utilizar as informações necessárias para segmentar a marca de sua estrutura atual e situá-la em novas condições.

Esse tratamento normalmente possibilita a visualização da marca distante dos vínculos com os seus fatores produtivos existentes. Desse modo, a parte que aceitar o valor da marca terá acesso aos principais recursos não transacionados e demonstrados, que serão necessários para assegurar a comercialização dela. Contudo, se for constatado que ela depende fortemente de fatores e ativos complexos de difícil reprodução ou assimilação, não bastará avaliá-la exclusivamente. Neste contexto, as avaliações reveladas em *rankings* não possuem nenhum efeito prático, pois não é possível identificar à distância das organizações todos os recursos ativos e passivos dos quais dependem essas marcas.

Os bons gestores podem concordar facilmente com as nossas impressões, pois sabem que os principais recursos que sustentam as marcas, não raramente, são invisíveis até mesmo para as próprias organizações. Ou será que existe outra razão para que elas invistam milhões em pesquisas de mercado e na contratação de consultorias de *branding* e avaliações?

Sou forçado a permanecer com as restrições sustentadas em *O império das marcas*. Acredito fundamentalmente que os *rankings* prestam um desserviço ao tratamento adequado das avaliações de ativos intangíveis, e até que exponham as marcas mencionadas. Eles embutem em sua comunicação a ideia de avaliação financeira específica das marcas, o que é tecnicamente improcedente realizar à distância das organizações, sem também levar em conta a influência e o valor de outros passivos e ativos intangíveis. Um indicador da interpretação distorcida desses trabalhos também é encontrado nas celebrações de certas empresas em jornais, revistas e, como vimos, até em relatórios aos acionistas e balanços sociais.

Ficamos com a impressão de que, quando as boas empresas apelam para o valor de suas marcas em *rankings* para celebrar liderança ou prestígio, elas estão raspando o fundo do tacho dos seus recursos de comunicação. Ao terem poucas coisas relevantes para ressaltar e comunicar, decidem recorrer ao que lhes parece um atestado externo de reconhecimento. Sinalizam, com isso, que estão tão carentes de diferenciais exclusivos que a única forma de se promover é posicionar-se em relação a iguais, ainda que para isso dependam de opiniões externas por vezes altamente contraditórias.

Por todas as razões amplamente comentadas, suspeito que o efeito vem a ser justamente o contrário do pretendido por essas organizações. Ao reconhecerem o uso normalmente não autorizado de seus logotipos e nomes em tais relatórios, vemos que as empresas estão se aliando a conceitos e práticas distorcidas, expondo-se sem um propósito útil, inclusive devido às distorções gigantescas de valor entre os *rankings*, como demonstramos. Trata-se de um tipo de constrangimento que não escapa aos olhos treinados dos analistas mais dedicados ao estudo. Lamentável se, neste momento hipotético, eles estiverem de algum modo avaliando a qualidade técnica da empresa para a concessão de recursos de investimento, ou mesmo desde algum interesse fiscal do Estado.

Ao que tudo indica, as consultorias que criam e divulgam *rankings* almejam a promoção dos seus talentos técnicos. Vimos exemplos de questionamentos sobre a consistência desses trabalhos, pois, ao ressaltarem o valor das marcas, as consultorias deixam de demonstrar sua relação com os demais ativos e fatores intangíveis contidos em todas as organizações. Como muitos desses recursos não podem ser identificados, revelados, segmentados e monetizados, fica-se com a impressão de que a marca é o único ativo intangível que conta. Não por outra razão, o estudo realizado pela ONU (2002) revelou que certos analistas veem as marcas nesses *rankings* como espécies de clichês.

Detalhamos nossas impressões de que o valor das marcas em *rankings* não corresponde a um benefício prático para as empresas e o público de modo geral. Afirmar que tal marca vale um milhão ou dez milhões não acrescentará nenhuma mudança produtiva na rotina da organização e nem sequer cooperará para que ela transmita algum tipo de conhecimento útil ao mercado. Um exemplo de inutilidade é a frequência com que a secular marca Coca-Cola figura em certos *rankings* como a marca mais valiosa do mundo. Uma revelação como essa é tão relevante quanto a descoberta de que existem "m&m's" amarelos no pacote. Não vai acrescentar absolutamente nada!

Praticamente todas as listas são produzidas com base nas publicações financeiras divulgadas pelas empresas, normalmente de capital aberto. Isso limita a amostra às empresas obrigadas a entregar suas informações aos órgãos de fiscalização, o que deixa de fora empresas detentoras de marcas importantes, por tabela afetando seriamente a ideia de *ranking*. Por exemplo, a Nestlé é uma indústria de alimentos muito importante no país, a qual não está obrigada a publicar seus balanços por ser uma empresa de capital fechado. Dizer que qualquer outra marca de alimentos é a mais valiosa, ou mesmo que uma empresa desse porte fique de fora da amostra, torna a intenção de classificar "as marcas mais valiosas do Brasil", ou do continente, um exercício estéril. Contudo, não seria mais improdutivo do que a ideia de se produzir um *ranking* genérico sobre o valor dos ativos intangíveis, um experimento recente que também tenta emplacar como moda.

Ao tratar especificamente do material produzido pela Interbrand, o estudo publicado pela ONU (2002, p. 24) destaca que, para compreender objetivamente o *ranking* daquela empresa, seria necessária a abertura da fórmula por meio da qual o valor da marca é separado do capital intelectual, o que, no entendimento do órgão, compreende os demais ativos intangíveis. Em algum grau, essa crítica da ONU também se aplicaria aos demais produtores de *rankings*.

É compreensível que alguns veículos divulguem os resultados dos *rankings*, em certos casos até com sensacionalismo. A nova economia é intensa quanto à exigência de novos conhecimentos, especialmente aqueles associados à mecânica dos ativos intangíveis.

A minha conclusão é que os *rankings* existem porque há usuários para eles. Para um grupo de públicos ainda não adequadamente informado, saber que uma marca vale isso ou aquilo oferece, de algum modo, um conhecimento genérico sobre um tema relevante (o valor da marca), o qual não é tratado adequadamente pelas empresas e os seus sistemas de comunicação corporativa.

O consumo de *rankings* é, afinal, consequência de uma necessidade não correspondida de informação, interna e externamente às empresas, em certos casos comandadas por jornalistas e executivos bem distantes do conhecimento e domínio dos fundamentos da economia dos ativos intangíveis. Os *rankings* atendem, de um lado, em adaptabilidade com uma resposta teórica restrita (o valor das marcas) e de fácil consumo, mas, perdem de outro, ao não informarem e instruírem adequadamente o mercado a respeito do valor das empresas, considerando seu conjunto frequentemente impreciso de riscos e ameaças visíveis e invisíveis. Vejo, com isso, limitadas possibilidades de dissociar as marcas de outros ativos e fatores intangíveis, pelo menos para a maioria das empresas.

Mesmo que a dissociação fosse admitida, uma questão final que se reapresenta é como é viável arbitrar valor financeiro de ativos à distância das organizações, utilizando para isso critérios homogêneos para negócios de segmentos diferentes. Vemos que existe a necessidade de informar e também que é possível avaliar. Contudo, é preciso oferecer um conjunto organizado de informações, colocadas à disposição do mercado, que possibilitem as interpretações particulares dos interessados.

Capítulo 4

AVALIANDO ATIVOS INTANGÍVEIS

Na arte da guerra não existem regras fixas.
Elas só podem ser determinadas segundo as circunstâncias.

SUN TZU, *A arte da guerra*

Depois de conhecermos as principais características dos ativos intangíveis, o seu escopo legal e reconhecimento contábil, concluímos que existe, no mínimo, um desencontro de informações entre as avaliações formais segundo as normas contábeis e a realidade do mercado. Os *rankings* de avaliação de marcas tentam compensar essa deficiência, mas, segundo o nosso entendimento, eles são incapazes de exercer essa função, seja pelos desacertos comentados de suas previsões, seja pela natureza metodológica desses trabalhos.

Além das avaliações econômicas individualizadas até este momento histórico, a distorção entre as avaliações contábeis e de mercado pode ser seriamente compreendida de algumas maneiras, mesmo com base na análise de operações reais de mercado, por exemplo, comparando-se o valor de livros antes de uma fusão ou aquisição e após a transação. Teremos alguns exemplos novos a respeito disso mais adiante, mas eles não devem impedir que nossos leitores façam as suas próprias pesquisas e análises, comparando as transações, serviço que será especialmente facilitado nos levantamentos entre empresas de capital aberto, nas quais existe maior oferta de informações.

O problema grave, e que temos a pretensão técnica de solucionar desde a avaliação econômica de ativos intangíveis, é que, com os recursos aplicados pelos avaliadores clássicos, o valor de mercado só pode existir com base na ocorrência de transações entre empresas e o conhecimento detalhado desses negócios. Sem ele, o mercado acaba navegando por tentativa e erro, seja pela análise amadora dos pequenos investidores em bolsa, seja pela avaliação desvirtuada dos analistas profissionais e, no nível mais modesto e impreciso, até mesmo pelos *rankings* de avaliação de marcas.

Já sabemos que as transações de compra e venda de empresas e os interesses jurídicos podem ser beneficiados com as avaliações econômicas de ativos intangíveis. Contudo, elas também são necessárias em um grande número de propósitos: licenciamento, garantias bancárias, planejamento estratégico, transferências entre empresas do mesmo grupo econômico, entre outros.

Além da necessidade de sermos contratados por empresas públicas ou privadas, precisamos reunir um conjunto amplo e organizado de recursos para planejarmos e executarmos as avaliações. Para assegurar a qualidade e os objetivos dos trabalhos, devemos começar com os procedimentos que determinarão a escolha da metodologia. Adotamos o seguinte roteiro inicial:

1) Revisão das necessidades dos clientes

Os clientes nos procuram por diferentes razões, nem todas muito bem determinadas e esclarecidas. Vimos que, em alguns casos, eles imaginam que possuem um ativo intangível valioso (normalmente a marca) e têm simples curiosidade a respeito do valor do possível patrimônio. Em outras circunstâncias, podem estar sendo sondados por possíveis compradores ou investidores, ou outras razões que o avaliador precisa conhecer. Como já aconteceu de os clientes omitirem os seus verdadeiros motivos, é importante o avaliador alertar o cliente de que os procedimentos dos trabalhos serão determinados conforme os propósitos verdadeiros. Mesmo que o cliente informe o propósito, a consultoria dificilmente terá todos os recursos para controlar o uso que o cliente dará ao laudo.

2) Conhecendo o conhecimento dos clientes

Pode parecer uma realidade surpreendente, mas muitas empresas, até mesmo de grande porte, públicas ou privadas, são desorganizadas ou despreparadas em relação às suas informações. Com poucas exceções, conseguimos encontrar um sistema organizado de informações financeiras e econômicas a respeito dos ativos que avaliamos. Dados preliminares relativamente simples, como os três últimos balanços, relatórios detalhados de vendas (por tipo de produto e embalagem, praças de vendas, distribuidores, pagamento de *royalties* etc.), cenários ou estudos setoriais, entre outros, são, muitas vezes, indisponíveis ou de difícil levantamento ou organização. Existem casos surpreendentes em que a montagem ou localização de uma simples DRE (Demonstração dos Resultados do Exercício) é uma atividade quase impraticável.

É certo que todo projeto de consultoria tem a sua caixa-preta, mas, se a equipe de consultoria não tiver experiência e não puder identificar o perfil do cliente e o seu limite de conhecimento interno durante as negociações, certamente terá dificuldades para obter os recursos técnicos para o trabalho. Se não tiver sucesso, arcará, por certo, com prejuízo financeiro e investirá grande tempo para contornar os entraves administrativos dos clientes. Isso explica, em parte, porque as consultorias experientes de avaliação cobram mais pelos seus serviços.

3) Aplicando a rotina de trabalho

O modelo de negócio exige que a consultoria proponha e ajuste com o cliente certos limites muito bem esclarecidos a respeito dos recursos necessários de trabalho. Os custos de consultoria são normalmente elevados, pois envolvem a alocação de tempo, um recurso único e escasso para os prestadores de serviços, que, ao ser dedicado para determinado projeto, impede que as pessoas se dediquem a outros trabalhos. Isso exige que todo o tempo seja muito bem empregado e sem nenhum desperdício, especialmente para a busca de informações e esclarecimentos.

Com toda a complexidade envolvida na integração necessária dos recursos da consultoria e dos clientes, nós adotamos um roteiro de oito procedimentos, com os quais esperamos progredir conjuntamente em direção a um desenvolvimento colaborativo e coordenado. Se o cumprimento desse roteiro for possível dentro das condições de trabalho, isso poderá contribuir para que elas melhorem, conforme demonstrado na Figura 4.1, a seguir.

FIGURA 4.1 Roteiro de consultoria

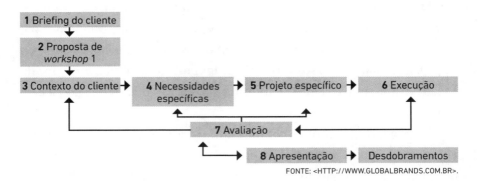

FONTE: <HTTP://WWW.GLOBALBRANDS.COM.BR>.

Os passos 1, 2 e 3 nos ajudam a esclarecer os três pontos do roteiro inicial, além de aprender a respeito do estilo e dos recursos dos clientes. Quando chegamos ao passo 4, já conhecemos os limites de informação e em quais pontos poderemos ter maiores dificuldades para montarmos o projeto específico de avaliação no passo 5. Em condições favoráveis, até chegarmos a esse passo, precisamos obter os seguintes esclarecimentos mínimos:

1   O cliente: está operando regularmente? Seu representante está autorizado a responder pela empresa? Pode fornecer cópias atualizadas do contrato social e de outros documentos solicitados pela consultoria?
2   A propriedade: é o proprietário legal dos ativos e pode provar isso? As formalidades junto aos órgãos responsáveis estão atendidas? Existe algum impedimento, litígio ou debate em torno da propriedade dos ativos ou da empresa?
3   A transferência: existe algum contrato ou alguma intenção formalizada de cessão, transferência ou uso dos ativos, no Brasil e no exterior? Podem eles ser

transferidos a terceiros sem prejuízo das suas funções, vantagens ou benefícios? Existe algum compromisso informal de uso, cessão ou transferência?

4   O uso: os ativos estão em uso local ou no exterior? Interessam a alguma empresa ou sistema industrial ou de pesquisa e desenvolvimento?

5   Os prazos e as restrições: existe algum compromisso de tempo (uso, cessão, carência, depósitos, registros, estudos técnicos de viabilidade de uso ou aplicação) que envolva o ativo ou a empresa? Se existentes, esses documentos estão liberados para leitura pela consultoria?

6   Desenvolvimento e obsolescência: está em curso algum aprimoramento, substituição ou reposição dos ativos? Detalhes podem ser apresentados?

7   Dados financeiros: os valores de custos, despesas, vendas, receitas ou investimentos podem ser determinados? Quais as fontes?

8   Informações internas e externas: contamos com um agente facilitador que pode esclarecer todas as dúvidas da consultoria? O mercado está bem determinado com base confiável de dados a esse respeito? A empresa investe regularmente em pesquisas e pode apresentá-las à consultoria?

É esperado que as consultorias de avaliação e de gestão ofereçam respostas bem estudadas, mas, para isso, elas dependem de informações confiáveis e do apoio e engajamento de seus clientes. Se estes não possuem recursos para informar seus dados com responsabilidade, qualidade e organização, certamente correrão maiores riscos de receber respostas insatisfatórias. Quando bem preparadas e experientes, as consultorias podem compensar algumas deficiências de informação dos clientes, mas essa não deve ser a regra, pois a obrigação de produzir e distribuir informações corretas sobre o negócio é da empresa. Conforme cada caso, e sempre que somos solicitados, recomendamos o apoio técnico de profissionais capazes de solucionar alguns espaços vazios de informação e controle dos clientes.

Levantadas as informações preliminares, o projeto e a sua execução (passos 5, 6 e 7) serão centralizados em dois núcleos: o tipo de ativo e o ambiente econômico.

a) O tipo de ativo

A metodologia é determinada conforme o tipo de ativo intangível, que, por sua vez, tem relação com o propósito e o tipo de cliente. Supondo a avaliação de uma marca, e que os interessados no trabalho sejam, por exemplo, um banco de investimentos ou um empresário, estes almejarão que o avaliador seja capaz de investigar, determinar e avaliar os aspectos de forças, fraquezas e oportunidades do ativo. Para isso, eles precisam que as impressões da consultoria sejam baseadas em levantamentos internos e externos à empresa e que ela esteja absolutamente segura a respeito dos critérios que escolherá adotar para empreender a avaliação e manifestar as suas opiniões.

b) O ambiente econômico

Trata-se de mais um fundamento de grande importância: as avaliações são realizadas em um momento histórico da empresa e do ativo. Em determinada época, aquele ativo foi apresentado a uma equipe de consultores para ser avaliado. Veio acompanhado de um conjunto de informações, as quais retratam o passado e o presente do ativo, cabendo à consultoria trabalhar com essas informações para determinar o valor econômico do bem. Independentemente de tudo o que aconteceu com o ativo até o momento da avaliação, a consultoria apreciará a sua história como a plataforma de conhecimento que possibilitará determinar a sua condição no mercado atual e potencial, sob certas circunstâncias, que podem ser alteradas e também modificar os resultados ou as premissas adotadas.

Conhecendo metodologias

MUITAS PESSOAS NÃO habituadas à avaliação de ativos intangíveis imaginam que o termo "metodologia" se refere a uma fórmula matemática imbatível ou a uma receita mágica que seja capaz de produzir os resultados desejados em qualquer tipo de situação. Não é incomum que os nossos potenciais clientes nos perguntem qual é a nossa metodologia de avaliação, o que não é nada simples responder. Explicamos que não temos bala de prata, e sim que adotamos, internamente, um conjunto de procedimentos que começam pelos passos que comentamos.

Certamente, não é possível esclarecer extensiva e praticamente todos os métodos de avaliação de ativos intangíveis neste capítulo. No livro *Branding: um manual para você criar, gerenciar e avaliar marcas* (p. 247), apresentamos um estudo resumido de diversas metodologias. Acreditamos que esse número de técnicas pode ser bastante ampliado desde a combinação entre elas, ou mesmo com a inclusão de certas variantes já testadas em diversos projetos.

QUADRO 4.1 Exemplos de metodologias

SEGUNDO OS CUSTOS			
METODOLOGIA	PRESSUPOSTO BÁSICO	METODOLOGIA BÁSICA PARA APURAÇÃO	PROBLEMAS PRÁTICOS DA ABORDAGEM
Custo histórico	O valor do ativo intangível reflete os investimentos anteriores realizados sobre a marca.	• Discriminar os valores contábeis que representam investimentos em marca (variáveis caso a caso). • Determinar o horizonte de tempo a ser considerado para construção da marca. • Avaliar o fluxo de caixa representado pelos investimentos em marca utilizando uma taxa de retorno adequada.	• Diferenciar aquilo que é manutenção de novos investimentos. • Inexistência de dados históricos confiáveis (valores contábeis segmentados para ativos intangíveis). • Ajuste dos custos históricos para refletir os preços correntes. • Eventual inadequação da taxa de retorno passada para investimentos futuros.
Custo de reposição	O valor do ativo intangível é equivalente ao total necessário de investimentos para reconstruí-lo.	• Elencar os investimentos necessários para construir uma nova marca com o mesmo valor em um prazo definido. • Calcular o valor presente do fluxo de caixa determinado pelos investimentos, utilizando uma taxa de desconto adequada.	• Fica implícito que existe um valor que permitiria reconstruir o ativo intangível em questão, o que nem sempre é verdade. • Estabelecimento das premissas para avaliar custo de reposição é muito subjetivo. • Inexistência de casos para comparação (impossibilidade de validação empírica).

Capital Intangível

SEGUNDO O MERCADO			
METODOLOGIA	**PRESSUPOSTO BÁSICO**	**METODOLOGIA BÁSICA PARA APURAÇÃO**	**PROBLEMAS PRÁTICOS DA ABORDAGEM**
Valor de mercado comparado (uma variante dessa alternativa é a estimativa do valor potencial de um ativo intangível para um dado comprador).	Os ativos intangíveis são avaliados levando em consideração transações recentes com ativos similares.	• Identificar transações similares ocorridas no passado. • Identificar parâmetros para comparação entre as transações passadas e a marca sendo avaliada. • Construir um modelo operacional levando em conta as transações passadas, os parâmetros de comparação e fatores de mercado.	• Inexistência de um mercado suficientemente amplo. • Ausência de rigor contábil (estimativas). • Informação frequentemente incompleta sobre as transações passadas.

USANDO CRITÉRIOS ECONÔMICOS			
METODOLOGIA	**PRESSUPOSTO BÁSICO**	**METODOLOGIA BÁSICA PARA APURAÇÃO**	**PROBLEMAS PRÁTICOS DA ABORDAGEM**
Fluxos de caixa projetados	Identificação direta dos lucros projetados decorrentes do ativo intangível, e cálculo do VPL do fluxo de caixa decorrente.	• Identificar o lucro atual decorrente da marca. • Estabelecer uma estimativa dos lucros futuros como percentual do lucro atual. • Definir um horizonte de tempo para construção do fluxo de caixa. • Cálculo do VPL do fluxo.	• Separabilidade dos lucros decorrentes do ativo intangível dos lucros da empresa (existência de contabilidade gerencial discriminando esses lucros). • Arbitragem da taxa de desconto utilizada. • Identificação do horizonte de tempo a tomar no fluxo. • Projeção dos lucros não leva em conta necessariamente dados de mercado e/ou conjuntura.
Contribuição da marca	Identificar (ou estimar) os lucros adicionais decorrentes do ativo intangível com relação aos lucros provenientes de todos os demais ativos.	Existem quatro métodos para estimar os lucros adicionais: 1. Custo de utilidade. 2. Retorno sobre capital. 3. Lucros *premium* (empresa). 4. Preço *premium* (varejo).	
1. Custo de utilidade	Consiste em avaliar o custo de produção, distribuição e venda dos produtos, adicionando um lucro médio de comercialização no setor.	• Através de métodos de contabilidade de custos, avaliar a composição de custos da linha de produtos. • Comparar os lucros obtidos com a lucratividade média. • Estimar a participação da marca com relação aos lucros acima da média setorial.	• A qualidade das informações sobre produtos dentro da empresa. • A qualidade das informações do setor. • Avaliar a porcentagem dos lucros adicionais provenientes exclusivamente da marca. • Em caso de produtos com lucratividade abaixo do setor, a abordagem não se aplica.

2. Retorno sobre capital	Consiste em separar os lucros provenientes da marca (ou outro ativo intangível) dos lucros decorrentes do negócio através da dedução de uma remuneração considerada adequada para o capital empregado.	• Calcular lucros decorrentes do negócio, baseando-se na taxa de custo de capital. • Determinar os lucros excedentes. • Determinar o percentual atribuível à marca.	• Arbitragem da taxa de retorno. • Associação dos lucros adicionais aos ativos intangíveis correspondentes. • Incorporação de fatores conjunturais e/ou econômicos é difícil. • Como o custo médio de capital leva em conta a empresa como um todo, ele pode não ser representativo para determinada marca.
3. Lucros *premium*	Assume que o retorno sobre ativos de uma empresa que tem ativos intangíveis será maior do que o de uma empresa comparável sem esses ativos, e que a diferença se deve aos intangíveis.	• Apuração dos lucros da empresa. • Projeção dos lucros de uma empresa hipotética sem a marca em questão (alternativamente, pode-se adotar os lucros de uma empresa concorrente). • Apuração do diferencial obtido.	•Avaliação da empresa e de uma ou mais empresas comparáveis. • Dificuldades na projeção da empresa "sem marca" ou existência de empresas comparáveis sem ativos intangíveis. • Separabilidade dos lucros adicionais em função dos diversos ativos intangíveis em questão.
4. Preços *premium*	Assume que um produto com marca é comercializado com um preço adicional (preço *premium*) com relação a um produto sem marca. Assume também (pretenciosamente), que o avaliador tem em mãos todos os dados de ativos e fatores para aplicar o modelo, não apenas da marca avaliada como também de suas concorrentes.	• Similar à metodologia de lucros *premium*. • Com base no diferencial entre o preço praticado por um fabricante sem marca e o preço do fabricante com marca, apura-se o lucro marginal ligado ao produto com marca. • Alternativas para produtos sem marca: marcas próprias (varejo).	• Existência de produtos sem marca comparáveis. • Diferentes percepções de valor e qualidade por parte do consumidor. • Ignora dimensões adicionais de valor como: maiores volumes de vendas, economias de escala, potencial de extensão. • Ignora fatores intangíveis como: *networking*, acordos no *trade*, *cross-selling*, capilaridade e outros. • Diferentes custos de produção, comercialização, distribuição e promoção entre os produtos e produtores.
Royalty	Parte do princípio de que caso os ativos intangíveis não fossem de posse da empresa, esta teria de alugá-los e pagar *royalties*. Parte também da ideia de que, se a organização tem os ativos, não precisa pagar *royalties* por eles, sendo, então, arbitrada uma taxa pelo perito avaliador, e que o valor dos intangíveis é o valor do fluxo de *royalties* não pagos e/ou não recebidos. Alternativamente, os *royalties* podem ser encarados com sendo uma receita adicional (marginal) que poderia ser obtida com o licenciamento dos ativos intangíveis a outras empresas dentro ou fora do mesmo grupo econômico.		
Royalty (2)	• Embora este método de avaliação esteja bem estabelecido para propriedade intelectual, nem sempre as taxas de *royalty* estabelecidas são adequadas à realidade de determinados ativos intangíveis. • Não está necessariamente ligada ao valor do ativo intangível, mas sim ao seu custo. • Frequentemente as taxas de *royalty* estão embasadas apenas em tradição comercial (e não em fatores econômicos), comparativamente a outras organizações, não exatamente similares à organização avaliada. Em tais casos, a consultoria deverá criar seu próprio modelo de taxa de *royalty*.		

USANDO MÉTODOS HÍBRIDOS			
METODOLOGIA	PRESSUPOSTO BÁSICO	METODOLOGIA BÁSICA PARA APURAÇÃO	PROBLEMAS PRÁTICOS DA ABORDAGEM
Mensuração de ativos	Quando uma empresa (ou negócio) é adquirida(o) a um preço superior ao de seus ativos tangíveis, uma parte desse sobrepreço deve-se aos ativos intangíveis.	• Efetuar uma avaliação convencional da empresa ou do negócio. • Estabelecer a fatia do sobrepreço atribuível à sinergia entre comprador e empresa ou negócio e a fatia devida à conjuntura econômica. • Fatia residual deve-se aos intangíveis.	• Não distingue ativos intangíveis e lucro da transação. • Subjetividade na alocação do valor residual é considerável. • Assume que o valor de transação não envolve *goodwill* (positivo ou negativo). • Não distingue efeitos da assimetria da informação entre comprador e vendedor, nem custos de transação e intermediação.
Preço/Lucro adicional	Quando uma empresa de capital aberto tem um valor de mercado que gera uma relação preço-lucro mais elevada que a média do mercado, parte desse adicional pode ser atribuída aos ativos intangíveis.	• Avaliar a relação preço-lucro da empresa, comparando-a à média de seu mercado. • Estabelecer (empiricamente) a porcentagem do valor adicional atribuível aos intangíveis.	• Nem sempre o valor de mercado é confiável (esp. no Brasil). • A parcela do preço-lucro adicional que pode ser atribuída aos intangíveis é difícil de determinar. • Flutuações inerentes ao mercado acionário tornam essa avaliação muito volátil. • Pequena separabilidade entre empresa e marca/produto.

FONTE: MARTINS (2006).

Quem já tentou avaliar ativos intangíveis ou contratou tais serviços utilizou pelo menos uma variante desses procedimentos técnicos; bem ou mal, valores financeiros foram determinados. No presente livro, os leitores não encontrarão muitas descrições a respeito de todos os procedimentos conhecidos, já que se trata de um guia de práticas, e não de pesquisas sobre métodos de avaliação, estes já abordados por outros autores. Para o leitor aprofundar seus conhecimentos teóricos especificamente sobre métodos, recomendamos o livro *Making sense of intellectual capital*, no qual Daniel Andriessen (2004, p. 57) fez uma análise comparativa entre 25 metodologias, descrevendo os aspectos positivos e negativos de cada uma delas. Muitos detalhes técnicos ficaram de fora, mas o bom trabalho de levantamento e descrição técnica das metodologias não deixará nenhum pesquisador decepcionado, especialmente por conta da indicação de diversos recursos adicionais de estudos. Comprovamos que os principais métodos foram tratados pelo autor e que é possível desenvolver uma série de outras soluções com base nas explicações apresentadas. Os pesquisadores dedicados ao estudo dos diferentes métodos, e suas múltiplas combinações e aplicações, obterão esclarecimentos muito mais abrangentes do que aqueles sugeridos na ISO 10668:2010(E), que restringe as avaliações de marcas aos métodos do *income, market* ou *cost approach* (§ 5.1, p. 3).

É fato há muito conhecido que existem dezenas de métodos para avaliar ativos intangíveis. Em um artigo de 2001, "Methods for measuring intangible assets", Karl Sveiby[73] destacou o estudo de 34 abordagens, todas distribuídas em quatro categorias, assim organizadas conforme a classificação sugerida por Luthy (1998) e Williams (2000):

Direct intellectual capital methods (DIC) – Determina o valor monetário dos ativos intangíveis pela identificação dos seus vários componentes que, quando estimados, podem ser diretamente avaliados de maneira direta ou como um coeficiente agregado.

*Market capitalization method*s (MCM) – Calcula a diferença entre a capitalização de mercado de uma companhia e os ativos dos acionistas (*stockholders' equity*) como o valor de seus recursos importantes ou ativos intangíveis.

Return on assets methods (ROA) – A média das receitas antes dos impostos de uma empresa em um determinado período é dividida pela média de valor dos seus ativos tangíveis. O resultado é o ROA (*return on assets* – retorno sobre ativos), que é, então, comparado com a média do seu segmento. A diferença é multiplicada pela média dos seus ativos tangíveis para calcular a média anual de receitas dos intangíveis. Dividindo a média superior pelo custo médio de capital ou uma taxa de juros, pode-se obter uma estimativa do valor dos ativos intangíveis ou do capital intelectual.

---

[73] Esse artigo foi publicado no Brasil em 2001 pela GlobalBrands Sveiby Associados, sendo frequentemente atualizado em inglês no *site* de Karl Sveiby. A versão completa pode ser vista em: <http://www.sveiby.com/articles/Intangible-Methods.htm>. Acesso em: 10 abr. 2011.

Scorecard methods (SC) – Os vários componentes de ativos intangíveis ou do capital intelectual são identificados e os indicadores e os deslocamentos predeterminados são gerados e relatados nos scorecards ou como gráficos.

Os métodos do SC são similares aos métodos de DIC, pois espera-se que nenhuma estimativa será feita sobre o valor monetário dos ativos intangíveis. Um deslocamento predeterminado composto pode ou não pode ser produzido.

Os métodos possuem tratamentos diferentes conforme a finalidade do avaliador. Aqueles que contemplam avaliações financeiras, como os ROA e os MCM, são bastante úteis em fusões e aquisições (M&A) e para avaliações de mercado. Eles podem também ser utilizados para comparações entre empresas do mesmo segmento, ilustrando o valor financeiro dos ativos intangíveis, um benefício atrativo para muitos empresários. Finalmente, porque eles são construídos sobre bases contábeis reconhecidas, tornam-se mais facilmente comunicados entre aqueles mais afeitos aos sistemas tradicionais de informação.

Sua desvantagem é que traduzir quase tudo em termos financeiros pode ser algo muito superficial. Os métodos ROA são muito sensíveis às suposições das taxas de juros e de uso limitado para finalidades da gerência abaixo do nível do conselho de administração. Diversos deles são de quase nenhum uso para organizações não lucrativas, departamentos internos e organizações do setor público, fato particularmente verdadeiro para os métodos MCM.

As vantagens dos métodos DIC e SC são que eles podem criar um retrato mais detalhado da saúde das corporações de maneira melhor do que as medidas financeiras e podem ser mais facilmente aplicados em todos os níveis de uma organização, pois medem os eventos mais rapidamente, relatando-os de maneira muito mais acurada do que as medidas financeiras puras (sem medidores de avaliação estratégica). Justamente por não exigirem medições financeiras, são também muito úteis para organizações não lucrativas, departamentos, empresas do setor público e aquelas envolvidas em projetos sociais e do meio ambiente.

Suas desvantagens são os indicadores contextuais, que precisam ser personalizados a cada empresa e propósito, o que torna as comparações muito difíceis de serem sustentadas fora do ambiente das empresas. Os métodos são igualmente novos e não facilmente aceitos pelos sistemas gerenciais e por executivos mais afeitos a ver quase tudo sob a mais pura perspectiva financeira. Uma abordagem mais ampla pode gerar oceanos de dados de difícil análise, tratamento e comunicação.

Sveiby conclui que nenhum método pode atender a todos os objetivos e a todas as necessidades; cada interessado deve selecionar o método mais recomendável conforme o propósito, a situação e o público envolvido (interno e externo). As pesquisas de Andriessen (2004) vão na mesma direção. Os 25 métodos que ele estudou foram organizados em cinco grupos de comunidades: capital intelectual, contabilidade, medição de desempenho, avaliação e recurso humano. Segundo o entendimento do autor, sendo os ativos intangíveis recursos multidisciplinares, sua avaliação atingirá os resultados esperados desde que corresponda às necessidades ou aos objetivos da empresa interessada, que, nesse caso, deve determinar o propósito da avaliação e limitar a avaliação a ele. Vemos a pertinência desse cuidado, desde que entre as necessidades esteja a missão de esclarecer o mercado com ótimo padrão técnico.

Para clarear as zonas cinzentas

NOS ÚLTIMOS ANOS, temos visto o surgimento de diversas consultorias proclamando serem especializadas e experientes em avaliação de ativos intangíveis, muitas vezes até sem demonstrar pesquisas consistentes e acervo técnico substancial dos casos em que tenham atuado. É importante que os clientes possam escolher dentre diversas ofertas de qualidade, mas a dificuldade para as consultorias inexperientes é que as avaliações nunca se repetem. Os procedimentos podem ser mais ou menos parecidos, mas o contexto nunca será igual. Para nos adequarmos a cada caso, contamos com a experiência obtida em dezenas de projetos, que nos permitiram criar um conjunto de práticas (a metodologia), o qual é frequentemente atualizado. As bases dessa metodologia foram criadas mesmo antes de a nossa consultoria atuar em avaliações de intangíveis, pois elas surgiram da nossa experiência de cerca de 30 anos de vida corporativa, 12 dos quais exclusivamente no mercado financeiro.

Acreditamos na utilidade do crescimento da base de consultorias especializadas em avaliações de ativos intangíveis. O Brasil é um país de grandes proporções e caminha para a posição de nação desenvolvida economicamente. Nosso modelo de consultoria não foi planejado para uma grande infraestrutura, pois decidi que prefiro trabalhar em poucos projetos muito bem selecionados, para que eu possa atender de forma dedicada. Tenho assistentes competentes e experientes que me permitiriam ampliar a atuação da consultoria, mas temo que isso possa me privar da parte divertida do trabalho, que é o prazer de enfrentar desafios complexos e desenvolver soluções especiais. Não podemos nos esquecer de que a minha consultoria também realiza projetos de criação e administração de marcas, trabalhos que também me agradam muito e, igualmente, consomem muito tempo.

Tudo isso significa que nós não temos recursos para atender a todas as pessoas que nos procuram para avaliar os seus ativos intangíveis. Em tais casos, os interessados terão de procurar outros fornecedores no mercado, tão ou mais competentes do que nós. Uma das finalidades primordiais de todo o nosso trabalho neste livro é orientar essas pessoas. Mesmo com todos os esclarecimentos já apresentados, vimos que a avaliação geral da comunicação de algumas consultorias na internet pode oferecer novas e importantes reflexões:

• **Mania de grandeza.** Não é raro encontrarmos peças de comunicação que apresentam certas consultorias como as "mais importantes do Brasil", "entre as maiores", "a maior", "líder mundial" e coisas parecidas. São casos de propaganda enganosa, pois não existe nada parecido com um órgão oficial no mundo capaz de assegurar ou de atestar que essa ou aquela consultoria seja a maior em seu campo de atuação. Muita gente ainda confunde tamanho com competência, mas seria inteligente reconhecer que o fato de uma consultoria ter muitas filiais ou dezenas de logotipos de clientes destacados em seus *sites* pode não significar que aquelas empresas tenham realizado avaliações de seus ativos intangíveis. Então, aquilo que seria a informação mais importante, não confirmaria que todos aqueles clientes tenham ficado satisfeitos com os trabalhos. Tratando de um trabalho cujo conhecimento especializado é ainda raro, vemos que, quanto menor, mais dedicada e experiente for a consultoria, melhores serão os resultados obtidos pelos clientes.

• **Panaceia.** Outras consultorias sugerem possuir a fórmula milagrosa para avaliar intangíveis e apresentam as suas varinhas mágicas nas formas de diagramas, tabelas ou histórias incompletas a respeito dos casos sobrenaturais que resolveram ou de que ouviram falar. Após todas as explicações e fontes apresentadas neste livro, será difícil acreditar que é possível prometer soluções mágicas para se avaliar ativos intangíveis.

• **Pioneirismo.** Outra mania crescente tem sido a pregação do pioneirismo. Agora que a estrada já tem muitos quilômetros pavimentados, cada vez mais corredores apresentam credenciais de liderança em pesquisa, todavia, sem apresentar fatos históricos sobre o que fizeram de concreto para superar os desafios da avaliação de ativos intangíveis no Brasil. Não custa nada conferir o histórico de pesquisas e de citações na mídia de qualidade a respeito desses fenômenos.

• **Blindagem.** Vimos que certas consultorias indicam que os ativos intangíveis que avaliam podem ser utilizados para se obter empréstimos em bancos privados e oficiais. Tal operação é ao mesmo tempo viável e complexa, e exigiria o interesse e a participação de bancos com equipes especializadas em avaliações de ativos intangíveis, o que, lamentavelmente, ainda é uma raridade. Vimos que os ativos intangíveis estão sujeitos a critérios diferentes de avaliação, o que costuma levar os interessados em tais bens (bancos, judiciário, investidores etc.) a encomendarem levantamentos com propósitos pontuais, normalmente considerando-se a utilização e manutenção dos ativos em suas bases produtivas originais. Em tese, isso diminui os riscos associados ao desconhecimento dos processos industriais, comerciais etc.

• **Maquiagem.** Algumas empresas prometem que as avaliações irão "aumentar o patrimônio e imobilizado da empresa", "reduzir o grau de endividamento", "aumentar o valor patrimonial das ações", e assim por diante. Como uma consultoria experiente pode prometer ou sugerir tais coisas? Conforme a qualidade e idoneidade da avaliação, é até possível comprovar a degradação de indicadores importantes.

Contornar todos esses obstáculos é um trabalho difícil e requer muita prática. Contudo, é claro que ter apenas experiência não basta, já que é preciso também investir bastante em pesquisas e estudar muito. Temos essa preocupação constante porque os nossos trabalhos só serão reconhecidos ao avaliarmos contextualmente o papel dos ativos intangíveis nas organizações, o que envolve o conhecimento de diversas atividades, como marketing, finanças e vendas. Bem antes de passarmos para a etapa de cálculos, é importante conhecer de modo desembaraçado, profundo e criativo as características invisíveis dos projetos e dos próprios clientes, o que não é possível fazer sem a necessária experiência de campo combinada com o prazer de estudar, de pensar e de compartilhar conhecimento.

Procedimentos técnicos

DEVIDO À QUESTÃO dos múltiplos métodos de avaliação, seria improdutivo demonstrar em detalhes um caso real de avaliação econômica de ativo intangível e acreditar que ele esgotaria o tema. Cada caso de avaliação requer procedimentos únicos, o que explica, em parte, a impossibilidade de se contar com um sistema padronizado para avaliação de ativos intangíveis.

Após reunirmos os recursos que já comentamos no início deste capítulo, podemos organizar os trabalhos em duas etapas:

- Avaliação financeira (quantitativa): determina o valor presente e potencial do ativo intangível, seja ele uma patente, invenção, marca, entre outros itens.
- Avaliação não financeira (qualitativa): determina os aspectos econômicos e operacionais envolvidos na avaliação financeira, não necessariamente relacionados com geração de caixa.

A Figura 4.2, a seguir, descreve o resumo da metodologia de trabalho para levantamento e avaliação dos recursos quantitativos e qualitativos, no caso, para avaliação da marca hipotética ABC.

FIGURA 4.2 Metodologia de avaliação econômica da marca ABC

FONTE: <HTTP://WWW.GLOBALBRANDS.COM.BR>.

Com esses recursos, conseguimos compatibilizar os diversos interesses e as expectativas relacionadas, alinhadas à avaliação da marca ABC e aos demais intangíveis que não estavam presentes ou eram protagonistas no conjunto de nossas responsabilidades junto ao cliente que nos contratou. Os ativos intangíveis operam sempre de forma coordenada e integrada, por mais que isso não seja reconhecido pelos nossos clientes. Fosse o ativo avaliado uma patente, por exemplo, esta poderia ser fundamental para permitir a diferenciação daquela marca no mercado, muito mais que o nome da marca, o design do seu logotipo ou a sua comunicação. Essas possíveis relações precisam ser mapeadas e apreciadas pelo avaliador, ainda que de modo informal.

Avanços metodológicos

A FIGURA 4.2 RESUME a metodologia utilizada pela GlobalBrands, a qual leva em conta a nossa experiência em avaliações, e tem como base as primeiras pesquisas demonstradas em *O império das marcas*, livro no qual comecei a trabalhar no final de 1994. Quando ele foi concluído e lançado, em 1996, já tínhamos aplicado os princípios que resultariam no modelo que aprimoramos e utilizamos atualmente.

Mesmo tendo como base um conjunto testado de procedimentos, aprendemos com o tempo que não seria possível manter um modelo fixo de trabalho, justamente por causa das peculiaridades de cada marca e das empresas avaliadas. Isso se tornou uma vantagem para o nosso aprendizado, pois nos vimos na condição de permanente adaptação a cada circunstância de trabalho e, não por outra razão, adotamos como guia dessa realidade o princípio de Sun Tzu que inaugura este capítulo.

A contrapartida do aprendizado foi igualmente desafiadora. Os nossos clientes potenciais não tinham ainda o conhecimento ideal sobre a complexidade de se avaliar intangíveis, e, normalmente, nos cobravam uma explicação simples de princípios metodológicos, a qual nos levou a produzir um material de divulgação, complementar aos princípios enunciados com mais detalhes na primeira edição de *O império das marcas*.

No Capítulo 5 (p. 163), "O valor monetário das marcas (o paradigma do intangível)", tivemos de nos ocupar em não apenas descrever os nossos princípios metodológicos, como também defender a utilidade das avaliações de marcas e os seus benefícios para os empresários brasileiros. Eis um extrato do livro que revela essa preocupação (p. 166-167):

Muitas vezes, avaliar e definir os valores e o valor das marcas é matéria confundida com definir o valor das empresas, postura certamente inadequada. A maioria das empresas sempre acreditou que os seus valores reais pudessem ser definidos apenas pela apuração dos números contábeis de registro, os quais também poderiam servir como base para a definição de metas estratégicas mais seguras. Consolidou-se, por outro lado, o princípio de avaliar as marcas conforme os pontos de vista e as conveniências de quem o faz, postura que incentivou e alimentou o desinteresse às diversas fórmulas propostas na busca de um consenso. Esse fato pode servir simplesmente para provar que determinada marca tenha pouco valor, mas apenas aos olhos e ao bolso de quem queira comprá-las.

A maioria dos esforços de avaliação, com relativa acuidade, é empreendida apenas quando uma operação de venda corporativa apresenta-se na vida das empresas. Sem perspectiva de venda do próprio negócio, elas adotam, em regra, avaliações que mostrem o benefício exclusivo das suas transações correntes, não importando dimensionar os esforços e gastos com a construção do ativo marca, postura que, analisada sob o fogo cerrado dos compromissos de curto prazo, pode até ser razoavelmente justificada. O fato é que as empresas nessa linha de ação não encontraram em suas contabilidades incentivo e meios adequados de valorizar e valorar um ativo que não pudesse trazer benefícios imediatos de retorno ou uso.

A fotografia de um futuro globalizado nos mostra uma paisagem onde não mais existe o desprezo aos ativos ainda aceitos e administrados como intangíveis, uma vez que o mercado real orienta-se cada vez menos pelos números frios dos ativos tidos como tangíveis. Quase nada mais quer dizer o elevado porte de uma empresa como aval exclusivo das suas melhores qualidades frente a organizações de médio e pequeno porte; estruturas de produção, horizontais ou verticais, em nada agregam valor competitivo frente a canais de distribuição menos eficientes e à facilidade com que empresas menores, sem poder produzir ou operar determinado item dos seus produtos, contratam-no junto a um novo parceiro.

Nós entendíamos que a avaliação da marca envolvia procedimentos então incomuns na análise de negócios, os quais, como já comentei na Introdução, afastaram-me do mundo das fusões, aquisições e finanças da época. Buscava um nível de compreensão menos hermético das questões e práticas de avaliação, o qual não me era permitido pelos agentes com os quais eu me relacionava. Não foram raras as ocasiões em que os narizes torcidos apontavam em minha direção.

Mas as bases do modo como trabalhamos atualmente foram bem elaboradas e comentadas em *O império das marcas*. Por exemplo, julgamos que seria mais fácil construir os primeiros argumentos ao partirmos de pensamentos lógicos baseados nos paradigmas de então, como a ideia a seguir (p. 169-170):

A valoração de uma marca deve partir da compreensão do funcionamento do seu mercado e dos seus números. Algumas avaliações utilizam-se do valor das vendas brutas, tomando um fator de multiplicação para arbitrar uma cifra. No ramo de doces, por exemplo, em que opera a norte-americana Mars, convencionou-se aplicar um multiplicador de 1,1 vezes sobre as vendas brutas. Assim, supondo que a venda anual da Mars em 1994 tenha alcançado US$ 13 bilhões, a empresa, e consequentemente suas marcas, valeriam algo próximo de US$ 14,3 bilhões.

A aceitação desse critério imediatamente deveria nos levar a acreditar que quem pagasse US$ 14,3 bilhões pela Mars estaria seguro de que, se os números do negócio foram devidamente apurados, poderia faturar no primeiro ano da aquisição o mesmo que os antigos controladores faturavam, ou até um pouco mais, beneficiando-se dos frutos tradicionais das mudanças de controle (gerenciamento de custos, otimização de pessoal e instalações etc.), critério que não se observa nas aquisições de empresas e marcas brasileiras, que raras vezes alcançam o valor das vendas brutas do último exercício anterior à venda.

Para avançarmos praticamente com as nossas ideias, optamos por tomar o setor de alimentos (doces) como exemplo e ilustrar o funcionamento de uma avaliação de marca com os novos padrões. O primeiro passo recomendava a "avaliação setorial", seguida do levantamento das "informações financeiras", "dados mercadológicos e de produtos" e "pontos legais e societários". Com poucas correções e ajustes nos anos seguintes, mantivemos essa base de levantamentos de recursos até hoje.

O encontro com os outros ativos intangíveis viria naquilo que denominamos de "relação simbiótica", então compreendida como a relação de dependência, independência ou separabilidade da marca da infraestrutura de sua controladora:

> Estratégias incentivam a associar algumas marcas com as empresas que as produzem, o que pode nos levar a pensar que são inseparáveis ou indivisíveis. Possuir uma marca de sucesso é definitivamente considerá-la como um ativo fixo, porém maleável na sua propriedade e gerenciamento, conforme mostram inúmeros casos concretos de operações de compra e venda de marcas. Algumas destas poderiam ter mais dificuldades em seus mercados, caso não contassem com a estrutura das empresas que as administram. [...] Aqueles que compram mais marcas do que propriamente empresas,

podem estar buscando uma forma mais segura e rápida de ganhar terreno em lutas por fatias de mercado, ou simplesmente o fazem para eliminar um concorrente do caminho. Criar uma marca do princípio ao fim levaria muitos anos e, dependendo do setor de atuação, consumiria impressionantes fortunas em capital de investimento (e, na maioria das vezes, exigiria eficiência empreendedora cada vez mais rara). A compra de uma marca, mesmo quando envolva cifras consideradas altas, resulta em efeitos muito mais imediatos e seguros do que o desenvolvimento de uma nova – raciocínio também considerado em extensões de linhas. [...] (p. 179)

Assimetria e conhecimento

A METODOLOGIA ELABORADA em *O império das marcas* apresentou aos brasileiros um conjunto então inédito de padrões para a avaliação de marcas e outros ativos intangíveis. Em 1995, nós ainda não vivíamos a realidade das grandes inovações tecnológicas que permitem que uma empresa ganhe um tempo de "exclusividade" e de credibilidade de mercado, viabilizando a geração de caixa com lucros excedentes, muito antes que os concorrentes tenham tempo de replicar a ideia. Nesse novo ambiente, passamos a conviver com uma série de novos intangíveis, para os quais a capacidade de inovação é fundamental, bem antes mesmo da concepção e do lançamento de novas marcas.

Recapitulando o exemplo da Apple, foi estabelecida uma importante vantagem de mercado com a reunião de uma série de patentes encobertas sob a marca iPhone, que dificultaram e retardaram o tempo de aprendizado dos seus concorrentes. Essa "assimetria de mercado" não apenas possibilitou a entrada da marca no mercado de telefones celulares, como também a sua consolidação – até mesmo em maior vantagem que marcas outrora líderes no mercado, não raro celebradas pela inovação tecnológica.

A assimetria também proporcionou capital para a Apple reinvestir em tecnologias complementares (ou novas), que serviram para prolongar as vantagens da marca iPhone até ou após o aprendizado da concorrência. Com esse exemplo, verificamos que seria inadequado avaliar apenas as marcas Apple ou iPhone sem levarmos em conta o desempenho da empresa associado à influência e ao valor do seu contexto de empacotamento, o qual compreende recursos qualitativos e quantitativos. Mesmo sabendo que a marca iPhone faz sucesso nesse momento histórico, as suas vantagens sobre os nomes Motorola e Nokia, dentre outros, revelam que os riscos da obsolescência[74] são permanentes e estão associados a todas as marcas, o que deve ser ponderado com organização e objetividade pelo avaliador sempre que as condições de trabalho favorecerem esse consumo de tempo e de energia. Nada impede que um pacote melhor de tecnologias e benefícios desloque o iPhone de suas vantagens momentâneas, projetando, em seu lugar, um nome conhecido ou mesmo outro absolutamente estranho ao setor.

Em outros casos, a vantagem pode ser a economia dos custos de produção ou distribuição. Uma linha de produção de TV digital, por exemplo, pode reduzir sensivelmente os seus custos se melhorar seu tempo de produção e distribuição, o que certamente trará impactos ao seu preço final para o consumidor, com benefícios imediatos para toda a cadeia de ativos tangíveis e intangíveis, retroalimentando a capacidade de inovação organizacional.

Nesses e em outros casos, não lidamos diretamente com a quantificação ou precificação dos fatores, sejam eles atributos, capacidade de inovação ou eficiência da logística, por exemplo, associada ao cumprimento de prazos de entrega, o que nem sempre depende dos recursos humanos e materiais das empresas envolvidas. O que entendemos é que, durante os trabalhos de avaliação, precisamos investigar e compreender a cadeia de aspectos tangíveis e intangíveis, presentes e futuros. Nosso objetivo é adotar uma visão de mercado, colocando-nos na posição de consumidores ou de financiadores dos intangíveis que avaliamos. Contudo, são as empresas que determinam os públicos que desejam alcançar. Com isso, necessitamos do apoio dos clientes para conhecermos a cadeia envolvida de públicos, tanto para o ativo intangível quanto para a organização.

---

[74] A OECD (1997) reconhece o termo "obsolescência" como a perda de um ativo em função de outro recentemente introduzido na mesma categoria e que contém melhorias na produtividade, eficiência ou adequação da produção.

O papel do avaliador não é o de um detetive ou auditor, mas ele precisa estar atento ao reconhecimento de um conjunto organizado de dados, sem os quais não poderá realizar um bom diagnóstico do estado geral dos negócios dos clientes, que, não raro, omitem informações importantes, nem sempre com más intenções. No entanto, se o sujeito é fumante e procura o médico porque está com fortes dores no peito, ele não deve omitir que fuma, não faz uma dieta saudável ou não pratica exercícios regularmente. Além de obrigar o médico a desperdiçar recursos com a requisição de exames complexos e caros, tudo o que o paciente obterá ao final da consulta é um diagnóstico impreciso, cujas consequências poderão ser até fatais.

Sob certas circunstâncias favoráveis, o avaliador experiente pode reconhecer riscos dessa proporção nas empresas e até conseguir identificar o perfil de cada cliente, vendo em quais situações precisará aumentar as cautelas – mesmo se proteger nos casos graves em que a sua avaliação poderá ser descaracterizada, em certas condições até pela falta de empenho dos clientes. A melhor prevenção contra esse risco é a organização de um conjunto de levantamentos técnicos, com base nos quais o avaliador poderá pesquisar e ponderar a respeito dos fatores de influência. Mesmo que não seja o seu papel julgar a qualidade dessa ou daquela inconsistência, e que o cliente não tenha esclarecido a contento algum aspecto de grande importância, ele poderá pelo menos destacar as suas dúvidas ou incômodos no laudo.

Esse é um cuidado muito importante, e não apenas para proteger a reputação ou os trabalhos do avaliador, pois sabemos também que precisamos esclarecer os impactos positivos e negativos dos nossos levantamentos para os leitores potenciais dos nossos laudos. Por essa razão, em *O império das marcas* também propusemos um recurso complementar metodológico: o *"checklist* de avaliação". O Quadro 4.2, a seguir, é um exemplo de *checklist*, obtido de um caso real de avaliação de marca, que permite demonstrarmos certos itens de informação e de verificação contemplados no trabalho.

202 Capital Intangível

QUADRO 4.2 *Checklist* dos procedimentos de avaliação da marca ABC

ITEM DA MARCA	DIMENSÃO QUANTITATIVA	DIMENSÃO QUALITATIVA
CONJUNTURA SETORIAL		
Análise setorial	Indicadores de crescimento/retração do setor.	• Panorama do setor de atuação. • Tendências do setor.
MERCADO		
Market share	• Pesquisas de mercado. • Série histórica e projeções de participação de mercado. • Confronto com as informações dos concorrentes.	• Segmentação do mercado. • Interpretação dos dados quantitativos.
Área de atuação	• Praças onde a ABC atua. • Participação por praças. • Distribuição física.	Satisfação ou insatisfação dos funcionários, colaboradores e fornecedores (pesquisa qualitativa).
Limites do mercado	• Estimativas do tamanho do mercado. • Projeções de crescimento/retração com e sem análise da capacidade de extensão.	• *Feeling* dos principais envolvidos. • Influência da conjuntura econômica.
Distribuição	Logística.	Eficiência e imagem.
Segmentação	Números dos públicos envolvidos (*stakeholders*).	Perfil psicossocial dos públicos.
Concorrência	• Investimentos em mídia (próprios). • Evolução histórica do *market share*. • Relação do monopólio.	• Associações de classe. • Influência governamental. • Marcas concorrentes e concentração do mercado.
IMAGEM		
História	Dados históricos (fundação e datas marcantes).	Eventos marcantes.
Produtos e serviços	• Investimentos com desenvolvimento. • Índices de qualidade no atendimento. • Rentabilidade e margem dos tipos e classes de produtos e serviços, adequados às normas/leis.	• Percepção dos consumidores. • Posicionamento Normas ABNT ou relacionadas.
Brand equity	Dados disponíveis e pesquisas.	Estimativa da percepção de liderança pelo consumidor e imagem geral da marca.
Obrigações	Débitos junto a órgãos federais, estaduais e municipais.	Imagem junto ao mercado financeiro e mídias sociais.
Relações públicas	Investimentos em práticas de RP.	Resultados obtidos de imagem.

Código do consumidor	• Investimentos em estrutura de atendimento. • Queixas dos consumidores (interna e externa, Procon). • Possíveis processos/ações.	• Percepção da imagem e posicionamento pelos consumidores. • Imagem.
Extensões	Retorno econômico-financeiro estimado pelo potencial de extensões.	• Identidade da marca. • Oportunidades.
Comunicação	Normas de *compliance* e procedimento junto aos *stakeholders*.	Indicadores de criatividade, desenvolvimento interno e social.
Relações públicas	Valores investidos e a investir: mídia e formadores de opinião (relações públicas).	Adequação às restrições da Anvisa, pontos de venda em municípios de atuação, distribuição e publicidade.
Balanço social	Número das ações, investimentos e resultados.	Resultados obtidos de publicidade, ações e reconhecimento junto aos *stakeholders*.
GESTÃO DO CONHECIMENTO E CAPITAL INTELECTUAL		
Gestão do conhecimento	• Investimentos em ferramentas de gestão do conhecimento. • Perfil de investimento de capacitação dos recursos humanos com evolução/acumulação de capital intelectual.	• Sistemas internos de conversão de conhecimento tácito em explícito. • Evolução/acumulação de capital intelectual. • Produção de conhecimento etnográfico.
Inteligência competitiva	Produção e medidas de valor com emissão de laudo.	Sensibilização.
Sistemas de controle de qualidade e inteligência competitiva	Dados disponíveis pelo sistema.	*Feeling* dos envolvidos, inclusive sobre o posicionamento da marca.
Cross-selling do capital intelectual	Linha de produtos e serviços, valor dos investimentos e margens líquidas possíveis.	• Desenvolvimento e integração do *staff*. • Percepção e valorização dos consumidores. • Compromisso de posicionamento simples, assimilável e distribuído.
NÚMEROS		
Dados financeiros	Fluxo de caixa da marca.	*Staff* integrado ao processo de avaliação da marca.
Vendas	• Margens líquidas. • Volumes.	Tendências micro e macroeconômicas.
Preço	Situação concorrencial.	• Percepção e posicionamento dos consumidores. • Tendências de mercado.

ESTADO GERAL		
Suporte de marketing e comunicação	• Nível de comprometimento dos executivos no processo e a que custo. • Nível de investimentos.	• Percepção e posicionamento dos consumidores. • Identificação do consumidor com a marca e seus valores. • Aumento de *market share*. • *Recall* obtido pela marca.
Proteção legal	• Contratos disponíveis de registro nas classes. • Pareceres caracterizadores da marca. • Existência de licenças e acordos (contratos). • Registro da marca e de domínios de internet no Brasil e no exterior. • Existência de projetos de *copyright* com cópias dos projetos registrados na Biblioteca Nacional Projetos registrados na Escola de Belas Artes (projetos de identidade visual da marca e embalagens). • Cópias dos depósitos das patentes.	• Riscos de imagem quanto aos valores pelo uso indevido por terceiros em outros países ou no Brasil. • Resultados esperados para as patentes nos processos de produção e junto aos *stakeholders*.
Ambiente econômico	• Indicadores de conjuntura. • Indicadores setoriais. • Cenários micro e macroeconômicos.	• Relacionamento com órgãos e agências do governo (exceto contratos). • Estratégias dos controladores. • Relações com fornecedores e parceiros estrangeiros.
Ambiente societário	• Caracterização da sociedade. • Contrato social.	• Relacionamento entre os sócios. • Capital aberto ou fechado.
Subsidiárias	• Dados econômicos e financeiros. • Pesquisas de mercado e segmentação. • Margens de contribuição.	Riscos legais e de imagem.

FONTE: MARTINS E BLECHER (1996).

Os campos para preenchimento do *checklist* não são fixos. Eles são adaptados conforme as características de cada cliente e o propósito da avaliação. As informações devem ser pesquisadas com base em seu potencial de revelar os principais elementos para a avaliação e identificação das forças que sustentam ou comprometem a administração da empresa e do ativo intangível avaliado. No exemplo, foram sinalizados (ticados) apenas os dados aplicáveis ao projeto, os quais foram verificados durante as entrevistas e visitas dos consultores à sede do cliente. Podemos observar que informações importantes associadas ao *branding* não estão ticadas, pois o cliente não tinha esses recursos. Certamente essas deficiências comprometeram a nossa capacidade de julgamento e influenciaram na avaliação da marca.

A Figura 4.3, na sequência, amplia o entendimento demonstrado na Figura 4.2 ao reforçar o contexto de mercado de outro projeto de avaliação de marca, o qual serviria para apoiar uma negociação de venda da empresa. Neste caso, os aspectos de mercado da marca foram determinantes para orientar o seu valor, pois, para o cliente, isso afetaria a sua força de negociação. Na avaliação do potencial comprador, a falta de esclarecimento preciso a respeito dos blocos selecionados poderia comprometer o valor da marca.

FIGURA 4.3 Insumos do *checklist* da marca XYZ

FONTE: <HTTP://WWW.GLOBALBRANDS.COM.BR>.

Após a revisão dos resultados do *checklist* deste caso, o cliente selecionou oito centros de informação que, segundo a sua experiência, compreendiam as principais fontes de conhecimento da marca a serem contempladas pela consultoria. Esses dados estão na Figura 4.4.

FIGURA 4.4 Dados da marca XYZ

FONTE: <HTTP://WWW.GLOBALBRANDS.COM.BR>.

Outro ponto relevante, nesse caso, foi a análise do setor, pois os potenciais compradores não tinham experiência no mercado brasileiro. Assim, o cliente sondou com os interessados quais pontos deveriam ser considerados pela consultoria, o que resultou igualmente em oito grupos de informação, como se pode ver na Figura 4.5. Importante observar a inclusão do grupo "*networking*". A participação atuante da empresa na diretoria da câmara setorial foi percebida pelos compradores como uma vantagem importante, pois isso lhes abriria espaço para participação política e integração com as indústrias do setor.

FIGURA 4.5 Análise da conjuntura setorial da marca XYZ

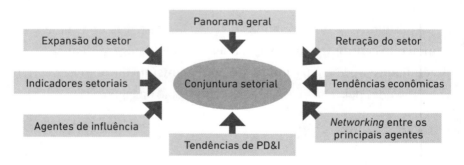

FONTE: <HTTP://WWW.GLOBALBRANDS.COM.BR>.

Em algum momento da avaliação, os recursos qualitativos e quantitativos irão convergir, seja na determinação dos critérios utilizados pelo avaliador, seja na seleção dos parâmetros do fluxo de caixa, entre outras aplicações definidas pela metodologia escolhida. Por essa razão, descrevemos esses nossos trabalhos como "avaliação econômica", já que ela não se limita aos aspectos financeiros. Como já dissemos, não existe receita para avaliação econômica de ativos intangíveis, sendo este um dos desafios mais agradáveis do trabalho, um incentivo para que a equipe envolvida invista continuamente no seu aprendizado e no desenvolvimento da capacidade de ponderar e tratar as características e os estilos de cada cliente. É permanentemente recomendável que os avaliadores desenvolvam a capacidade de apreciar os ativos intangíveis de forma menos hermética, deixando espaço para a proposição e aplicação dos conceitos e procedimentos metodológicos com comportamento criativo, porém responsável. É isso que, ao final, diferenciará e determinará a qualidade de cada consultoria.

A avaliação de patentes, tecnologias, cultivares, *copyright* e outros itens segue mais ou menos os mesmos procedimentos das avaliações de marcas quando se trata do levantamento, da organização e da avaliação qualitativa de recursos. O *checklist* também é aplicável, pois a sua construção beneficia a organização dos trabalhos e assegura que o avaliador tenha em mãos os principais recursos, normalmente muito dispersos e inconsistentes, especialmente quando relacionados com tecnologias. Portanto, nunca é demais lembrar que, seja qual for o ativo intangível, é preciso assegurar o levantamento de um conjunto mínimo de informações:

1 A duração da existência legal do bem: data de concessão do direito e do seu vencimento. Na ausência ou inexistência desses dados, reforça-se a valorização dos elementos qualitativos.

2 Os recursos financeiros do bem: custos diretos, custos indiretos e receitas correntes. Na ausência ou inexistência desses dados, reforça-se a valorização dos elementos qualitativos.

3 A associação ou o uso implícito ou explícito de outros ativos intangíveis, os quais serão avaliados separadamente.

4   Os aspectos determinantes associados ao bem e que o caracterizem (ou ao seu segmento).
5   O relacionamento da empresa e dos bens avaliados com outros recursos internos e externos.

A avaliação qualitativa possibilita identificar e analisar o conjunto de aspectos determinantes envolvidos, o que entendemos como uma quantidade imprecisa de recursos objetivos e subjetivos que só podem ser vinculados ao ativo intangível foco da avaliação e dos quais ele depende para justificar a sua existência ou os objetivos organizacionais.

Vale recapitular que, exceto nos casos em que a consultoria tenha de desenvolver e aplicar pesquisas de mercado, o avaliador não produz dados, conforme reforçamos amplamente nas partes anteriores do livro. Portanto, os recursos de informação serão sempre fornecidos pelos clientes por época da avaliação. Os levantamentos envolverão, posteriormente, a apuração e o tratamento dos dados financeiros e econômicos, mas, conforme o tipo de ativo, o roteiro de levantamento de informações até o resultado final obedecerá a descrição detalhada no diagrama da Figura 4.6:

FIGURA 4.6 Roteiro de levantamento de informações

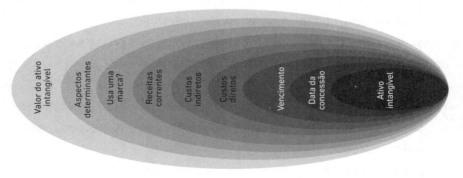

FONTE: <HTTP://WWW.GLOBALBRANDS.COM.BR>.

Avaliação financeira

EMBORA MUITOS pesquisadores tenham proposto métodos consistentes para identificação, organização e avaliação financeira dos ativos intangíveis, a ideia geral é que ainda existe pouca informação consensual a esse respeito. Isso pode causar embaraços para a medição de importantes variáveis de impacto na valorização desses ativos.

Ainda que tenhamos evidenciado a necessidade de maior produção de pesquisa a respeito dos ativos intangíveis, muitos analistas de investimento e empresários não têm demonstrado grande motivação em utilizar as avaliações como instrumento complementar de apoio em suas decisões táticas ou estratégicas, sobretudo desde a organização dos recursos de análise, como demonstramos até aqui.

Subdividir as avaliações em dimensões qualitativas e quantitativas oferece ao avaliador uma perspectiva complexa do bem, pois isso possibilitará que a maioria das variáveis seja identificada e apreciada. Muito mais importante, auxiliará a equipe envolvida a desenvolver uma visão criativa e crítica durante todas as fases do processo, o que, como já dissemos, é bastante importante quando se trata da avaliação de intangíveis, sobretudo das marcas, que são os ativos intangíveis de maior reconhecimento.

Nos primeiros estudos de desenvolvimento de uma metodologia de avaliação de ativos intangíveis, nós elaboramos, na GlobalBrands, o conceito de "capital da marca". Com essa perspectiva, entendíamos que nenhuma marca surge do nada, o que corroborava a nossa preocupação com a infraestrutura (tangível e intangível) delas, as quais são criadas, desenvolvidas e mantidas por meio de investimentos diretos e indiretos, cujo conjunto é o que denominamos "capital da marca". Este representa uma medida do patrimônio investido pela empresa em suas marcas, e inclui – em maior ou menor grau – investimentos em propaganda; despesas e investimentos em vendas; investimentos em pesquisa e desenvolvimento (patentes, melhoria de produtos etc.).

O valor da marca não se limita à zona de conforto "capital da marca" da mesma forma que o valor de uma empresa não pode se limitar à sua avaliação contábil. Um componente fundamental do "valor da marca" é o conjunto dos lucros esperados que a ela se atribui, o qual, em 1995, a GlobalBrands já denominava "valor econômico agregado pela marca", um fator de rentabilidade da marca, caracterizado por um estudo do fluxo de receitas futuras previstas da linha atual ou da capacidade de extensão dela. Esse fluxo também é utilizado para avaliar a efetividade dos investimentos realizados em marca.

Ao contrário de outras consultorias internacionais, já em 1995, a Global-Brands desprezava totalmente a utilização de múltiplos ou pontos, por entender que eles eram condicionados à subjetividade, e não à realidade dos mercados das marcas avaliadas. Essa foi uma decisão acertada, pois, até agora, nenhum consenso mundial estabeleceu que este ou aquele conjunto de fatos na situação A ou B valham tais pontos se comparados a C ou D, por exemplo.

Além das características econômicas de cada mercado, é preciso também considerar que eles não são estáticos, e quem é bom ou ruim hoje pode não sê-lo amanhã, no mercado de amanhã. Qual o tamanho desse mercado e para onde ele pode e quer ir são as questões que embasam o ambiente das marcas, quaisquer que sejam. As mais eficientes, fortes e verdadeiramente valiosas serão as que ganharão mais dinheiro sobre o amplo domínio e conhecimento do seu mercado, atualmente cada vez mais movido pelas exigências de investimentos em PD&I.

É importante salientar que o "capital da marca" tem como finalidade atuar em apenas uma etapa do processo de avaliação e para identificar o volume de capital que já foi investido na construção da marca. O fato de uma determinada marca ter investido fortunas em seu passado, por exemplo em propaganda e promoções, não significa que ela seja mais valiosa do que as marcas que pouco ou nada investiram. Muitas delas são poderosas, fazem sucesso no Brasil e raramente ou até mesmo nunca apareceram na mídia. Por exemplo, milhares de consumidores desejaram possuir um iPhone ou tomar um café na Starbucks sem terem visto qualquer anúncio em jornais, revistas ou na TV. O ferramental que identifica a eficiência ou a ineficiência da gestão da marca e dos seus recursos de comunicação, além do seu valor monetário, é formado por um intrincado volume de dados e recursos que devem ser conhecidos pelo avaliador.

Em função de todas essas complexidades, comprovamos que as marcas são mesmo os ativos intangíveis de maior reconhecimento. Sob certas circunstâncias, é aconselhável apurar o seu valor econômico, mas é preciso muito cuidado para não generalizar, por exemplo, sem determinar até que ponto o nome está além de seus objetivos funcionais. Já utilizamos, em outras obras, o exemplo do TGV (*train à grande vitesse*), que é o nome de um serviço, não uma marca. As pessoas viajam no TGV porque ele vai de Paris a Lyon em duas horas, e não porque se chama TGV. Para cobrir essa distância, ou simplesmente para satisfazer uma necessidade indispensável, as pessoas continuariam tomando aquele trem, independentemente de uma eventual mudança de nome ou do seu logotipo.

Agora, se a organização TGV possuir concessões e espaços privilegiados para exploração comercial e tecnológica, ou *softwares* exclusivos, então, abordaremos o contexto do nome além da marca e atingiremos a estrutura de ativos intangíveis responsáveis pela valorização ou não do negócio. Sob essa ótica, em muitos casos, o valor da marca reside na tecnologia ou no conhecimento organizacional, e não na marca em si. Por mais que seja viável atribuir valor econômico às marcas, é preciso considerar a existência de outros ativos na empresa, ou pelo menos investigar a respeito dos aspectos de valorização e reconhecimento da marca pelos seus consumidores atuais e potenciais.

Todas essas reflexões podem ser ampliadas até o contexto de avaliação da força da imagem da marca TGV ou, se preferirmos, dos seus aspectos qualitativos. Se a marca estiver fortemente atrelada a um conjunto de pilares que signifiquem muito mais do que a identificação de um serviço diferenciado e indispensável, então teremos outras formas de apreciar o nome; consequentemente, isso afetará o conjunto de recursos a serem aplicados na etapa de avaliação financeira, em que a marca será o ativo intangível protagonista.

O avaliador não pode simplesmente iniciar uma avaliação de marca baseando-se unicamente nas suas demonstrações financeiras, pois esse tipo de ativo depende bastante de uma infinidade de insumos que precisam ser ponderados. Caso as empresas almejem realizar pesados investimentos na marca, seria também oportuno identificar outros intangíveis relacionados para entender até que ponto eles podem ser dissociados. Nesse contexto, o valor das marcas, por exemplo, dependeria do somatório de fatores e ativos tangíveis e intangíveis, incluindo: fórmulas, canais e meios de distribuição, força de vendas, motivação, inteligência, agilidade e comportamento ético da equipe, criatividade da comunicação, licenças ambientais, regularidade fiscal, melhores práticas ecológicas e de higiene, transparência, máquinas, espaços físicos para armazenagem, contratos exclusivos de distribuição, *softwares* exclusivos, sistemas etc.

Vimos que as normas contábeis internacionais representam um avanço significativo para o reconhecimento e a valorização dos ativos intangíveis, ainda mais porque estimulam a extrapolação de certas diretrizes convencionais para a avaliação de negócios, como a tradição de olhar apenas para o passado das empresas. Entretanto, o fato é que o conjunto de normas conhecidas se restringe a ativos intangíveis que possam ser valorados como uma propriedade certificada das organizações, e, fundamentalmente, desde a sua estrutura de custos (passado), isso se não estiverem envolvidos em algum processo de fusão, aquisição ou transferência. Contudo, demonstramos que os intangíveis devem ser identificados e avaliados como fontes de vantagem competitiva, e isso normalmente os torna muito mais valiosos economicamente do que os seus valores contábeis.

A esta altura, o leitor já sabe que os ativos intangíveis não são apenas reconhecidos e controlados com base em seus indicadores de desempenho, uma das funções dos *scorecards*, como proposto por Kaplan e Norton. Um novo processo industrial, um novo desenho organizacional ou uma nova tecnologia podem levar meses para serem desenvolvidos, e anos para se transformarem em produto efetivo, porém, em algum ponto, precisam se materializar em receitas para a empresa. Por mais que não possam ser quantificados (ou monetizados), índices de satisfação dos clientes, de disposição dos empregados e outros análogos também precisam ser traduzidos em receitas mais elevadas, custos fixos menores ou lucros maiores (Kaplan; Norton, 1992). Do contrário, fatalmente a empresa acabará desprovida de recursos quantitativos para sustentar seus diferenciais qualitativos. Nessa tempestade de contradições e de paradoxos, a avaliação econômica de ativos intangíveis é o que possibilita o mínimo de entendimento organizado a respeito das capacidades atuais e potenciais dos negócios.

Uma avaliação ilustrada

TALVEZ A AVALIAÇÃO financeira de ativos intangíveis seja a que revela o maior volume de pesquisas e consequentemente de opiniões e modelos práticos. Se o leitor apostou no estudo de alguns autores recomendados neste livro, certamente chegou à conclusão de que o assunto ainda está muito longe de ser esgotado. Por mais que demonstremos as diversas possibilidades de aplicação de metodologias para a avaliação financeira, certamente ainda teremos muitas informações para estudar e muitas coisas a esclarecer. Até mesmo os agentes envolvidos nos esforços e tentativas de normatização são capazes de cometer equívocos, por exemplo, ao estabelecerem regras cuja aplicação é instável ou mesmo desaconselhável.

No § 5.2 (*Income approach*) da norma ISO 10668:2010(E), encontramos algumas sugestões para determinar o valor presente dos benefícios econômicos futuros gerados por uma marca. No § 5.2.2.2, vemos que a norma sugere a adoção do método *price premium* para a avaliação financeira de marcas, sendo explicado que o preço cobrado por um produto com marca em dada categoria pode ser comparado ao preço de um produto genérico (sem marca); cabe ao avaliador precisar e projetar essa possível diferença, isolando-a de certos fatores imprevisíveis, como os centros de custos de cada indústria. O problema com esse método é que ele envolve uma plataforma de dados cuja defesa é muito difícil, e com baixa resistência no enfrentamento com analistas de ótimo nível técnico. Portanto, não aplicamos esse método conforme as razões comentadas no Quadro 4.1.

A seguir, apresentaremos de modo resumido alguns procedimentos, critérios e algumas premissas utilizados na etapa de avaliação financeira de uma marca, e o esclarecimento dos principais resultados obtidos. Em nossas avaliações, todos os valores estão expressos em reais, a menos que haja indicação de outra moeda. Nessa ilustração, é preciso ressaltar que os números alcançados foram estimados de acordo com as perspectivas para a marca existentes no período de avaliação, e que o valor da marca apurado no exemplo não incorporou usos e receitas potenciais extraordinárias que fossem geradas na eventualidade de um novo controlador, bem como não refletiu o valor do ativo sob tais condições.

O cálculo não objetivou a avaliação global da empresa detentora da marca. Nesse caso, também não foram calculados de modo completo os aspectos determinantes, bem como outros fatores, como a capacidade de extensão e participação em novos mercados. Foram adotados procedimentos metodológicos adequados aos recursos e cenários encontrados, devendo-se levar em conta que a avaliação da marca foi baseada no critério de valor econômico. Conforme argumentamos neste livro, existem vários métodos consagrados pelo mercado e pela literatura técnica para empreender a avaliação de ativos intangíveis.

Para ampliar os entendimentos relativos aos modelos metodológicos de avaliação, revisamos alguns conceitos bastante conhecidos. Conforme as melhores práticas internacionais e locais amplamente comentadas na literatura especializada e acadêmica, os métodos de avaliação de intangíveis já apresentados podem também ser organizados em três grupos principais, que geram algumas variantes, mas sempre recorrentes a eles:

- *Income approach.*
- *Market approach.*
- *Cost approach.*

Income approach

CONSIDERA QUE A EMPRESA foi construída para continuar em operação para sempre, conceito econômico conhecido como *going on concern*. Supõe que ela vai gerar fluxos de caixa futuros que assegurarão sua perpetuidade. Assim, o valor da empresa (e de todos os seus ativos) seria o valor presente desses fluxos de caixa futuros, descontados por uma taxa de risco específica da empresa, de onde sairão os desencaixes da operação, gerando o fluxo de caixa livre para os públicos interessados na operação (*stakeholders*).

Nesse contexto, os *stakeholders* são todos os elementos ativos presentes no lado passivo do balanço, que representam os financiadores dos investimentos (ativos). Os financiadores, normalmente, são os fornecedores, os bancos, o governo e os acionistas e/ou os quotistas. No âmbito objetivo de uma avaliação de marca, os recursos utilizados levam em consideração as capacidades de geração de receitas produtivas diretamente associadas a ela. A Figura 4.7, a seguir, demonstra a estrutura clássica de uma empresa, desde a sua estrutura de ativos e passivos.

FIGURA 4.7 Como olhar a empresa

É UM CONJUNTO DE ATIVOS E PASSIVOS PERTENCENTES A ACIONISTAS E CREDORES

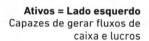
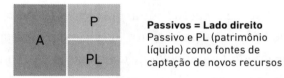

FONTE: <HTTP://WWW.GLOBALBRANDS.COM.BR>.

A qualidade das avaliações de ativos intangíveis melhora bastante quando elas são baseadas em séries históricas. Quanto mais o avaliador se basear em fatos conhecidos, menor dificuldade terá para exercitar sua criatividade e convencer os públicos envolvidos. A capacidade de vendas da marca é apurada com base na investigação de seu histórico, considerando-se o maior e mais organizado período passado em que os dados possam ser investigados e levantados desde a obtenção e o tratamento técnico de fontes formais, sejam elas contábeis ou outras fontes desse tipo.

É claro que esse indicador é baseado no passado, o que é muito melhor do que fazer uma análise sem nenhuma referência conhecida. Em um processo de avaliação de marca, o avaliador pode realizar diversas extrapolações, por exemplo, das receitas, e elaborar cenários conforme o seu julgamento das informações quantitativas e qualitativas apuradas, o que não é nada fácil, como veremos no Capítulo 5. Contudo, a extensão do panorama depende bastante dos propósitos da avaliação.

Market approach

Baseia-se no princípio da comparação, em que um possível interessado em um negócio não verá coerência em pagar por ele o valor que lhe custaria para adquirir outro empreendimento de natureza semelhante. Sob este método, há normalmente três enfoques de avaliação:

- Comparação com operações de fusão e aquisição recentes.
- Múltiplos para comparação.
- Capacidade de extensão.

A comparação entre as operações recentes possibilita o exercício de se colocarem em proporção os negócios já realizados e aquele que está sendo realizado. Os múltiplos de comparação são, normalmente, as convenções mercadológicas que assumem que determinado tipo de negócio tem valor de n vezes o faturamento, ou n vezes o caixa gerado, entre outros. Devido a sua simplicidade e sua objetividade baseadas em acontecimentos reais comparáveis, esse tipo de avaliação é o mais utilizado em pequenos negócios, geralmente no comércio.

A capacidade de extensão é um tipo de metodologia que permite a realização de um conjunto razoável de análises técnicas, de muito maior alcance que no método do *Income approach*. Ela considera a exploração de fatores instalados geradores de riquezas que a empresa ainda não utilizou, aplicando-os em um ambiente propício, de preferência em mercados em que um ou mais concorrentes já estejam operando com sucesso, e em que preexista interesse ou reconhecimento de um mercado consumidor aos benefícios proporcionados pelo ativo, sejam eles objetivos (preço, margens líquidas, outros) ou subjetivos (confiança, prestígio, outros).

Cost approach

É normalmente empregado para avaliar negócios que deixaram de gerar fluxo de caixa positivo para os *stakeholders*, e que possivelmente serão extintos (liquidados) ou transferidos. Quando um investidor pretende adquirir um empreendimento nessa situação, a ideia central é saber qual o valor a ser investido nos ativos produtivos para que o negócio ou um de seus ativos (tangíveis ou intangíveis) volte a funcionar satisfatoriamente.

Nesse sentido, o critério é empregado para avaliação quando o empreendimento não tem mais possibilidade de retornos compatíveis com o esperado para o investimento, ou o interessado está focado apenas nos ativos da companhia a valor líquido ou de mercado, o menor. Esses ativos deverão ter seus valores ajustados, considerando-se sua depreciação e sua obsolescência econômica, entre outros fatores determinados pela consultoria que fizer a avaliação.

Aderência das metodologias

ASSUMIMOS EM CONDIÇÕES normais que as empresas precisam gerar e sustentar riquezas para manter, em sua estrutura, financiadores (de curto e longo prazos) interessados em continuar devido à remuneração do capital empregado. Portanto, o *Income approach* é o método mais adequado para corresponder a essa expectativa. Contudo, isso não significa que o método não possa ser combinado aos demais, o que normalmente oferece as melhores condições de trabalho.

O investidor normalmente fará comparações com outras marcas de competidores no segmento, a fim de verificar preços e margens semenlhantes, procurando identificar um múltiplo e também um padrão de comparação relativo para situar a capacidade de vendas e de lucratividade do ativo. Quanto maiores forem as extrapolações, melhores serão os recursos disponíveis para análise e reflexão.

Estrutura utilizada

ESTUDANDO A MELHOR estratégia de avaliação das operações da marca ABC, e baseada nos levantamentos qualitativos e quantitativos apresentados (não exibidos), a consultoria optou pelo *Income approach*, fundamentado no fluxo de caixa descontado a valor presente, pois isso permite a avaliação do potencial futuro de geração de resultados. Também possibilita realizar as extrapolações necessárias aos objetivos apresentados pelos administradores da ABC. Nessa decisão, foram levados em consideração os seguintes fatores:

- Existem indústrias de produtos similares aos que são comercializados com a marca ABC no Brasil, o que permite a adoção de alguns princípios comparáveis àqueles de conhecimento amplo pelo mercado.
- As informações setoriais sobre empresas dessa atividade foram consideradas de boa assertividade, oferecendo tratativa metodológica coerente nesse quesito.
- Exceto pelo levantamento do valor de outros ativos, o *Income approach* também permite uma análise confiável do valor da empresa, pois considera todos os elementos associados aos fluxos de caixa gerados pelas operações futuras, descontados pela taxa de desconto (Wacc ou custo médio ponderado de capitais). No caso, os recursos foram fundamentados com base nas médias das demonstrações financeiras apresentadas pela controladora da ABC referentes aos exercícios de 2007 e 2008.
- Foi possível segmentar e avaliar separadamente apenas as receitas dos produtos correntes e potenciais exclusivamente vinculados e vinculáveis à marca ABC, com base no seu posicionamento no mercado brasileiro e segundo pesquisa de *brand equity* coordenada pela consultoria.
- Na abordagem do *Income approach*, utilizou-se a metodologia do fluxo de caixa futuro, descontado a valor presente, porque somente ele pode captar as expectativas quanto ao fluxo de rendimentos esperado para a marca. Nesse ponto, a consultoria atuou a partir do período apurado pela controladora, pois não foi possível calcular as receitas normalizadas (*normalized earnings*)[75] da marca. Isso em função da indisponibilidade dos dados históricos de vendas associadas exclusivamente à ABC, de pelo menos três anos anteriores à avaliação.

[75] Base: Lev (2001). Um procedimento técnico que exige o levantamento das receitas brutas e líquidas de um conjunto de exercícios (série histórica), com o propósito de determinar uma média ideal e regular de dados que sirva como plataforma ajustada para os trabalhos de cálculo.

- A ponderação de períodos históricos de pelo menos três anos anteriores à avaliação permitiria o desenvolvimento ideal de cenários porque: (i) no Brasil, os fatores socioeconômicos são tradicionalmente bastante voláteis, sendo que o controle da inflação é um evento histórico recente, (ii) a economia brasileira está começando um processo de desenvolvimento sustentável de longo prazo, com redução do risco-país, após obtenção do nível de *investment grade*, segundo as empresas internacionais de atribuição de *rating*, (iii) o país vem recebendo forte fluxo de investimentos estrangeiros (média de US$ 25 bilhões por ano nos últimos três anos), provocando aumento da demanda por serviços e produtos de todas as naturezas (excluindo-se os bens substituíveis), e (iv) essas características conferem ao ambiente econômico nacional um cenário de múltiplas possibilidades para as projeções de vendas, as quais, pelas razões apuradas e esclarecidas dos levantamentos qualitativos, precisam ser projetadas de modo conservador. Evidentemente, os fatores de riscos e as ameaças foram demonstrados no laudo de avaliação.

Portanto, e baseados na experiência da consultoria, considerando-se os recursos qualitativos e quantitativos apurados (não demonstrados neste livro), foi determinado que o método mais apropriado para avaliar a marca ABC é o *Income approach*, pois também é possível descrever as premissas de receitas associadas à marca em um período certo de tempo, a partir de parâmetros conhecidos e familiares aos representantes da controladora e aos interessados externos à organização.

Taxa de desconto

O FLUXO DE CAIXA futuro descontado é um conceito amplamente utilizado em estudos e exames de preços e valores de diversos tipos de empresas públicas ou privadas, por consultores financeiros, corretores de ações e outros profissionais envolvidos em análises e avaliações econômico-financeiras. A taxa de desconto é aplicada ao valor do fluxo de caixa futuro de um empreendimento, apropriadamente para se determinar o valor que ele teria numa base de fluxo de caixa.

Conceitualmente, podemos dizer que existem duas formas clássicas para definição da taxa de desconto: (i) a forma qualitativa, que consiste na sua formação por meio de variáveis subjetivas e ponderadas, considerando seu peso relativo mediante o julgamento empírico dos avaliadores, e (ii) a forma quantitativa, que consiste na composição da taxa de desconto por meio de modelos matemáticos ou pela adoção de uma taxa de referência validada pelos *stakeholders*.

A taxa de desconto utilizada é também conhecida como "taxa de retorno esperada pelos investidores" para direcionar recursos a um investimento. A taxa de desconto é percentual, aplicada para descontar, a valor presente, os fluxos de caixa gerados pela operação. Essa taxa é análoga ao custo de oportunidade da empresa que, em termos econômicos, pode ser definido como o custo de optar pela melhor alternativa de investimento em: (i) oportunidades de risco equivalente, mas com um retorno superior, ou (ii) oportunidades de menor risco e com retorno esperado.

A taxa de desconto normalmente utilizada pela consultoria na avaliação de marcas e demais ativos intangíveis é definida pelo modelo denominado *Weighted average cost of capital* e *Capital assets pricing model* (Wacc-Capm). Esses métodos são capazes de refletir a expectativa dos retornos requeridos pelos *stakeholders* em diversas condições e cenários de avaliação. Essa abordagem pode ser confirmada ao voltarmos às práticas da State Property Agency (SPA) da Hungria, conforme abordadas por Smith e Parr (2005, p. 392), agora quanto ao padrão de fluxo de caixa que deve ser utilizado na avaliação de ativos intangíveis das empresas envolvidas em processos de privatização: "A taxa de retorno a ser utilizada como fator de desconto pode ser estimada de várias formas. Um dos métodos é baseado no *Weighted average cost of capital* (Wacc)".

Custo de capital próprio (risco dos *stakeholders*)

O CUSTO DE CAPITAL próprio é normalmente estimado observando-se o retorno obtido por investidores no mercado. O modelo denominado *Capital asset pricing model* (CAPM) (Charpe, 1964, p. 425-442) foi desenvolvido para facilitar e quantificar esse tipo de observação, desdobrando o retorno esperado para determinada empresa em diversos elementos que podem ser analisados de maneira individualizada.

Essencialmente, o modelo assume que um investidor internacional exigiria, no mínimo, o retorno oferecido pelos títulos de longo prazo do governo americano, por exemplo. Independentemente do cenário econômico adverso mundial desde a crise de setembro de 2008, os títulos de longo prazo do governo americano ainda são considerados mundialmente como o investimento mais próximo de uma aplicação sem risco. Assim, a rentabilidade oferecida por esses títulos é frequentemente assumida como sendo a taxa livre de risco, orientando decisões relacionadas.

Determinado o retorno exigido por um investidor em um título sem risco, e considerando-se que o foco da avaliação são ativos de renda variável (ações), que trazem na sua essência um risco associado significativamente superior aos títulos do mercado americano, é necessário determinar o risco excedente ou adicional para aquele investimento específico. Esse excedente é definido pela diferença entre o retorno histórico de mercado de bolsa de valores (Rm) e o proporcionado pelo ativo livre de risco (Rf), associando-se ainda o resultado obtido ao risco específico identificado para a empresa avaliada (β).

O modelo *CAPM*

$$CAPM = Rf + (Rm - Rf) \times \beta$$

Rf = Retorno dos ativos sem risco

Rf = Retorno dos ativos sem risco

β = Beta

Rm = Retorno médio do mercado

Retorno sem risco – Rf

O Rf representa o ponto de referência do qual o risco total de mercado é derivado. Rf representa o retorno requerido pelo investidor para investimentos conceitualmente sem risco. Para cálculo de retorno sem risco, pode-se utilizar o retorno dos títulos do Governo Federal remunerados pela Selic, por exemplo.

Beta - β

O COEFICIENTE BETA (β) da equação do CAPM é a medida do risco da empresa ou do setor em análise. Esse risco é quantificado por métodos estatísticos que determinam a relação entre a covariância das variações dos retornos de mercado e das variações dos retornos do ativo divididos pela variância dos retornos do mercado. Por definição, o beta de mercado é igual a 1 (risco médio de mercado), sendo os betas de todos os ativos de mercado medidos em relação a esse valor.

Quando o beta é igual à unidade, as variações de retorno do ativo são idênticas às variações de retorno do índice de mercado. Quando o beta é maior do que a unidade, as variações de retorno do ativo são iguais às variações do índice de mercado mais a variação do que excede à unidade. Quando o beta é menor do que a unidade, as variações de retorno do ativo são menores do que a variação do índice de mercado. O fator beta também pode ser negativo, indicando que as variações de retorno do mercado e as variações de retorno do ativo ocorrem em sentidos opostos.

Ainda que nem todas as marcas avaliadas pertençam a empresas cujas ações sejam negociadas em bolsas de valores, o uso do beta oferece uma medida de mercado de relativa ponderação, muito mais do que o uso eventual de um indicador que não possua qualquer referencial comparável. Conforme o perfil da empresa, o beta pode ser determinado segundo uma referência de mercado (*benchmark*) de perfil similar ou, conforme o caso, desde uma cesta de betas, tanto no Brasil quanto em mercados de maior amadurecimento, de acordo com o tipo de produto ou de serviço envolvido. Normalmente, também levamos em conta o perfil e as experiências de mercado dos potenciais interessados na aquisição ou no investimento nos ativos intangíveis que avaliamos.

Prêmio para o risco de mercado

REPRESENTA O RETORNO acima da taxa livre de risco que o investidor exige por aplicar no mercado de capitais. Pode-se utilizar o retorno médio do Ibovespa, ou qualquer outro indicador mais adequado ao perfil de risco da empresa.

Custo do capital próprio (*CAPM*)

Rf	Retorno sem risco	x%
Prêmio	Retorno de mercado menos	x%
	Retorno sem risco	
β	Beta	x
Custo do capital próprio		x%

Para a avaliação da ABC, esses recursos técnicos foram isolados com base na utilização do indicador próprio de custo de capital informado pela controladora, de xx%, uma taxa diferenciada e que reflete adequadamente o perfil da empresa. Ela leva em conta o reconhecimento dos fatores determinantes de desempenho econômico ocorridos nos anos anteriores à avaliação.

Detalhamento das premissas técnicas

Receitas

Os dados disponíveis sobre vendas no mercado interno da ABC foram aqueles acumulados de agosto de 2000 até setembro de 2001. Dado o nível de faturamento da linha de produtos no período e a experiência de mercado dos controladores, este foi assumido como o faturamento-base do fluxo de caixa.

O crescimento das vendas tomou por base três critérios: (i) a capacidade real de exploração dos ativos produtivos segundo a experiência de mercado da controladora e as expectativas de seus acionistas, (ii) as ponderações da consultoria com base nos resultados obtidos na pesquisa de mercado e nos levantamentos qualitativos realizados por ocasião de emissão do laudo, os quais não demonstraram oportunidades imediatas de menor risco combinadas a volume ponderado de investimentos em marketing e na expansão da linha de produtos, e (iii) o comportamento histórico das vendas, ponderado com base no único período completo disponível para análise nas linhas existentes de produtos.

Assim, a taxa de crescimento das linhas atuais de produtos se manteve estável em $xx\%$ a.a. por todo o período do fluxo, sem a adição de novos produtos, alinhada ao planejamento da controladora, o que foi questionado por época do levantamento das informações pela consultoria (*checklist*).

Custos e despesas

Os dados a seguir foram calculados segundo informações dadas pela controladora e com base no fornecimento de suas demonstrações financeiras. As informações utilizadas foram ajustadas e arbitradas pela consultoria.

O valor-custo do produto fabricado obtido foi equivalente a $xx\%$ da receita líquida de vendas.

As despesas com vendas representam $xx\%$ da receita líquida de vendas.

As despesas administrativas representam $xx\%$ da receita líquida de vendas.

As despesas financeiras representam $xx\%$ da receita líquida de vendas.

Dadas as condições apresentadas e esclarecidas, as porcentagens anteriores se mantiveram constantes por todo o fluxo financeiro, o qual foi projetado em x anos, período adequado para a avaliação da marca em função da sua expectativa de atividades (Reilly; Schweihs, 1999).

Lucro

As receitas projetadas não ultrapassam o limite de receita bruta anual de R$ *xxx* milhões, limite necessário para utilização do critério de lucro presumido para a indústria e segundo o histórico apresentado pela controladora: *xx*%.

Investimentos

Para o período em análise, e com base nos volumes já comentados e em curso de investimentos que oferecem instalações atuais modernas, assumiu-se que não são necessários investimentos adicionais nos fatores de capital para expansão da atividade econômica.

Royalty

As partes interessadas (controladora e indústria) possuem um contrato no qual se estabelece uma taxa de *royalty* para o pagamento da licença de uso da marca ABC.

O "método do *royalty*" é utilizado em certos processos de avaliação de marcas. O princípio é que, caso a marca avaliada não fosse propriedade da empresa, esta teria de pagar *royalties* pelo seu uso. Caso a empresa seja a titular da marca, entende-se que o valor dela seria o valor do fluxo de *royalties* não pagos, portanto retidos e aplicados no desenvolvimento da própria marca. Alternativamente, os *royalties* podem ser encarados como receita adicional (marginal) que poderia ser obtida com o licenciamento da marca a outras empresas, algo bastante complexo de se determinar, pois, frequentemente, as taxas de *royalty* estão embasadas apenas em tradição comercial, e não em fatores econômicos objetivos, o que não é o caso da relação entre a controladora e a indústria.

A determinação da taxa ideal de *royalty* é uma decisão gerencial e depende de inúmeros fatores que variam conforme o perfil da organização e das suas relações com os *stakeholders*. As próprias empresas podem construir as suas equações ou se basear em taxas utilizadas por empresas similares, as quais possam ser comparadas e utilizadas como parâmetro. Vemos que a taxa pode ser composta por uma equação que contemple não apenas os dados relacionados às vendas, mas também as expectativas dos acionistas.

Resumidamente, entendemos que a taxa de *royalty* de uma marca é um percentual aplicável às vendas líquidas futuras, baseado sobre o comportamento histórico ou projetado das vendas atribuídas à marca, a qual, por sua vez, baseia-se em premissas de desenvolvimento ou de retração e expansão de mercado, entre outros fatores. Dado o histórico de custos e de investimentos entre as partes, a consultoria adotou o percentual de *xx*% arbitrado em contrato.

Resumo dos resultados

O MODELO FINANCEIRO de avaliação econômico-financeira da ABC foi realizado com a aplicação do método *Income approach*, com base no valor presente líquido do fluxo de caixa gerado pelas operações futuras, e baseia-se na melhor técnica conceitual disponível no momento histórico de emissão do laudo.

A taxa de desconto utilizada (já detalhada), de *xx*% a.a., reflete de maneira apropriada a combinação de riscos à qual a controladora está associada.

Foi estimada para o valor da marca a ponderação e evolução das principais contas da controladora associadas às vendas correntes, ajustadas pela consultoria e de acordo com as premissas já detalhadas. Portanto, o valor econômico da marca ABC é de R$ *x*.

Para realizar os trabalhos de investigação e a composição das projeções micro e macroeconômicas, a consultoria utilizou o *checklist* (não apresentado neste caso-exemplo) como guia para a solicitação das informações e os esclarecimentos apresentados.

O fluxo de caixa

O MÉTODO APLICADO na avaliação-exemplo da marca ABC teve como recurso o fluxo de caixa, sobre o qual vemos muitas impressões contraditórias a respeito do seu estabelecimento nas avaliações de empresas ou de seus ativos intangíveis. Alguns analistas se referem aos fluxos de caixa de modo muito singelo, como se eles fossem barrinhas de cereal. A realidade é que a descrição gráfica de um fluxo de caixa deve demonstrar exatamente um quadro simples sobre o entendimento dos resultados alcançados pelo analista. Contudo, isso não nos deve levar a pensar que se trata de um instrumento simplista, que não pode ou não necessita ser muito bem explicado e justificado.

O que percebemos é que muitas críticas são, em geral, oriundas de agentes que não têm muita afinidade com finanças ou pela avaliação de negócios baseada em estimativas. Há, evidentemente, o mérito da desconfiança nessa postura, pois quando se lida com o que não é tangível, ou com tudo aquilo que ainda não entrou no caixa das empresas, tudo é realmente de natureza subjetiva. A grande questão é: o que não é incerto, a não ser o término da vida em algum momento? Na existência de uma organização, seja ela uma gigante global, seja o mercadinho da esquina, as transformações podem ocorrer a qualquer momento. Mesmo a estabilidade das empresas públicas tem sido desafiada pelos processos crescentes das privatizações, em vários países.

Ainda que tenham de conviver com a realidade das incertezas, as empresas contratam empregados, contadores, fornecedores de matéria-prima, investem em plantas industriais gigantescas, milhões em marketing, entre outros dispêndios (muitos dos quais assumidos como gastos em seus balanços), todos em função de três apostas: a empresa venderá tudo o que é capaz de produzir; produzirá lucros; se eternizará. O porvir não é uma dúvida em nenhum negócio envolvido em atividade produtiva. As incertezas dizem respeito apenas àquilo que a empresa desconhece e não pode controlar. No timão do seu negócio, nenhum empresário deixará de fazer planejamento financeiro e investimentos táticos e estratégicos.

Assumimos que o fluxo de caixa (ou de lucros, conforme o nível de rigor), ao ser aplicado na avaliação econômica de um ativo intangível, só pode ser considerado inapropriado: a) se for baseado em dados contábeis desqualificados, b) se utilizar parâmetros irreais de projeção, e c) se o avaliador fizer as contas erradas. Na ausência desses fatores, o fluxo de caixa é um instrumento muito importante para suportar qualquer trabalho de avaliação e administração de um negócio.

Isso é reconhecido por diversos autores e por empresas especializadas em avaliações. Também podemos contar com o reconhecimento de organismos voltados às melhores práticas, como as contidas no *USPAP Guide*, da Uniform Standards of Professional Appraisal Practice (USPAP)[76]:

> A análise do fluxo de caixa descontado (DCF) é uma ferramenta analítica e um método de avaliação dentro da abordagem da capitalização do valor da renda. DCF não é um método novo, mas não desfrutou de uso amplo até que a tecnologia dos computadores permitisse aos avaliadores automatizarem o processo. Como a análise de DCF é orientada para os lucros e depende da análise de acontecimentos futuros incertos, é vulnerável a usos inadequados [...]. A metodologia do DCF é baseada no princípio da antecipação, ou seja, o valor é criado pela antecipação de um benefício futuro. A análise do DCF reflete critérios de investimento e exige que o avaliador faça suposições empíricas e subjetivas. A análise do DCF pode ser usada para o valor de investimentos, as avaliações do valor de mercado, bem como para outros fins, tais como testes de sensibilidade.

Essas práticas dizem respeito ao método de valor de mercado, porém não se limitam a ele. Podem ser estendidas a qualquer tipo de trabalho, no qual seja necessário determinar uma realidade presumível do valor de uma empresa. Entretanto, o DCF apenas não basta, pois os riscos existem e é necessário se prevenir contra a interpretação e aplicação de critérios inadequados. Nessa direção, a USPAP publicou um conjunto de recomendações que devem ser conhecidas pelos interessados.

Vale relembrar que as orientações da USPAP não têm força de lei e, além disso, que a entidade não restringe a adoção de qualquer outra prática que seja considerada pelo avaliador como uma solução mais adequada ao trabalho que precisa desenvolver. Outra iniciativa é da The International Valuation Standards Council (IVSC)[77], uma organização norte-americana independente que estabeleceu uma série de normas de avaliação que servem como referências para os profissionais.

---

[76] Fonte: Statement on Appraisal Standards n. 2 (SMT-2), p. U-79.
[77] Mais detalhes sobre a IVSC em: <http://www.ivsc.org>.

As diversas organizações envolvidas na criação de normas de avaliação prestam um serviço importante, pois, ao final de seus estudos, normalmente estabelecem procedimentos que muitas vezes já se revelaram úteis na prática, com base em um conjunto adequado e funcional de procedimentos que levaram aos melhores resultados. Ao compararmos as principais recomendações das diversas organizações, encontramos uma semelhança de critérios, cuja média corresponde aos principais entendimentos que demonstramos no presente livro.

Contudo, é recomendável o cuidado para não acatar incondicionalmente as recomendações de todos os órgãos, pois, às vezes, observamos que o conjunto de certas orientações bem articuladas revela a vontade de normatizar, até mesmo em prol da arregimentação de prestígio de mercado de agentes diretamente atuantes na venda de serviços de avaliação de negócios. O conselho é que os avaliadores experientes não vejam as orientações como desculpa ou motivo para impedir que eles sejam criativos e extrapolem as suas suposições e métodos. Prova é que, em todas as organizações envolvidas em normatizações que consultamos, vimos a recomendação para que os avaliadores utilizem mais de uma metodologia de avaliação. O entendimento geral é que o uso de um único método não possibilita a compreensão ideal de todas as variáveis complexas envolvidas na análise e no tratamento técnico das avaliações de ativos intangíveis, como procuramos demonstrar no caso ANAC e Banespa mais adiante. Sem a total liberdade para avaliar e ponderar, o profissional não conseguirá escolher a metodologia mais adequada ao trabalho, e sequer ampliará a sua visão criativa até que consiga emitir opinião de forma segura.

É possível que em algum momento o mercado venha a preferir determinada abordagem para o levantamento e a demonstração do valor econômico das empresas. Contudo, neste momento histórico, o fluxo de caixa é a alternativa ideal, não especialmente pela inefabilidade dos seus critérios, mas, principalmente, pelos benefícios de sua simplicidade, facilidade de demonstração e grande aceitação pelo mercado. Ele ainda permite que os critérios utilizados sejam bem ponderados e demonstrados aos interessados desde o uso de diversas metodologias, isoladamente ou de forma híbrida. Portanto, o fluxo de caixa tem sido assumido pelo mercado como o melhor instrumento disponível para relevar os resultados das avaliações de ativos intangíveis e de empresas.

Concordamos que nem sempre é possível ou recomendável utilizar fluxos de caixa, pois, em certos processos de avaliação, eles podem ser insuficientes ou supervalorizados, sendo incapazes de instruir análises de empresas nas quais as projeções de vendas e lucros não sejam os melhores critérios de avaliação, como alguns bens públicos e aqueles que contenham um benefício inédito, como uma nova tecnologia, a qual pode ser facilmente identificada em novos negócios, cuja propriedade intelectual é o único ativo quando os produtos ou serviços ainda não chegaram ao mercado, o que torna impraticável realizar projeções. Caso os sócios resolvam encerrar a sociedade ou negociar suas participações, outros critérios devem ser considerados pelo avaliador. Para uma análise extensa desse tipo de situação e de suas consequências, recomendamos o estudo do caso "Vernon *versus* Cuomo", julgado pela corte de negócios da Carolina do Norte, nos Estados Unidos.[78]

Avaliação de tecnologias

A AVALIAÇÃO DE ATIVOS intangíveis relacionados com tecnologias, como projetos de máquinas, equipamentos, medicamentos, acessórios, cultivares, *softwares*, fórmulas, entre outros itens, é determinada com base nas características do ativo. Tal como acontece na avaliação de marcas, em quase vinte anos de experiência não tivemos um processo igual ao outro nas tecnologias.

O principal desafio inicial é compreender a cadeia de desenvolvimento e de aplicação do capital e do conjunto de recursos utilizados na pesquisa da tecnologia, pois, como já dissemos, curiosamente muitas empresas não possuem um conjunto organizado e detalhado de informações com as quais a consultoria possa formar um quadro exato dos fatores de custos dos processos de desenvolvimento, dentre outros dados relevantes.

[78] Caso nº 2010 NCBC 5. Disponível em: <http://www.ncbusinesscourt.net/>.

Visando facilitar o levantamento e o tratamento dessas questões, nas avaliações de tecnologias adotamos, há algum tempo, o modelo de árvores de decisão que podem ser definidas como:

> Esquemas de eventos futuros em que cada nó representa um ponto de decisão com a qual uma probabilidade pode ser associada. Pode ser um exercício útil, mesmo que não produza diretamente uma avaliação, porque obriga a examinar logicamente as possibilidades e probabilidades. As árvores de decisão tendem a chamar a atenção para os pontos em que um esforço de comercialização pode ser abandonado no caso de eventos desvantajosos, e também para o potencial de crescimento do valor, se tudo correr muito bem. (Smith; Parr, 2005, p. 251)[79]

A técnica foi desenvolvida pelo matemático John Von Neumann e pelo economista Oskar Morgenstern nos primeiros ensaios da teoria dos jogos, durante a Segunda Guerra Mundial. Julgamos a procedência desse recurso para a avaliação econômica de tecnologias cujas características requerem, em quase todas as etapas de desenvolvimento, um processo de decisão que pode afetar não apenas o valor das tecnologias, mas igualmente a sua continuidade técnica, viabilidade legal, entre outros fatores. Sem um bom mecanismo de rastreamento e estudo, será inviável projetar o valor da tecnologia com base na sua introdução ou em seu comportamento de mercado.

Os trabalhos de aplicação do *checklist* permitem, se for o caso, que o avaliador desenvolva o modelo adaptado de árvore de decisão, que se baseia na essência de que uma decisão financeira está na técnica de decomposição e em que situações pouco visíveis podem ser quebradas em segmentos que farão parte do processo decisório.

Uma vez que o problema foi decomposto e avaliado, ele será recomposto dentro de uma solução coerente (a mais adequada possível) aplicável ao problema em análise. A árvore de decisão, cuja denominação deriva do formato (desenho) que a rede decisória assume, torna-se, portanto, uma ferramenta essencial, pois a técnica auxilia a decisão racional de escolha entre várias alternativas possíveis, e de domínio dos especialistas envolvidos em

---

[79] Tradução do autor. Ver também: Ross, Westerfield e Jaffe (2007).

todo o processo, que, no caso demonstrado a seguir, vai da concepção à comercialização ou não dos produtos de pesquisa.

São necessários os seguintes componentes básicos para a construção de uma árvore de decisão: os nós de decisões; probabilidades de ocorrência; resultado final.

A construção da árvore de decisão demanda uma abstração envolvendo os caminhos que serão seguidos nela. Para cada caminho, serão atribuídas probabilidades de ocorrência à respectiva ramificação. O valor que existe em tal ramo será multiplicado pela probabilidade (p) de "caminhar-se" por esse ramo e produzirá um valor adaptado àquela situação. No ramo adjacente, a probabilidade de ocorrência será (1-p).

As fontes sugerem avaliar uma situação hipotética, na qual existe uma disputa judicial envolvendo determinado valor. É feita a proposta de R$ 1.000 para encerrar o caso. A parte que recebe a oferta recusa-a, imaginando que pode conseguir um valor maior ao final de um processo judicial. Suponhamos que, no julgamento do processo, exista uma possibilidade de 75% de ganhar a ação e de 25% de perdê-la. Caso a parte perca a ação, pagará custos de processo de R$ 250. A árvore de decisão desta situação será a da Figura 4.8:

FIGURA 4.8 Exemplo de árvore de decisão

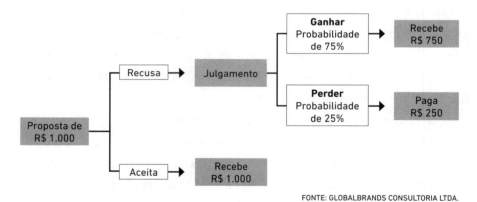

FONTE: GLOBALBRANDS CONSULTORIA LTDA.

Com base neste modelo, descrevemos a seguir sua aplicação preliminar para a avaliação econômica hipotética dos ativos intangíveis (tecnologias) de uma empresa, destacando que, como não é detalhado o mecanismo de funcionamento da plataforma do banco de dados das tecnologias, não será possível descrever como o modelo será integrado e aplicado.

Por convenção, vamos dizer que existem três grupos de variáveis que são condicionantes na determinação do valor econômico de uma tecnologia desenvolvida pelo cliente, sendo eles:

1   Os fatores de viabilidade (FV), representados pelas viabilidades técnica, econômica, mercadológica e legal.

2   Os aspectos determinantes (AD) representados por: (i) tecnologia de alcance doméstico, (ii) tecnologia de alcance internacional, (iii) número de países abrangidos, (iv) anos de vigência da tecnologia, (v) tempo remanescente de proteção legal da tecnologia, e (vi) existência de sinergia com outras tecnologias. Digamos que os seguintes aspectos determinantes sejam associados à tecnologia: a) viabilidade técnica, b) viabilidade econômica, c) viabilidade mercadológica, d) viabilidade técnico-legal, e e) outros. Podem ser determinados outros aspectos, como o país de comercialização ou de aplicação da tecnologia, o que trará para o avaliador a obrigação de considerar os recursos associados a moedas estrangeiras.

A solução ideal quanto ao número de fatores e à forma de calculá-los vai depender da análise da base de dados dos clientes, especialmente quanto ao perfil médio de suas tecnologias, com fundamento em uma segmentação que simplifique a rotina dos trabalhos de avaliação e limite as possibilidades de desvios dos cálculos. Esses cuidados são particularmente relevantes nos casos em que a consultoria tenha de criar um sistema para avaliação e gestão pelos clientes.

3   O estágio do ciclo de vida (CV), no exemplo representado pelos fatores: (i) pesquisa, (ii) desenvolvimento, (iii) lançamento no mercado, e (iv) comercialmente ativa.

No caso-exemplo, e para que a pesquisa possa ser comercialmente licenciada com a aplicação de uma taxa correspondente de licenciamento, que leve em conta as variáveis anteriormente comentadas, ela deve pautar-se por uma sequência de estágios de desenvolvimento e análise de viabilidade, conforme demonstrado na Figura 4.9, a seguir.

FIGURA 4.9 Árvore de decisão

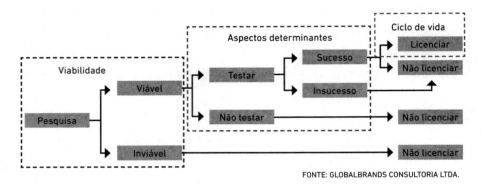

FONTE: GLOBALBRANDS CONSULTORIA LTDA.

Percebemos que o processo segue três etapas: análise de viabilidade; testes da tecnologia desenvolvida (em que se localizam os aspectos determinantes); ciclo de vida (fase comercial).

A tecnologia só poderá ser licenciada com propósitos econômicos "se" (e somente "se") tiver percorrido as três fases.

Logo: FR = F (FV, AD, CV) ou FR = FV $\wedge$ AD $\wedge$ CV, em que FR é fator de *royalty*, AD são os aspectos determinantes e CV é o estágio do ciclo de vida.

O grupo de fatores FV (Fatores de viabilidade) só admite dois valores: ou "0" ou "1", pois uma tecnologia ou é viável ou não (inviável).

Para que o desenvolvimento de uma tecnologia possa prosseguir, todos os fatores devem ser "1" ou "sim, é viável".

Qualquer dos fatores que apresentar inviabilidade bloqueia o desenvolvimento e, consequentemente, impede que a sua remuneração econômica ideal seja projetada.

É no grupo de aspectos (fatores) determinantes que se verificam todas as etapas de desenvolvimento da nova tecnologia com os seus fatores correspondentes e imprescindíveis. Com base no *checklist*, a consultoria pode recomendar o número ideal de fatores, ou adotar o número acordado conforme decisão gerencial. Vamos supor a adoção de seis fatores.

Os fatores podem assumir valores que vão de zero até dez (0 a 10), conforme o estágio em que cada um deles se apresenta.

O valor que esse grupo representa no modelo é a somatória de seus fatores, por exemplo, ponderados por 1/6, onde 6 é o número de fatores.

No grupo ciclo de vida (CV), a análise é a mesma, porém respeitando a ponderação de 1/4 para cada fator.

Se todos os fatores tiverem recebido seus valores máximos, o modelo responderá com uma taxa de licenciamento de 100%. Valores acima de 100%, definidos por situações favoráveis ou excepcionais de mercado, só poderão ser atribuídas pelo negociador por uma decisão gerencial.

Convencionamos, no modelo, que a árvore de decisão apresentará somente duas opções em sua saída (*outputs*): a) Valor econômico: levará a uma comercialização com a respectiva taxa de licenciamento a ser cobrada, e b) Valor mercadológico: a tecnologia será avaliada segundo o seu retorno mercadológico, por exemplo, associado a um benefício de reforço de imagem da marca, a entrada em novo segmento de mercado, entre outros fatores.

A possibilidade de geração de mais de uma saída (valores) demonstra a flexibilidade do modelo em relação às características do cliente ou de suas necessidades. Pode ser também que, durante a elaboração do *checklist,* a consultoria identifique que nem todas as tecnologias possuem apenas uma função financeira. Nesses casos, podem ser realizadas as avaliações de outros intangíveis que, conforme a situação, poderão ser maiores que o valor da tecnologia. Para todos os efeitos, essa avaliação extraordinária também poderá levar em conta os indicadores em moeda estrangeira, nos casos em que os intangíveis tenham funções ou potenciais relevantes no exterior. Devido também à interferência do julgamento do avaliador, esse cálculo só poderá ser desenvolvido durante os trabalhos de avaliação.

A conclusão é que não existe um "método superior" para avaliar ativos intangíveis. O método ideal será determinado conforme:

1 A conjuntura econômica da empresa e do ativo.

2 A finalidade da avaliação.

3 As especificidades da empresa e de seu mercado.

4 A abrangência do projeto estratégico no qual o ativo intangível está inserido.

As pessoas interessadas em contratar avaliações devem ficar atentas ao conjunto de recursos qualitativos e quantitativos envolvidos em cada projeto. No capítulo final deste livro, incluímos um conjunto demonstrativo de tabelas e notas explicativas relacionadas com a avaliação de uma marca. Trata-se do exemplo mais complexo de levantamentos qualitativos e quantitativos que utilizamos em projetos de avaliação para efeitos patrimoniais e de administração da marca. Excepcionalmente esses levantamentos envolvem a totalidade de informações conhecidas e organizadas pelos clientes, podendo exigir recursos externos e um período extenso de trabalho. As planilhas são montadas conforme os insumos obtidos no *checklist,* ou conforme diretrizes dos clientes e dos seus objetivos, além dos recursos identificados segundo as análises da consultoria.

A consultoria

O PREÇO DOS SERVIÇOS de consultoria é definido conforme a liberdade de cada prestador de fixar seus critérios, normalmente compreendendo a fatia de custos fixos do negócio, os impostos e a margem de lucro. As despesas extraordinárias com viagens, hospedagem e contratação de terceiros são, geralmente, cobradas à parte, mas podem ser incluídas no preço de cada proposta. Dado o risco de bitributação, as consultorias usualmente preferem que as despesas com terceiros sejam pagas diretamente pelo cliente às empresas subcontratadas.

Como os nossos custos fixos são bem controlados e como a equipe de consultores é formada segundo a complexidade de cada projeto, a formação dos nossos preços segue um princípio baseado em quatro núcleos: a) ativo avaliado, b) finalidade e porte da empresa, c) tempo para execução dos trabalhos, e d) remuneração dos ativos intangíveis da consultoria.

a) Ativo avaliado

A avaliação de intangível mais simples é a avaliação de uma marca para efeitos legais, por exemplo, em divórcios, inclusão, exclusão ou retirada de sócios, entre outros. Como normalmente o valor econômico da marca não está descrito nas demonstrações contábeis da empresa, é muito comum que os interessados queiram conhecer o valor para que a partilha ou indenização seja paga segundo critérios avançados de avaliação de negócios, até mesmo para evitar possíveis e onerosas disputas judiciais.

Sem a execução de pesquisas de mercado e com o apoio técnico consensual das partes envolvidas, a avaliação de uma marca nessas circunstâncias costuma consumir cerca de 30 dias de trabalho até a entrega do laudo.

Em outro exemplo de utilização e finalidade menos complexa, a nova "lei de recuperação de empresas" (Lei nº 11.101, de 9 de fevereiro de 2005) veio regular a recuperação extrajudicial, judicial e a falência de empresas. Isso não pode ser executado a contento sem que os credores conheçam exatamente a dimensão de valor econômico dos bens da empresa interessada, e também os eventuais impactos da falta de publicação sobre os riscos e as ameaças do valor dos bens não contidos nas demonstrações contábeis.

As avaliações complexas, que envolvem partes em litígio, um conjunto desconhecido de ativos intangíveis além da marca, diversas operações no país, subsidiárias no Brasil e no exterior, segmentação e valoração de intangíveis segundo as diretrizes IFRS e as empresas públicas e de capital aberto, dentre outras necessidades, costumam consumir centenas de horas de consultoria e a formação de equipes multidisciplinares, tudo isso com consequências diretas no preço dos serviços.

b) Finalidade e porte da empresa

A finalidade exerce grande influência na contratação e determinação do preço da consultoria. Os serviços mais complexos normalmente envolvem as empresas públicas e os projetos relacionados com fusões e aquisições, pois, nesses casos, é preciso reunir um grande volume de informações, formar equipes maiores e trabalhar sob grande pressão.

Quanto maior o porte do cliente, maiores são os desafios e, consequentemente, os custos dos serviços. Isso não quer dizer que empresas pequenas e de médio porte também não imponham trabalhos complexos, mas geralmente as grandes empresas oferecem maiores dificuldades de trabalho, não tanto pela organização das informações, que é melhor do que nas pequenas e médias empresas, mas frequentemente pela dificuldade de tomar decisões sem travar o processo de avaliação.

Caso a contratante esteja localizada em cidade ou estado fora da sede da consultoria, isso poderá envolver custos extraordinários com viagens, seguros ou em função de maior número de consultores. No nosso modelo, sempre incentivamos o trabalho remoto, orientando os clientes a utilizarem o correio eletrônico para envio de arquivos ou mesmo a acompanharem o projeto em espaço exclusivo no nosso *site*.

c) Tempo para execução dos trabalhos

Consultores experientes já aprenderam que muitos clientes que demoram a se decidir pela contratação de um projeto, quando o fazem, geralmente têm urgência desproporcional em relação ao tempo que levaram para a tomada da decisão. Contudo, também já aprenderam a lidar com isso ao cobrarem preço proporcional à urgência, já que ela envolve a suspensão de outras atividades em andamento ou mesmo a formação de equipes extras.

As avaliações menos complexas costumam consumir cerca de 30 dias úteis de trabalho, considerando-se uma equipe de duas a três pessoas. Projetos muito elaborados consomem algo entre três e seis meses. O prazo também é afetado pela disponibilidade de informações atualizadas, cooperação irrestrita do cliente, necessidades de serviços extras relacionados, entre outros fatores não controlados pela consultoria.

As avaliações exigem grande integração entre a consultoria, o cliente e as partes relacionadas, como em processos judiciais, negociações de compra e venda de empresas, disputas entre os sócios, reorganização das operações, solução de crises, entre outras condições complexas de trabalho, dentro e fora do ambiente econômico das empresas.

Muitas vezes a consultoria precisa atuar como assessora dos clientes ou mesmo como mediadora de conflitos nos quais os intangíveis estejam no centro das discussões. Não é ideal que a consultoria envolvida em avaliações interfira em questões de cunho administrativo, mas, conforme as circunstâncias, muitas vezes essa é a única maneira de assegurar que ela consiga obter os recursos ideais de trabalho.

Se a equipe de consultores tiver de interferir muito na rotina administrativa dos clientes para obter as informações de que necessita, isso certamente trará algum impacto no tempo de execução dos trabalhos e nos custos. O número de consultores é determinado conforme o cenário formado em função das visitas de prospecção e de negociação. As consultorias que possuem estrutura fixa elevada com certeza estão em desvantagem quando se trata de adaptar o número de consultores a cada projeto, pois, evidentemente, a estrutura fixa deve ser utilizada, o que nem sempre favorece a seletividade de projetos.

d) Remuneração dos ativos intangíveis da consultoria

O critério de remuneração do valor dos ativos intangíveis da consultoria é um aspecto subjetivo e arbitrário. O bom senso recomendaria que os interessados na contratação de uma consultoria se preocupassem tanto com o preço cobrado quanto com a qualidade e confiabilidade de um serviço de alta complexidade.

A nossa marca impressa nos laudos atesta a procedência de um documento produzido por equipe experiente, legalmente habilitada e que investiu bastante tempo e dinheiro para conseguir manifestar opiniões embasadas em critérios demonstrados e explicados detalhadamente. Alguns interessados não são tão atentos a essas questões e, muitas vezes, terminam comprando os serviços de avaliação segundo critérios subjetivos menos exigentes. Em 1995, quando fundamos a nossa consultoria, nós até compreendíamos as razões de os clientes potenciais não terem uma boa ideia a respeito da importância da avaliação dos ativos intangíveis, pois o mundo era outro e não se cogitava isso. Não havia nem como ponderar sobre o perfil ideal de uma consultoria para realizar esse trabalho.

Essas são indicações gerais. Infelizmente, muitos dos fatores de impacto de custos não podem ser antecipados pela consultoria, a qual depende bastante da experiência da equipe para elaborar propostas justas para minimizar os riscos e então obter as condições ideais de trabalho. É também importante lembrar que os aspectos de custos não dizem respeito apenas aos interesses de lucro da consultoria. Os projetos bem elaborados, desenvolvidos em linha com as necessidades táticas e estratégicas dos clientes, certamente conterão benefícios que serão reconhecidos por todos os envolvidos. Se remunerados adequadamente, raramente tais projetos deixarão os envolvidos distantes do clima de cooperação e de transparência necessário, tornando-se instrumentos capazes de orientar adequadamente o mercado, especialmente em casos de grande complexidade.

Caso Banespa

ENCONTRAMOS EM ESTUDOS estrangeiros dezenas de exemplos de empresas envolvidas em transações protagonizadas por ativos intangíveis. Dentre os casos tupiniquins mais conhecidos, consideramos o caso Banespa como um marco das avaliações de ativos intangíveis, pelas seguintes razões:

1   O valor do negócio. Ele envolveu o pagamento de um prêmio bastante elevado, de cerca de R$ 5 bilhões, considerando-se como base o preço mínimo estabelecido em leilão pelos avaliadores.
2   Avaliação do patrimônio do banco. O prêmio pago provoca a reflexão de que as avaliações realizadas pelos vendedores e aquela feita pelo comprador foram, no mínimo, incompatíveis, pelo menos com base na análise dos recursos de conhecimento público.
3   Os desdobramentos. A aquisição do Banespa pelo Santander veio a causar, anos mais tarde, uma alteração significativa no quadro de liderança do mercado financeiro, provocando operações em cascata de grande valor.

A privatização do Banespa foi organizada pela Fundação Instituto de Pesquisas Contábeis, Atuariais e Financeiras (Fipecafi), órgão de apoio ao Departamento de Contabilidade e Atuária da Faculdade de Economia, Administração e Contabilidade da Universidade de São Paulo (FEA-USP). Ela foi contratada pelo Banco Central em 1998 por R$ 2,9 milhões, mas subcontratou a empresa BDO Directa Consultores S/C Ltda. para executar os trabalhos. A avaliação do patrimônio do banco ficou a cargo de dois consórcios independentes, um contratado pela União (liderado pelo Banco Fator), o outro pelo Estado de São Paulo (comandado pelas consultorias Booz Allen Hamilton do Brasil Consultores Ltda. e Deloitte Touche Thomatsu Consultores S/C Ltda.).

Além das informações publicadas na imprensa, utilizamos dois importantes recursos de pesquisa para os nossos estudos. O primeiro foi realizado por alunos da Duke University – The Fuqua School of Business[80], enquanto o segundo foi produzido pela própria equipe de executivos do Santander para uma apresentação aos seus acionistas. Obtivemos os dois documentos na internet em ocasiões diferentes.

Os autores do primeiro estudo nos lembram que, uma semana antes do leilão, o BankBoston, o Citibank, o HSBC, o BBVA da Espanha e o Banco Safra anunciaram sua decisão de não participar. Exceto, talvez, pela ausência do HSBC, a história mostrou que os demais tinham inteira razão em ficar de fora do leilão. Todavia, diversos eventos subsequentes nos mostraram que o Bradesco e o Itaú podem ter se frustrado bastante, sobretudo o segundo, que, qualificado para entrar na disputa, não apareceu. Anos mais tarde, o Itaú viria a fazer um dos mais ousados lances da história do mercado financeiro brasileiro, quando, em 3 de novembro de 2008, os acionistas controladores da Itaúsa e da Unibanco Holdings celebraram um contrato para combinar as operações dos grupos financeiros Itaú e Unibanco.

Para concretizar a associação, os grupos financeiros Itaú e Unibanco realizaram uma reestruturação societária, segundo a qual a Unibanco Holdings e sua subsidiária Unibanco tornaram-se subsidiárias integrais do Itaú Unibanco por meio de uma série de transações: (i) a transferência de todas as ações da E. Johnston (holding da família Moreira Salles) para o Itaú Unibanco, (ii) a transferência para o Itaú Unibanco de todas as ações da Unibanco Holdings que não eram detidas indiretamente pelo Itaú Unibanco, (iii) a transferência para o Itaú Unibanco de todas as ações do Unibanco que não eram detidas indiretamente pelo Itaú Unibanco, e (iv) a transferência de todas as ações do Itaú Unibanco para a Itaú

---

[80] NUNES, T. *et al.* "The privatization of Banco do Estado de São Paulo (Banespa)". Durham: Duke University, 2004.

242 Capital Intangível

Unibanco Holding[81]. No balanço encerrado em 31 de dezembro de 2009, ainda não era possível verificar a influência dos ativos intangíveis na operação, sendo registrada até mesmo uma redução. No exercício, eles montavam a R$ 3,7 bilhões, enquanto no balanço encerrado em 31 de dezembro de 2008 montavam a R$ 4,1 bilhões[82].

Retornando ao leilão do Banespa, vimos que ele ocorreu em 20 de novembro de 2000, com a participação, além do Santander, do Unibanco e do Bradesco, cujos lances foram de R$ 2,1 bilhões e R$ 1,6 bilhão, respectivamente. Curioso é que Gabriel Jaramillo, então presidente de operações do Santander no Brasil, negara interesse no Banespa até uma semana antes do leilão. A surpresa da participação do banco só não foi maior que a sua oferta vencedora de R$ 7,05 bilhões, ou cerca de US$ 3,6 bilhões, valor cinco vezes maior que o valor de livros (contábil) do Banespa e 281% acima do valor mínimo econômico de R$ 1,8 bilhão arbitrado pelos avaliadores contratados pelo governo. Do valor pago de R$ 7,05 bilhões, couberam ao Estado de São Paulo R$ 2,07 bilhões, enquanto a União ficou com quase R$ 5 bilhões.

Difícil acreditar que o Santander houvesse superestimado a transação de forma tão distorcida, segundo a ótica do mercado à época. Pois, se a segunda maior oferta foi realizada pelo Unibanco, e ela ficou muito distante do preço pago, o mercado entendeu que havia algumas coisas mal interpretadas nos trabalhos de avaliação, possivelmente de todas as partes envolvidas. É muito difícil resgatar todos esses estudos mais de dez anos após a operação, mas, pelo menos, podemos contar com algumas explicações da parte compradora. Na apresentação[83] aos acionistas produzida pelo então Banco Santander Central Hispano (BSCH), em 21 de novembro de 2000, são demonstrados os principais argumentos da avaliação do Banespa.

---

[81] Fonte: Itaú Unibanco Holding S.A., nova razão social da Banco Itaú Holding Financeira S.A. Formulário 20-F. Disponível em: <http://ww13.itau.com.br/PortalRI/(X(1)A(3ZLMwQ7VkZgrwRI1mM_n32QZYRZvpB63pkk2kmCmGG-5Ty0FvU9iDGKGREiyVDgljFSxi1MI4KM3HrPAt_oS1UMYPcakBFfaSV2KLyF9-cBI1))/HTML/port/download/20-F_itaunibanco_2008.pdf>. Acesso em: 20 abr. 2010.

[82] Disponível em: <http://www.sec.gov/Archives/edgar/data/1132597/000094787110000504/ss89638_ex9901.htm>. Acesso em: 24 abr. 2010.

[83] Disponível em: <https://www.cnmv.es/Portal/HR/verDoc.axd?sParams=9260@O@1&sTipoDoc=1&sCodDoc=HSR2>. Acesso em: 20 mar. 2010.

Na página 4, intitulada "Acquired control – Implies control premium", o BSCH apresentava uma faixa de avaliação do Banespa que o banco estimou em R$ 10,09 bilhões a R$ 11,09 bilhões, o que nos faz entender que a instituição estava disposta a trabalhar nesses limites de valores ou no valor médio implícito de R$ 10,59 bilhões. O preço pago de R$ 7,05 bilhões foi segmentado em: 30% de valor econômico; 10% como valor financeiro e 60% das ações com direito a voto, representando 2,4 vezes o valor de livros (contábil) e 10,7 vezes os ganhos previstos para 2001, excluindo os custos de reestruturação. O valor do *goodwill* foi estimado em US$ 3 bilhões.

Os analistas só poderiam julgar se o preço pago pelo Santander foi adequado ou não se eles estivessem no mesmo plano de análise dos potenciais compradores. Sem compreender as necessidades e os objetivos de longo prazo das empresas em determinado setor, não se pode realizar uma avaliação isenta de riscos de interpretação equivocada. Costuma-se alegar que nem sempre isso é possível, pois raramente temos acesso ao planejamento estratégico das organizações, uma realidade na maioria das vezes. Vemos que isso pode ser saneado com uma pesquisa setorial bem planejada e executada e que também pode ser tratada com a produção histórica de avaliações econômicas informais, as quais podem também assimilar as intervenções dos analistas externos com base em pedidos de esclarecimentos, sugestões etc.

Felizmente, a apresentação aos acionistas do Santander foi publicada no *site* do banco na Espanha logo após a compra, e tivemos a oportunidade de arquivá-la naquela ocasião. Selecionamos e mantivemos no original em inglês os trechos que podem indicar aos leitores alguns dos fundamentos defendidos pelo Santander, os quais levaram os seus executivos a tomarem aquela decisão de investimento. No Quadro 4.3, a seguir, com dados originalmente publicados pelo BSCH, temos um resumo da operação, o qual demonstra o grupo de quatro vantagens competitivas esperadas pelo banco: estratégica, financeira, sinergias e negócios.

244 Capital Intangível

QUADRO 4.3 Apresentação do BSCH

Lógica da transação – resumo O Banco Santander Central Hispano avaliou 30% do Banespa em US$ 3,55 milhões, baseado nas seguintes considerações			
ESTRATÉGICA	**FINANCEIRA**	**SINERGIAS**	**NEGÓCIOS**
Valorização da franquia do BSCH e sua diversificação	60% das ações com direito a voto justificam o prêmio	Meta de economia de custos de 33% da base de custos de 2000 em três anos (a)	Banco de depósitos elevados: US$ 6,1 bilhões em depósitos de clientes
Fortalecimento da presença no Mercosul, a região mais rica da America Latina	Taxa interna de retorno de 19%		2,8 milhões de clientes
Conquista da massa crítica brasileira do sul e sudeste	Receita estimada de US$ 750/800 milhões em 2003		1.315 pontos de venda no Brasil (13% de participação de mercado em São Paulo) (b)
Presença dominante em São Paulo, a região mais rica da America Latina			Grande potencial de crescimento e venda de produtos
O Banespa é uma oportunidade única para posicionar o BSCH entre os bancos líderes no Brasil e como provedor líder de serviços financeiros na America Latina			
(a) base de custos em 2000: US$ 1,5 bilhão. (b) em termos de agências		Fonte: BSCH	

FONTE: BSCH[84], REDESENHADA E TRADUZIDA LIVREMENTE PELO AUTOR.

Ao compararem os cenários vislumbrados pelos administradores à época da aquisição e o 31 de dezembro de 2009, os analistas poderão testar as premissas utilizadas pelo banco e ponderar se a aquisição do Banespa foi ou não representativa para o desenvolvimento do Santander no Brasil. Evidentemente, será preciso integrar as demais aquisições do banco e dimensioná-las sem a participação dos ativos incorporados pelo Banespa.

Essas expectativas foram aprofundadas com um estudo de opinião independente, cujos trabalhos foram realizados pelo Merrill Lynch, contratado pelo Santander para emitir opinião a respeito do valor econômico do banco, bem como sobre os fatores de riscos, ameaças e oportunidades da transação. Todavia, a atuação das consultorias, inclusive do Merrill Lynch, não deixou de ser interpretada com polêmicas no processo, conforme relatam Nunes e outros (2004, p. 6):

Após os resultados do leilão, houve um comentário não oficial de que a Booz-Allen & Hamilton, assessora do governo brasileiro, tinha subestimado o

---

[84] Disponível em: <https://www.cnmv.es/Portal/HR/verDoc.axd?sParams=9260@O@1&sTipoDoc=1&sCodDoc=HSR2>. Acesso em: 20 mar. 2010.

Banespa com sua valorização de R$ 1,85 bilhões [sic]. Isso levantou a questão de saber se este foi o motivo que levou os outros participantes a fazerem oferta muito inferior ao Santander e perderem o leilão. Imediatamente após a operação, a Merrill Lynch, conselheira do Santander, surpreendeu em torno da aquisição do Banespa, renunciando à sua comissão de avaliação de US$ 5 milhões. No mundo cruel das altas finanças, é incomum para os bancos de investimento abrir mão dos seus honorários. Os críticos da operação suspeitam que o Merrill renunciou aos seus honorários porque o Santander pagou muito pelo Banespa. No entanto, o Santander manteve o Merrill como seu conselheiro para a aquisição dos restantes 67% do Banespa em participações minoritárias. Em 2 de janeiro de 2001, o Santander anunciou a sua oferta de R$ 2,5 bilhões (US$ 1,25 bilhão) para as ações restantes. A oferta representou um prêmio de 58,6% sobre o preço de fechamento das ações em 28 de dezembro de 2000.[85]

Contam-se muitas histórias a respeito da avaliação do Banespa pelo Santander e o preço pago em leilão. As críticas, fundamentalmente, comparam o preço pago, o preço mínimo estabelecido e as ofertas dos dois participantes além do Santander. O que arriscamos dizer é que duvidamos que, dadas as alterações significativas ocorridas no mercado financeiro brasileiro desde 2008, é muito pouco provável que os gestores dos bancos Bradesco, Itaú, Banco do Brasil e Caixa Econômica Federal, pela ordem, não olhassem para aquela operação com outros olhos. Arriscariam pensar na possibilidade de fazer ofertas até mais ousadas do que aquela realizada pelo Santander. Quem pode ter certeza?

Vemos que o Santander fez exatamente o que deveria fazer à época, pois o banco tinha planos de crescimento no Brasil e precisava aproveitar oportunidades de aquisição, sobretudo para ganhar tempo e tornar a marca conhecida e reconhecida. Esqueça por alguns instantes que estamos tratando da marca espanhola Santander. Imagine uma situação paralela hipotética e suponha que um banco estrangeiro desconhecido no Brasil queira adquirir um banco brasileiro que enfrente dificuldades, mas que desfrute de imensa

---

[85] Tradução do autor.

credibilidade e popularidade entre o público de perfil desejado pela instituição. Nesse caso, ele não estará apenas desejando comprar prédios e equipamentos, mas estará almejando adquirir o nome, a carteira de clientes e outros recursos relevantes, como os sistemas de análise e controle de crédito do banco, seus contratos para a instalação de postos de atendimento bancário em pontos privilegiados, entre outros não contabilizados. Nesse cenário, se os acionistas menores venderem suas pequenas participações aos primeiros reflexos da hipotética crise, serão violentamente prejudicados com a milionária alienação feita ao banco estrangeiro.

Evidentemente, se esses acionistas soubessem quais eram os ativos intangíveis do banco e qual era o seu verdadeiro valor com base em uma visão menos hermética sobre os possíveis interessados no banco problemático, não teriam liquidado suas carteiras a preço vil. Não tinham, no entanto, possibilidades de conhecer o valor verdadeiro das ações. Ainda que o valor previsível não alcançasse o pago pelo banco estrangeiro, arriscamos que certamente não apresentaria o deságio que as ações apresentavam no auge da crise. Se o banco problemático conhecesse minimamente o tipo e valor dos capitais que possuía, não se veria obrigado a desfazer-se de suas ações por preço irrisório. Normalmente, no auge de uma crise, os valores contabilizados estarão muito aquém dos valores imateriais, os quais poderão erodir se não forem reconhecidos.

Pode-se dizer, nesse e em tantos outros casos, que a sua desinformação encontrava justificativa na necessidade de proteger o investidor, a qualquer custo, de uma avaliação ainda não totalmente reconhecida pelas normas? Naturalmente que não. É lógico, na hipótese aventada, que um grande banco brasileiro não teria um interesse igual ao do banco estrangeiro em incorporar a empresa, mas, talvez, ele poderia ter feito uma oferta mais realista para o negócio sem deixar os investidores sem o devido esclarecimento a respeito do preço pago.

Se ele soubesse o verdadeiro valor do capital total (tangível mais intangível) do banco problemático e se tivesse realizado uma avaliação mais criativa (mas não menos disciplinada) da oportunidade, talvez tivesse alguma chance de adquiri-lo antes da oferta irrecusável do banco estrangeiro.

Da mesma forma, os acionistas poderiam valorar com mais eficácia suas posições acionárias, com a consequente valorização dos ativos reconhecidos. Quem, afinal, sairia perdendo no hipotético caso apresentado? Certamente os maiores acionistas e o mercado, que não tinham à sua disposição informações sobre realidades ou cenários que desconheciam, embora existissem e fossem passíveis de quantificação.

É certo que a avaliação formal do banco não ofereceria uma indicação precisa a respeito do seu valor futuro em uma transação. O avaliador certamente não teria como prever os interesses e as reações futuras do mercado, ainda mais se não dirigisse os seus trabalhos de forma criativa. Não acreditamos que caiba às normas contábeis a obrigação de distribuir procedimentos que orientem avaliações não calçadas na realidade de caixa das empresas. Tampouco acreditamos que o mercado espere por isso.

Ao contrário, preferimos acreditar que o mercado pode conviver com os balanços contábil e econômico para conhecer e utilizar os fatores e recursos de influência para a valorização de empresas. É claro que as melhores práticas de avaliação oferecem recursos para a construção e projeção de cenários, mas, se feita no calor de uma negociação e sem uma série histórica construída ao longo de um período mínimo (variável conforme cada tipo de negócio) e no limite de considerações incomuns avançadas, não se pode ter a certeza de que as reflexões imaturas de última hora serão as mais adequadas.

Ao se construir e divulgar ao mercado, de maneira organizada, um conjunto de informações formais e informais, é possível que, pelo menos, não se deixem de lado os esclarecimentos necessários e as reflexões diferenciadas. Os próprios acionistas e os possíveis interessados na empresa poderiam construir suas impressões, desenvolvendo cenários de análise segundo o julgamento personalizado. Contudo, uma das coisas que já aprendemos é que o problema mais grave não é a carência, mas sim a abundância de dados desarticulados.

Vários recursos informativos já estão previstos no manancial de normas dos órgãos de fiscalização, sobretudo do mercado de capitais. No entanto, talvez o volume quantitativo não seja capaz de satisfazer o apetite qualitativo dos analistas externos, os quais normalmente não conseguem estudar e utilizar grandes quantidades de dados que possam auxiliá-los a simplesmente conhecer as ações e decisões de uma empresa e fazer ponderações com equilíbrio a respeito do seu futuro.

As avaliações de empresas e negócios em processos de privatização merecem reflexões ainda mais apuradas. Como estas ainda não estão no controle privado, suas contas normalmente são sujeitas a um tipo diferente de avaliação, em que nem sempre as métricas pertinentes às empresas privadas são adequadas no setor público. Se simplesmente adaptadas, as métricas podem não funcionar, pois não haverá correspondência à realidade do mercado, o que só pode ser feito a partir de um exercício de pesquisa para enquadrar as contas nas melhores referências reais. Se não houver abertura para o aprendizado e a inovação, certamente os resultados parecerão até mesmo incoerentes.

Na avaliação do Banespa, nós provavelmente teríamos pelo menos testado uma combinação de metodologias, inclusive de valor de mercado, por exemplo, relacionando o valor do banco a transações recentes equivalentes em mercados amadurecidos e em desenvolvimento. Não se pode dizer que o valor de um negócio deve ser baseado apenas na premissa de que os fluxos e custos correntes associados aos ativos serão apenas corrigidos. É preciso situá-los em cenários por vezes completamente diferentes, trabalhando com reflexões inovadoras, até surpreendentes para os analistas.

As práticas de avaliação de negócios e de auditoria já recomendam esse tipo de entendimento, como podemos verificar com base em uma das orientações da *Intosai – International Organization of Supreme Audit Institutions*[86]:

> A avaliação de um negócio começa com o conhecimento da sua situação atual. Em seguida, por meio da análise de vários fatores, forma-se uma visão sobre o que vai acontecer com ele no futuro. A maioria das avaliações começa com alguma forma de projeção de receitas e de fluxo de caixa e, em seguida, a

---

[86] Disponível em: <http://www.nao.org.uk/nao/intosai/wgap/12thmeeting/papers/intosai_case_study_valuation.pdf>, p. 9. Acesso em: 25 abr. 2010.

análise desses números para obter um valor. Diferentes métodos e premissas podem produzir valores muito diferentes. No entanto, o objetivo é usar essas técnicas para produzir uma gama deles. A avaliação é então apresentada como estando em algum lugar dentro da referida faixa – e cujo valor final vai depender de você ser um comprador ou vendedor e do seu ponto de vista do perfil de risco do negócio.[87]

O que fez o Santander pagar o que pagou pelo Banespa, concluímos, não foi exatamente o que os números passados demonstravam, mas sim um conjunto de evidências e potenciais adormecidos que, aos olhos dos administradores, simbolizavam a oportunidade de queimar etapas e comprar um negócio que posicionaria o Santander em melhores condições de negócios em um país localizado em um continente considerado prioritário pelo banco. Na página 22 da mencionada apresentação aos acionistas, o BSCH mencionava dois grupos de interesses:

1) Crescimento do negócio: reativação das atividades de crédito; foco sobre as receitas de comissões; alavancagem das linhas de produtos nas quais o Banespa já tem massa crítica (depósitos, fundos, cartões de crédito); introdução de novos produtos; *cross-selling*.
2) Melhorar a eficiência: agilizar as operações; racionalizar os processos; melhorar os padrões de qualidade; migrar as operações dos clientes para canais alternativos.

Sem que os bancos participantes do leilão fizessem a mesma leitura de oportunidades e sem os recursos adequados de avaliação, a assertividade a respeito da compra da "posição de mercado" do Banespa pelo Santander só poderia parecer viável em algum tempo além da data da compra. Como o mercado costuma não ter paciência para aprender a entender as coisas que desconhece, costuma também ficar à mercê das opiniões de analistas que nem sempre conseguem ajustar as suas impressões:

---

[87] Tradução do autor.

Ações do BSCH têm queda na Bolsa de Madri

Segunda-feira, 20 de novembro de 2000, 21h03min

As ações do Banco Santander Central Hispánico caíram ontem 6% na Bolsa de Valores de Madri, logo após o anúncio da compra do Banespa. Para os analistas, o mercado acredita que a instituição espanhola acabou pagando um preço muito alto pelo banco paulista.

Em Nova York, Robert Lacoursiere, chefe de pesquisas para a América Latina e analista de bancos do Lehman Brothers, afirmou à Agência Estado que o Santander pagou um preço muito alto. "Foi um ágio muito elevado, que será difícil de explicar. Será difícil justificar a compra para os seus acionistas na Espanha", disse.

Segundo Lacoursiere, o Lehman Brothers acreditava que um ágio de até 25% seria um valor justo pelo controle do banco. "As ofertas do Unibanco e do Bradesco foram muito mais racionais", declarou. "Acho até que, se o Unibanco tivesse levado o Banespa com um ágio de 13,5%, eu teria ficado mais feliz com o resultado. Para mim, esse ágio do Santander foi negativo."

De acordo com o analista, "o Santander, obviamente, colocou um valor estratégico muito maior do que se imaginava na compra do Banespa. Eles realmente colocaram um valor estratégico muito grande para elevar a sua escala e melhorar sua posição no sistema bancário brasileiro. Esse ágio reflete a importância que o banco espanhol está dando para as suas operações no Brasil".

Lacoursiere lembrou que há dias as ações do Bradesco e do Unibanco vinham caindo porque os investidores temiam que esses bancos pagassem muito caro pelo Banespa. (Agência Estado)[88]

O valor pago em leilão de US$ 3,5 bilhões, afinal, só se revelou demasiado por conta da sua comparação com o preço mínimo determinado em leilão e com o valor das ofertas do Unibanco e do Bradesco. A comparação com certos casos também pode ser reveladora. Em abril de 2006, o Itaú comprou as operações do BankBoston na América do Sul, pelas quais pagou estimados US$ 3 bilhões, vindo então a estabelecer bases

---

[88] Disponível em: <http://www.terra.com.br/economia/2000/11/20/208.htm>. Acesso em: 27 abr. 2010.

no Chile, no Uruguai e na Argentina, com cerca de 300 mil clientes. Vimos que o Santander levou, com a aquisição do Banespa, 2,8 milhões de clientes, além de 531 agências, concentradas nas regiões brasileiras de maior representatividade econômica. Além disso, levou outros intangíveis importantes, como postos de serviços, sistemas testados e em funcionamento. Comparativamente e em moeda estável, não se pode afirmar que os valores pagos pelo Santander estavam assim tão distantes da realidade de transações posteriores de menor alcance. Pelo contrário, as posições conquistadas pelo Santander desde a compra do Banespa recomendam o acerto da decisão. A avaliação realizada pelo Itaú na compra do BankBoston, entretanto, revelou um aprofundamento da visão imatura da importância e valor dos ativos intangíveis.

O sucesso ou fracasso da operação de compra do Banespa depende muito mais da forma como o Santander irá administrar as posições que já conquistou no Brasil. O que já comprometeu o sucesso de bancos estrangeiros no país não foi a falta de oportunidades semelhantes àquelas encontradas pelo Santander, mas sim os traumas das interferências econômicas externas e a gestão por vezes desequilibrada de alguns executivos. Se o Santander não se deixar contaminar no Brasil pelos seus problemas no exterior, e ainda deixar de cometer os mesmos erros de seus pares do passado, é possível que a sua ousadia e a vontade de crescer provoquem notícias ainda mais impactantes na forma de ver e de avaliar as oportunidades de negócios com ativos intangíveis no mercado financeiro brasileiro.

Questões compreensivas

MUITO TEMPO, ENERGIA e recursos financeiros têm sido dedicados à compreensão dos ativos intangíveis, objetivando, essencialmente, sua definição, classificação e administração. Atenção considerável também tem sido dispensada aos aspectos ligados ao reconhecimento contábil (formal) do valor econômico dos ativos intangíveis, sobretudo nas organizações de capital aberto.

Julgamos que esse conjunto de interesses tem sido estimulado em parte pelos processos de fusões e aquisições iniciados nos anos 1980 (Kapferer, 1992), e, em parte, pelo desenvolvimento da economia dos intangíveis (Lev, 2001). Notadamente nos processos de fusão e aquisição de empresas, o valor financeiro dos ativos intangíveis ganhou estatura com a valorização das marcas, cujo valor tem sido reconhecido e remunerado pelo pagamento de um preço que embute um prêmio, na maioria das vezes superior ao valor de mercado (em bolsa de valores), do valor contábil do próprio negócio (incluindo seus ativos tangíveis), chegando, em certos casos, até várias vezes os faturamentos brutos anualizados ou lucros.

Ativos intangíveis podem ser definidos como recursos imateriais, capazes de contribuir para o uso ou a geração de produtos ou serviços que possam ocasionar benefícios para as pessoas ou empresas que controlam legalmente esses fatores (Blair; Wallman, 2001). Vimos também a possibilidade de compreender os intangíveis como bens valorizados pela sua não rivalidade (Lev, 2001), pois podem ser explorados economicamente de maneira simultânea, já que não competem pelo uso. Bens de consumo, ao contrário, são rivais, pois não se pode vender um mesmo produto para dois consumidores, o que difere de ideia, conhecimento, competência, sistema, serviço ou conceito, os quais podem ser vendidos simultaneamente, mesmo em diferentes países.

Os ativos intangíveis também têm ganhado estatura contábil, sobretudo na Europa e nos Estados Unidos. Particularmente, as normas contábeis IRFS, SFAS 142 e IAS 38 demonstram diversas providências técnicas nas quais as avaliações de ativos intangíveis são estimuladas, teoricamente porque seu reconhecimento formal pode melhorar a transparência das organizações, facilitando as análises de investimentos, além de permitir e controlar certos fatores de influência de cada negócio, notadamente o seu preço e eficiência administrativa, dentre outros benefícios e finalidades.

No Brasil, os ativos intangíveis ganham escala ao verificarmos um processo de adaptação aos sistemas contábeis internacionais com o advento da Lei nº 11.638/07 ou mesmo as propostas inéditas para a sua alavancagem, inclusive como lastros para instrumentos de captação de recursos no mercado de capitais, um resgate da proposta visionária dos *brand bonds* (Martins; Blecher, 1996). Ainda que os intangíveis possam ser legalmente e contabilmente reconhecidos em diversas circunstâncias, nossa conclusão é que mais pesquisas e propostas práticas para o uso financeiro desses ativos podem animar e mobilizar os sistemas de avaliação de desempenho, administração e valorização de empresas e de seus ativos intangíveis.

Descobrimos também que pouca atenção tem sido dedicada à avaliação e ao uso econômico dos ativos intangíveis, ora pela ausência de distinção entre fatores e ativos intangíveis, ora pelos debates a respeito de sua existência contábil, legal e administrativa. Vimos que certos pesquisadores vinculam a avaliação contábil à econômica dos intangíveis, deixando de ponderar a respeito dos limites e da oportunidade de um e de outro trabalho. Se as avaliações econômicas não podem prescindir dos recursos das contábeis, as empresas e o mercado não podem prescindir de ambos ou, de outra forma, a desinformação irá progredir.

Por mais que o reconhecimento dos intangíveis tenha evoluído contábil e economicamente, é indiscutível que sua utilização pode ser estendida, especialmente a sua influência nos processos de avaliação de investimentos, fusões e aquisições, recuperação judicial, entre outros fatores (Blair; Wallman, 2001). Resumimos essas reflexões em quatro núcleos de interesses internos e externos às organizações, as quais podem se beneficiar da avaliação econômica e do uso financeiro dos intangíveis:

- Questões legais. O judiciário brasileiro tem exigido frequentemente o apoio técnico de consultorias de avaliação para apuração do valor econômico dos ativos intangíveis, sobretudo em processos de divórcio, violação de direitos de propriedade intelectual e de imagem, exclusão, saída ou falecimento de sócios e recuperação judicial de empresas. Devido ao fato de o valor econômico dos intangíveis não estar incorporado na maioria dos balanços, o apoio especializado para sua identificação e valorização tornou-se uma exigência técnica na maioria dos processos, indo além da dimensão clássica contábil, inclusive do *goodwill*.

- Questões de mercado. Além de fusões e aquisições, muitos projetos de investimento já contemplam a avaliação dos intangíveis, sobretudo como instrumentos de garantia bancária ou como agentes de influência para o cálculo do custo do capital em empréstimos, financiamentos, vendas, compras, indenizações e licenças. Possivelmente, a avaliação, isolada dos demais benefícios e usos dos ativos intangíveis, estabelecerá métrica adicional na avaliação de negócios, a qual possa subsidiar a tomada de decisões, especialmente de crédito e de investimentos.

• Questões administrativas. Em alguns casos, os ativos intangíveis podem ser contabilizados. Contudo, em todas as situações, eles devem ser medidos e administrados como instrumentos de desenvolvimento organizacional, criando um ambiente favorável para o crescimento econômico, a motivação de pessoal e o incentivo à pesquisa e a métodos gerenciais de excelência, inclusive de transparência e governança. Isso trará impactos diretos na valorização das empresas e influência nos seus preços nas circunstâncias de compra, venda e investimentos.

• Questões públicas. Muitos intangíveis são os resultados de políticas governamentais (Blair; Wallman, 2001). Direitos e propriedade intelectual, concessões de exploração de serviços públicos, políticas de desenvolvimento social e industrial e relações legais são instrumentos que permitem às empresas privadas o desenvolvimento e a formação de riqueza em intangíveis, nem sempre com a contrapartida social e fiscal adequada. Ao poder contar com sistemas independentes de avaliação, o Estado será capaz de estabelecer metas, tributar de maneira diferenciada, justificar a captação e o uso de recursos financeiros, controlar o uso dos recursos naturais que possam comprometer o desenvolvimento sustentado e alinhar as medidas de riqueza da nação com a nova realidade da economia (Prism Report, 2003). Outro benefício diz respeito aos processos de privatização, em que, nem sempre, os métodos clássicos de avaliação são capazes de identificar, valorizar e remunerar adequadamente os ativos intangíveis em processo de migração do público para o privado.

São muitas as frentes de pesquisa. Para o mercado financeiro, principalmente, os intangíveis podem representar o desenvolvimento de novas métricas de avaliação e concessão de crédito, as quais possam levar em conta a influência dos fatores imateriais dos negócios na determinação das taxas de juros e *spreads*, ou mesmo do eventual preço de liquidação ou venda de certos negócios. Contudo, vemos que essas possibilidades também devem levar em conta a influência dos fatores de valor dos negócios combinados com a análise clássica dos riscos de crédito. Nem sempre essa perspectiva precisa envolver a monetização dos bens intangíveis, mas, nesses casos, a escolha das métricas resultará em um conjunto de recursos exclusivo de cada empresa, o que poderá dificultar o seu reconhecimento externo.

Em todos os nossos estudos, não encontramos fontes de alto valor técnico capazes de reconhecer e de endossar a utilidade dos *rankings* de avaliação de marcas e demais ativos intangíveis. Nós temos autoridade para concordar com esses pesquisadores, pois criticamos os *rankings* muito tempo antes de sua produção e divulgação no Brasil. E embora essas publicações persistam e sejam até celebradas por empresas insuspeitas, nós não apenas continuamos a sustentar nossa opinião contrária, como também animamos as empresas a refletirem seriamente a respeito de sua participação involuntária em tais trabalhos.

Por outro lado, acreditamos que muitas pessoas consomem essas listas porque as empresas não oferecem ao mercado os recursos fundamentais e organizados de informação, os quais possam orientar e esclarecer a respeito dos seus fatores de risco, suas ameaças e suas oportunidades. Como todas as empresas possuem um conjunto único de recursos materiais e imateriais, será, evidentemente, o modo como esses recursos são produzidos, administrados, comunicados e distribuídos que formará a imagem da empresa no mercado, a qual, se mal expressada, certamente determinará o fracasso do negócio.

Procuramos demonstrar que o empacotamento é real. São raras as situações nas quais o valor de um ativo intangível independe de uma infinidade de outros ativos e até de fatores não controláveis pelas organizações. Vimos que, no exemplo de uma marca, dificilmente as impressões do consumidor serão formadas com base na avaliação de um único fator de reconhecimento, seja o nome da marca, do seu logotipo, da sua reputação e assim por diante. E isso não se presta apenas aos produtores de bens de consumo.

Não só o nome de um advogado, por exemplo, é importante, mas também sua formação, trajetória, experiência, referências, reputação, eloquência e tantos outros indicadores que acabam tornando o processo de seleção algo desgastante e, por vezes, até ineficiente, pois normalmente não dispomos de tempo suficiente para reunir e avaliar esse conjunto complexo de recursos.

É simples, e então preferível, confiar que esses recursos estão sob o logotipo de uma banca famosa, o que tornará o processo de escolha menos trabalhoso e arriscado. Mas selecionar dentre alternativas de marcas desconhecidas é uma tarefa não menos complexa, pois não significa que podemos confiar apenas na comunicação de marcas, sem que elas venham acompanhadas de algumas referências ou indicações, as quais possam demonstrar boas experiências de consumo.

Se "o conhecimento é o remédio mais procurado para a incerteza" (Davenport; Prusak, 1998, p. 30), então não precisamos correr o risco de fazer escolhas mal avaliadas (Martins, 2009). As avaliações econômicas de ativos intangíveis são recursos avançados de avaliação de empresas e elas não prescindem do recurso contábil, que assumimos como a base da avaliação econômica de qualidade.

O avaliador deve ser capaz de identificar os fluxos de capitais nas empresas e situá-los em cenários mais próximos da realidade das coisas, sem o que não será possível esclarecer o mercado a respeito da condição e do estado dos ativos intangíveis, pois, não nos esqueçamos, eles são capazes de comprometer positivamente ou negativamente o desempenho dos indicadores formais.

A avaliação econômica de ativos intangíveis é, afinal, um recurso de compensação de informação, pois ela lida com cenários diferentes da realidade dos fatores pontuais da contabilidade, normalmente baseados em custos históricos, inadequados para avaliar ativos como marcas e patentes, por exemplo, que estão associados a benefícios futuros ainda desconhecidos. Contudo, isso não quer dizer que eles não sejam possíveis, pois, de outro modo, se entenderia também que as empresas só existem em função dos seus recursos e das funções presentes nos seus recursos, sem nenhuma capacidade de expansão ou de extensão.

Não conhecemos nenhuma empresa que realiza planejamento estratégico baseado apenas nos seus custos históricos e – por que não relembrar? – nos *rankings* de avaliação. A prudência recomenda que os dirigentes tomem decisões responsáveis, baseados em um conjunto bem organizado de informações que ofereça instrumentos para a avaliação objetiva, mas também contemple a capacidade de julgamento subjetivo. De outro modo, todas as empresas seriam exatamente iguais, o que não faz o menor sentido.

Voltando às duas questões essenciais as quais temos nos dedicado há cerca de 30 anos, estamos propensos a acreditar que as empresas valem aquilo que são na realidade, fora dos holofotes da comunicação sem sinceridade. Quanto aos critérios para avaliá-las, e segundo os instrumentos conhecidos neste momento histórico, não vemos como isso é possível sem levar em conta a liberdade de se fazer um conjunto de análises e julgamentos de maneira organizada e independente, com o uso de recursos informais e formais de informação.

Devido ao risco permanente de agravamento das condições adversas da economia, não julgamos que seja recomendável acreditar apenas nos instrumentos formais de avaliação de empresas. Eles já existiam antes de setembro de 2008 e, supostamente, visavam amenizar ou eliminar problemas a partir das lições teoricamente aprendidas em todas as crises anteriores ao colapso do *subprime*. Não apenas os sistemas, controles e agências de *rating* falharam grotescamente, como também estabeleceram o ambiente permanente de desconfiança. O mercado praticamente finge que acredita no sistema e, conforme as conveniências, não tem o menor receio de descartar todas as orientações dele ao menor sinal de ameaça.

Nesse cenário, o Estado e as empresas são agentes passivos quando se trata da avaliação do valor de seus bens. Ao se amparem nas normas, sabem que estas não são eficazes para apoiar a sua avaliação do valor de mercado, aquele que está mais próximo da realidade das coisas. De outro lado, ao buscarem orientação especializada para a avaliação econômica, deparam-se com distorções graves, como aquelas que exemplificamos.

Restaria a avaliação e o reconhecimento independente do mercado. Para a empresa de capital fechado, ela viria dos sistemas de avaliação dos agentes interessados na empresa, basicamente os seus investidores ou potenciais compradores. Para as empresas de capital aberto, o julgamento especializado externo se somará ao critério de valor de mercado, no caso, medido desde o desempenho do preço médio da ação em um dado intervalo de tempo.

Se as empresas dependerem apenas das avaliações externas, em maioria formadas com base nos julgamentos distantes da realidade interna dos negócios, elas se encontrarão em desvantagem permanente. Especialmente para as empresas de capital aberto, a influência dos julgamentos subjetivos nos momentos de instabilidade econômica provoca a volatilidade no preço dos papéis, derrubando por vezes instantaneamente qualquer planejamento estratégico ou de investimento.

Por outro lado, os julgamentos externos, se tardios, incoerentes, despropositados ou desregulamentados, podem revelar sinais de inconsistência de certos administradores, ou mesmo de seu comportamento ético, por vezes no limite das atitudes criminosas. Certas indústrias têm se tornado especialistas em fraudes, cada vez mais sofisticadas e que fatalmente resultam em prejuízos insuperáveis para os investidores, os empregados, os fornecedores e a sociedade.

Precisamos ficar atentos aos sinais, ainda que sutis. Um deles é a comunicação emocional a que muitas empresas têm apelado para se mostrarem engajadas socialmente, por exemplo, celebrando práticas de responsabilidade social ou de sustentabilidade, seja com a adesão a sistemas de certificação ou a projetos de terceiros. Pode ser que não haja nada de errado com a maioria desses sistemas, e vemos que eles são importantes recursos na sociedade do conhecimento. Todavia, a coerência entre o discurso e a prática vai muito além da possível beleza cosmética ou emocional de uma peça de comunicação.

Muitas empresas se julgam muito boas em comunicação, e até mesmo criam campanhas publicitárias que chegam a emocionar e a ganhar prêmios. Contudo, são raras aquelas que são capazes de ir além da qualidade das palavras e converter promessas em realidade positiva, que é tudo de que realmente precisamos.

Mais uma vez resgatamos o exemplo da Enron, que durante muito tempo atuou para convencer o mercado e seus mais de 4 mil empregados e centenas de fornecedores que valia a pena investir nas suas promessas e acompanhar a empresa em seus sonhos. Eram estes os valores da Enron, divulgados no balanço anual de 1998:

RESPEITO: Tratamos os outros como gostaríamos de ser tratados. Nós não toleramos o tratamento abusivo ou desrespeitoso. Crueldade, insensibilidade e arrogância não pertencem aqui.

INTEGRIDADE: Nós trabalhamos com clientes e potenciais clientes de forma aberta, honesta e sincera. Quando dizemos que vamos fazer algo, fazemos, quando dizemos que não podemos fazer algo, não vamos fazê-lo.

COMUNICAÇÃO: Nós temos a obrigação de comunicar. Aqui, temos o momento de falar um com o outro... e de ouvir. Acreditamos que a informação serve para ser circulada e mover as pessoas.

EXCELÊNCIA: Estamos satisfeitos com nada menos do que o melhor em tudo o que fazemos. Vamos continuar a elevar o nível de exigência para todos. A grande diversão aqui será, para todos nós, descobrir quão bons realmente podemos ser.[89]

Devido a discursos emocionais como esses, as pessoas tendem a pensar nas empresas e suas marcas como símbolos perenes, blindados contra qualquer tipo de influência ou comportamento negativo. Julgamos, por princípio, que as coisas ruins não acontecerão ou surgirão das empresas que admiramos. Portanto, não estranhamos seu reconhecimento positivo, quando a eficiência é premiada por uma iniciativa social, ou são destacadas pela mídia por terem sido indicadas na lista da moda como as mais valiosas, as melhores para se trabalhar, investir ou fazer negócios. Comemoramos tais reconhecimentos, mas não os julgamos surpreendentes, já que contamos com as boas notícias a respeito das empresas que consideramos especiais (Martins, 2007), ainda que certos prêmios estejam baseados em premissas fúteis ou até mesmo sensatas.

---

[89] Disponível em: <http://www.som.yale.edu/faculty/Sunder/FinancialFraud/Fraud2005Material/Enron%20Values.doc>. *Enron's 1998 Annual Report – "Our Values"*. Acesso em: 4 fev. 2010. Tradução do autor.

Vemos a emergência da desmistificação das marcas. Embora, sem sombra de dúvida, elas sejam ativos intangíveis importantíssimos, não são "os" ativos intangíveis. Acreditamos que a Enron foi capaz de elaborar uma quebra de US$ 63 bilhões[90], não porque a marca não tivesse admiradores e a empresa fosse ruim de comunicação e deficiente de recursos humanos capacitados e engajados. A Sadia migrou do status de potencial compradora da Perdigão para empresa comprada por esta, e não apenas porque estivesse à beira da insolvência ou por causa da desvalorização de sua marca nos *rankings*. Por conta desses exemplos, vemos que existe mesmo a sobrecarga de valorização das marcas e até da vulgarização dos seus conceitos. A palavra realmente se tornou um clichê. É lamentável!

Quanto mais experiente e estudioso for o avaliador, menores serão os espaços para as ocorrências de distorções e mais clara e seguramente o mercado será informado. Embora o ativo intangível "marca" seja frequentemente valioso, e uma posição de domínio e de reconhecimento de mercado sejam grandes vantagens competitivas, o que se verifica é que nenhuma organização pode ser avaliada fora da análise do estado de eficiência do seu conjunto de passivos e ativos tangíveis e intangíveis. Vemos que a avaliação de empresas tornou-se um desafio nem sempre bem compreendido pelas organizações públicas e privadas, seja pela complexidade técnica ou pelos novos parâmetros de valor impostos pela sociedade do conhecimento, a partir dos quais a não permanência das coisas tem nos obrigado a uma abordagem de medidas não precisas para os negócios. Cada vez mais temos sido obrigados a reconstruir os nossos modelos de avaliação em busca de um padrão específico das condições de cada cliente, e cada vez menos em função de suas possibilidades. Não raramente nos vemos no papel de "médico da família", pois temos ido além da determinação das coisas. Somos então convocados a exercer um papel de agentes de transformação.

Uma das causas mais conhecidas dessa nova faceta dos avaliadores de negócios, e para não ampliarmos o debate filosófico dos tempos da não permanência das coisas, os exemplos de aquisições e investimentos de

---

[90] Disponível em: <http://knowledge.wharton.upenn.edu/article.cfm?articleid=513>.

valores por vezes surpreendentes revelam também aos incrédulos indícios de insensatez, já que não fazem sentido segundo as regras conhecidas:

- **Em fevereiro de 2008,** a Microsoft fez uma oferta de US$ 44,6 bilhões pelo Yahoo!, ou US$ 31 por ação, o que significava um sobrepreço de 62% sobre o valor de mercado do papel no dia anterior ao lance. Apesar do prêmio sobre tal valor, o Yahoo! recusou a oferta da Microsoft.
- **Em junho de 2008,** a InBev ofereceu US$ 70 por ação da norte-americana Anheuser-Busch, um ágio de cerca de 40% sobre o valor de mercado da companhia, fechando a sua compra em cerca de US$ 52 bilhões. A oferta anterior, de US$ 46 bilhões, não havia convencido os acionistas.
- **Em fevereiro de 2012,** o *site* de relacionamentos Facebook atingiu o valor de cerca de US$100 bilhões em um IPO (*initial public offering*) ou "oferta pública inicial de ações", mesmo sem demonstrar qualquer possibilidade de remunerar os seus investidores de modo bem ponderado e compreendido.

Embora os valores envolvidos nessas transações possam sugerir o uso de critérios aparentemente insensatos de avaliação, os analistas tendem a acreditar que o mercado está com a razão quando se trata de definir o preço das empresas. Pode ser que esteja em alguns casos; em outros, nem tanto. Se algumas empresas não são corretamente avaliadas internamente, não se pode esperar que os agentes do mercado deixem de tomar decisões menos apaixonadas e por vezes até inconsequentes, como parece indicar no caso do Facebook, um negócio da nova economia que atraiu capital retirado das bases da velha economia, cujos critérios de avaliação e retorno sobre o capital são claramente incompatíveis. Afinal, quando se trata dos novos critérios de avaliação de aquisição ou investimento em empresas na sociedade do conhecimento, as diretrizes ainda estão para ser definidas.

A determinação do preço ou do valor de um negócio só terá sentido quando as principais variáveis envolvidas forem conhecidas e dimensionadas, sejam elas ligadas a fatores objetivos ou subjetivos. Dado que o valor e o potencial de desenvolvimento das empresas exige o conhecimento de vários tipos de informação, novos recursos de avaliação devem levar em conta a existência e relevância de fatores normalmente não dimensionados pelo mercado, geralmente levado pela emoção em suas análises. Os investidores, ou mesmo os interessados na capacidade de geração de riqueza dos ativos da sociedade do conhecimento, precisam conhecer e compreender o novo potencial e os riscos das práticas de avaliação de negócios.

Só é possível determinar com precisão o valor (e o preço) dos ativos intangíveis por meio de um trabalho completo de avaliação, pois, enquanto algumas empresas não possuem mais do que uma dúzia de intangíveis, outras possuem centenas. É até viável identificar e classificar externamente certos intangíveis e opinar a respeito de sua eficiência nas vendas ou na comunicação, como é o caso das marcas, mas os investidores jamais terão a noção exata dos riscos, das ameaças e das oportunidades contidas nos negócios sem que se dediquem a um trabalho abrangente e bem realizado de avaliação econômica dos ativos intangíveis (Martins, 2009).

Consideramos que a avaliação de ativos intangíveis pode ser mais ou menos influenciada conforme o momento histórico em que é feita e o estado geral da empresa, notadamente quanto ao nível da qualidade do conhecimento de seus principais gestores sobre todas as rotinas administrativas. Assim, a avaliação econômica de ativos intangíveis deve deixar os limites envolvidos muito claros, ou os interessados externos serão levados a uma interpretação imprecisa a respeito do valor desses bens. A avaliação ideal só pode ser realizada quando possibilita a entrega e o uso imediato de suas conclusões, o que limitará as distorções de análise e utilização dos cenários. A Enron, a Sadia e o Unibanco falharam como empresas independentes, mas diversos de seus ativos tangíveis e intangíveis sobreviveram. As equipes especializadas da Enron, seus *softwares* e sistemas permaneceram valorizados. A Sadia sobreviveu como marca e foi até mesmo valorizada pela nova controladora, o que já não aconteceu com o Unibanco, cuja marca foi descartada pelo Itaú, ao contrário da capilaridade da marca adquirida e de seu potencial de *cross-selling*, dentre outros ativos intangíveis, os quais normalmente não aparecem nas fotografias de celebração dos grandes negócios.

No final das contas, as avaliações econômicas de ativos intangíveis se prestam a esclarecer as partes interessadas a respeito dos fatores ocultos pela norma contábil ou pelos órgãos que tentam estabelecer regras uniformes de avaliação. As consultorias especializadas são realmente capazes de apurar e ponderar a respeito daquilo que, em *O império das marcas*, já chamamos de "tesouro invisível" das organizações. Se atentos ao risco de que certas joias desse tesouro podem ser falsificadas, não vemos como podemos prescindir dos avaliadores de ativos intangíveis na era da moderna avaliação de negócios, sejam eles públicos ou privados. Vemos um futuro em que essas avaliações ocorrerão em tempo real e que isso possibilitará diferentes níveis de interpretação e julgamento das empresas pelo mercado, que, afinal, determinará o seu valor de maneira sensata e por meio de premissas bem elaboradas.

> *Contra o positivismo, que para perante os fenômenos e diz: "Há apenas fatos", eu digo: "Ao contrário, fatos é o que não há; há apenas interpretações".*
> (NIETZSCHE, *apud* Alves, 2002)

Segunda parte

Segunda parte

Capítulo 5

RECURSOS TÉCNICOS

Uma das nossas maiores dificuldades técnicas para a avaliação econômica de ativos intangíveis é o levantamento de informações, desafio que enfrentamos desde quando trabalhávamos no mercado financeiro. Da mesma forma como os levantamentos imprecisos e incompletos poderiam prejudicar o fechamento de um bom negócio ou o atendimento de necessidades importantes de crédito dos clientes dos bancos, no trabalho atual, como consultores, podemos comprometer bastante a acuidade da avaliação se não formos capazes de garimpar e organizar um conjunto confiável de informações.

Após tantos anos de práticas, chegamos à conclusão de que a facilidade de fazer levantamentos, assim como de determinar a qualidade das informações, não depende apenas da nossa vontade de fazer o trabalho, pois os resultados se condicionam bastante à qualidade administrativa dos nossos clientes. Quanto mais organizado for o cliente, maior será a rapidez do levantamento e a confiabilidade das informações, com bem poucas chances de desvios e reduzidos custos de consultoria. Se esses incentivos não forem suficientes, vale destacar que as empresas que possuem sistemas organizados de informação são bastante valorizadas pelo mercado.

Um dos nossos critérios de avaliação de custos de projeto está vinculado ao capítulo de mineração de dados[91]. Infelizmente, os custos do tempo despendido nas possíveis contingências de desorganização ou de falta de dados não podem ser antecipados pela consultoria. Para tentarmos diminuir os impactos negativos internos e externos, somos forçados a adotar um critério

---

[91] Adaptação livre do termo em inglês "*data mining*", para o trabalho de prospecção e levantamento de dados. Ele é bastante adequado, especialmente se assumirmos que as informações mais relevantes não se encontram nas superfícies das diversas áreas das organizações.

empírico de avaliação balizado nas nossas experiências de trabalho. Não é uma regra que pensamos ser válida para todas as consultorias, mas, no nosso caso, verificamos que as empresas públicas e de pequeno e médio porte são as que envolvem maiores dificuldades. As empresas multinacionais e as de capital aberto são as que oferecem menores entraves e até menor resistência cooperativa dos seus administradores. Não só o volume de informação costuma ser maior, como também a qualidade dos dados.

Sejam as organizações pequenas ou grandes, públicas ou privadas, os trabalhos de mineração e tratamento inicial de dados técnicos obedecem a um critério muito semelhante, normalmente baseado em um processo de três estágios, não muito diferente daquele que praticávamos no mercado financeiro para a avaliação de crédito e de negócios:

1   Visita: o avaliador deve visitar as instalações do cliente para realizar o reconhecimento geral do negócio e levantar as primeiras impressões. Isso envolverá entrevistas com os principais executivos, sendo muito útil levar o formulário do *checklist* para investigar quais quesitos se aplicam ao cliente e ao ativo avaliado. É muito importante que essa visita seja realizada por um profissional de grande experiência, pois isso permitirá a melhor avaliação do cliente com a formação de impressões subjetivas que facilitarão bastante os trabalhos subsequentes.

2   Informações: na mesma oportunidade da visita, o avaliador solicitará alguns dados mínimos: três últimos balanços; balancete; contrato social; documentos de propriedade do ativo intangível. As cópias podem ser simples ou autenticadas, a critério do avaliador. Conforme as impressões obtidas na visita, poderá também solicitar outros documentos, como: pesquisas de mercado; cópias de contratos de venda ou licenciamento; certificações técnicas; outros.

3   Análise de dados: em aproximadamente 15 dias após os estágios 1 e 2, a consultoria já terá desenvolvido um quadro inicial de avaliação e visto quais os tipos de restrições terá de contornar para determinar qual metodologia aplicará na avaliação.

As informações para a avaliação de negócios nunca se esgotam com o uso dos dados documentados. O avaliador deve ser um observador arguto em todas as oportunidades de contato com o cliente, anotando mentalmente qualquer sinal de inconsistência ou de inconformidade. Por exemplo, a indústria que possui uma licença ambiental de difícil obtenção certamente imagina que o documento pode alavancar algumas vezes o valor do negócio. Ao visitar a empresa, o avaliador deve ficar atento não apenas ao recebimento e à análise da cópia (validade, escopo, exigências técnicas etc.) dos certificados de conformidade com o sistema de gestão ambiental pendurados em paredes de destaque. Precisa, igualmente, olhar ao redor para identificar eventuais incoerências entre outros recursos direta ou indiretamente relacionados com o documento. O mais importante é pesquisar pelos indicadores visíveis ou invisíveis de inconformidade.

Outro dos nossos procedimentos é o teste dos produtos ou serviços avaliados. Em algumas vezes, nós solicitamos amostras aos clientes, em outras, compramos os produtos e testamos também os serviços, não raro no papel de consumidores ocultos. No nosso entendimento, essa é uma providência muito eficaz de avaliação geral e normalmente enriquece bastante as avaliações, além de cooperarmos para os clientes melhorarem diversos processos de venda e pós-venda.

De natureza grave ou amena, absolutamente todas as empresas possuem indicadores de ineficiência e nenhuma delas irá apontá-los espontaneamente para o avaliador. Isso é esperado e, ao contrário de revelar um sinal de improbidade, pode indicar zelo profissional pela imagem da companhia. Não obstante o potencial de prejuízo à qualidade do trabalho, a melhor forma de ter acesso aos sinais de inconformidade é pela via indireta e com o uso de um arsenal minimamente organizado de solicitação de informações relacionadas não apenas ao ativo intangível, mas também aos demais recursos organizacionais, produtivos e administrativos. No capítulo anterior, apresentamos uma série de recursos metodológicos que visam condicionar quem avalia para essa postura.

Na maioria das vezes, o avaliador será malsucedido na sua intenção de realizar levantamentos completos de dados visíveis e, ainda, em ambiente que favoreça a liberdade para especular quanto aos fatores invisíveis. Seja pelo pouco tempo para concluir os trabalhos, seja pelas circunstâncias da empresa[92], o avaliador conseguirá, quando muito, compreender os limites restritos ao ativo que está avaliando. Um desses limites bem conhecidos é a falta de informações de mercado envolvidas em avaliações de fusões ou aquisições de marcas, já que as empresas normalmente não estão preparadas para oferecer muito mais do que balanços financeiros e pesquisas desatualizadas de mercado.

Com todos esses limites, nós ainda não recomendamos que os levantamentos sejam restritos aos dados documentais. Sustentamos que o avaliador deve se equipar com o maior número possível de pedidos de informações que puder reunir, e tente realizar os levantamentos em todas as oportunidades de contato com os clientes, procurando se relacionar com um representante que tenha grande conhecimento do negócio e de suas rotinas.

Primeira parte: orientações qualitativas

NA PRIMEIRA PARTE dos insumos técnicos, apresentamos o conjunto de nove planilhas utilizadas para o levantamento e registro parcial de certos dados de avaliação. Elas servem como recursos de demonstração dos levantamentos testados na avaliação de uma marca de produto pertencente à empresa multinacional. Esses critérios são ilustrativos e podem ser adaptados para os levantamentos de marcas de serviços, para a avaliação de tecnologias ou de qualquer outro ativo intangível.

Nossa experiência comprova que os principais recursos de estudos são normalmente descobertos pelos consultores e consultoras durante a construção do *checklist*, sendo, então, oportuno investigar os pontos considerados de maior sensibilidade, os quais certamente afetarão o julgamento da equipe e os parâmetros utilizados nos trabalhos de cálculo.

Os fluxos compreendem o período 2010-2012 apenas como demonstração. Nossa metodologia exige que a equipe de consultores investigue pelo menos os dados referentes ao momento econômico e de mercado

---

[92] Empresas em processos de recuperação judicial e de falência ou envolvidas em sérias dificuldades de sucessão ou cisão podem estar com as suas atividades paralisadas e sem condições de permitir o levantamento ideal de dados.

da avaliação. O tratamento detalhado de certas questões estratégicas de interesse dos potenciais compradores ou investidores deve ocorrer conforme as orientações do cliente e as restrições contratuais do trabalho, cabendo lembrar que a consultoria pode emitir até dois tipos de relatórios. Nos casos de avaliação para fins judiciais ou na recuperação de empresas, por exemplo, o avaliador deverá realizar as pesquisas combinando a sua experiência e as orientações dos advogados, peritos designados ou as determinações judiciais relacionadas.

Os levantamentos poderão ser utilizados objetivamente ou subjetivamente, segundo o escopo dos trabalhos e o julgamento do avaliador, especialmente quanto aos critérios da metodologia de trabalho. O avaliador poderá utilizar os dados que conseguir obter para desenvolver a sua metodologia de cálculo, ou mesmo para aplicá-los na elaboração de projeções financeiras, de mercado etc.

Esses recursos são também bastante utilizados para a solução de problemas de campo normalmente identificados durante a construção do *checklist* e a sua aplicação no estágio de visita. Caso a equipe não encontre condições adequadas para aplicar as planilhas, obterá, pelo menos, um *checklist* de melhor qualidade.

Por conhecermos os bastidores de muitos processos de venda e compra de marcas, aprendemos que alguns possíveis compradores costumam utilizar a falta de dados da marca como um dos argumentos para derrubar o seu valor. Esse comportamento ocorre especialmente nas negociações baseadas em avaliações fundamentadas apenas em dados quantitativos, e sem a ponderação adequada dos fatores determinantes de valorização da marca, por exemplo, associados ao *brand equity*. Para impedir que deficiências dessa natureza interfiram negativamente nos critérios dessa valorização, sempre recomendamos o tratamento do maior número possível de recursos de informação.

Decidimos que não bastaria apresentar apenas um conjunto de planilhas sem também demonstrar certas direções gerenciais da consultoria a respeito do uso metodológico de algumas informações. No caso-exemplo, elas orientaram os trabalhos de cálculo e instruíram as partes quanto a alguns aspectos da negociação da marca. Todas as planilhas descritas na primeira parte são comentadas, ainda que no âmbito exclusivo do projeto-modelo apresentado.

Os modelos de planilhas não são estáticos. Em respeito ao princípio de *A arte da guerra*, essas planilhas também são adaptadas a cada projeto. O avaliador deverá manter a mente aberta durante todas as etapas dos projetos, desenvolvendo as planilhas conforme navega entre as informações, descobertas e conclusões. Mais do que fazer apenas observações críticas, o avaliador precisa mapear e organizar as suas impressões de modo objetivo e coordenado, senão, certamente, se perderá durante os trabalhos.

As planilhas só deverão ser utilizadas pela consultoria no âmbito dos trabalhos internos. Eventualmente, o cliente poderá autorizar a inclusão das planilhas no laudo de avaliação (como anexos). Normalmente essa providência é solicitada nos processos de fusões e aquisições nos quais a consultoria atue nos trabalhos de diligência, que exigem maior detalhamento das informações.

Instruções para o preenchimento das planilhas

PLANILHA A: DADOS DE MARKETING

Linha A1: número de unidades vendidas por marca

- Quantas unidades de cada produto foram vendidas em cada ano a distribuidores.
- Incluir vendas a consumidor final apenas quando forem vendas diretas.
- Caso o produto não seja comercializado por unidade (ex.: pacote de farinha, lata de óleo), utilize uma unidade de medida consistente (ex: 1 kg).

▶ **Direções gerenciais**

- Esse dado permite calcular a evolução das vendas por produto por unidade, e a evolução composta das vendas da marca por unidade.

Linha A2: faturamento por produto da marca

- Qual a receita bruta (isto é, sem dedução de impostos) obtida por produto em cada ano.
- Incluir vendas a consumidor final apenas quando forem vendas diretas.

- Utilize o real ou dólar médio de cada ano para informar os valores. A tabela dos valores do dólar médio oficial anual pode ser encontrada no *site* do Banco Central, ou com os consultores da GlobalBrands.

▶ **Direções gerenciais**

- Esse dado permite calcular a evolução monetária das vendas por produto, e a evolução monetária composta das vendas da marca por unidade.
- Associado aos dados de A1, é possível calcular também a evolução da rentabilidade por produto e da rentabilidade média da marca.

Linha A3: *market share* da marca

- Participação percentual de mercado da marca e das três principais concorrentes por ano.
- Priorizar o uso das pesquisas de campo dos clientes.
- Caso a empresa utilize os serviços de institutos de pesquisa (ex.: Nielsen), os dados históricos de participação de mercado ganharão prioridade.
- Caso a marca atue em diversos mercados, informe o *market share* médio, ponderado pela participação de cada um deles no faturamento global da marca (soma dos itens informados em A2).

▶ **Direções gerenciais**

- Esse dado é um dos principais indicadores de desempenho de mercado da marca.

Linha A4: percentual de vendas por segmento

- Distribuição percentual do faturamento bruto da marca por segmento conforme os critérios e fontes utilizadas pelo cliente. Exemplos: divisão de domicílios em classes de A a E; características da população (idade, sexo, tamanho da família, renda, profissão, instrução, religião); outros.
- Utilize o real ou dólar médio de cada ano para informar os valores. A tabela dos valores do dólar médio oficial anual pode ser encontrada no *site* do Banco Central, ou com os consultores da GlobalBrands.

▶ **Direções gerenciais**

- Esse dado permite avaliar como as vendas da marca são distribuídas entre os segmentos do seu mercado consumidor.
- Associado aos dados de A1 é possível calcular também a evolução da rentabilidade por produto e da rentabilidade média da marca por segmento.

Linha A5: percentual de vendas por território

- Distribuição do faturamento bruto da marca por território Nielsen ou critérios do cliente.

- Divisão de território Nielsen (<http://br.nielsen.com>):

Área I: Ceará, Rio Grande do Norte, Paraíba, Pernambuco, Alagoas, Bahia e Sergipe.

Área II: Minas Gerais, Espírito Santo, interior de Rio de Janeiro (excluindo-se os municípios contidos na Área III).

Área III: Grande Rio de Janeiro: Rio de Janeiro, Niterói, Nova Iguaçu, Duque de Caxias, Nilópolis, São Gonçalo e São João de Meriti.

Área IV: Grande São Paulo: São Paulo, Santo André, São Bernardo do Campo, São Caetano do Sul, Diadema, Mauá, Guarulhos, Osasco, Embú e Taboão da Serra.

Área V: Interior de São Paulo (excluindo-se os municípios contidos na Área IV).

Área VI: Paraná, Santa Catarina e Rio Grande do Sul.

Área VII: Brasília, Mato Grosso do Sul e Goiás.

Capitais Norte: Teresina, São Luís, Belém e Manaus (opcional).

- Utilize o real ou dólar médio de cada ano para informar os valores. A tabela dos valores do dólar médio oficial anual pode ser encontrada no *site* do Banco Central, ou com os consultores da GlobalBrands.

► **Direções gerenciais**

- Esse dado permite avaliar como as vendas da marca são distribuídas pelo território brasileiro.

- Associado aos dados de A1 é possível calcular também a evolução da rentabilidade por produto e da rentabilidade média da marca por região do país.

Linha A6: percentual de vendas por canal de distribuição

- Distribuição do faturamento bruto da marca por canal de distribuição (mecanismo de venda de produtos para os consumidores finais).

- Critérios para classificação dos canais de distribuição:

▷ Grandes varejistas: cadeias mencionadas entre as 20 maiores do país.

▷ Lojas de autosserviço: lojas que tenham como características fundamentais a presença de pelo menos um *"checkout"* (balcão na saída da loja que permita a soma e conferência das compras) e a disposição da maioria dos produtos de forma acessível aos clientes (que podem se "autosservirem"). Supermercados e grandes cadeias varejistas são exemplos de lojas de autosserviço.

▷ Lojas tradicionais: lojas nas quais o processo de compra é necessariamente intermediado por um vendedor ou balconista.

▷ Atacadistas: empresas que compram produtos em grandes quantidades para distribuição entre estabelecimentos dos demais tipos, encarregando-se da logística dessa distribuição.

▷ Vendas diretas: vendas efetuadas diretamente para o consumidor final, isto é, sem utilizar estruturas varejistas externas à empresa (via telefone, lojas próprias, internet etc.).

▷ Franquias: vendas efetuadas a franqueados/licenciados.

• Utilize o real ou dólar médio de cada ano para informar os valores. A tabela dos valores do dólar médio oficial anual pode ser encontrada no *site* do Banco Central, ou com os consultores da GlobalBrands.

► **Direções gerenciais**

• Esse dado permite avaliar como as vendas da marca são divididas entre os diversos canais de distribuição.

• Através desse dado, é possível também verificar qual o nível de controle da empresa com relação às suas estruturas de distribuição e sua sensibilidade (maiores canais de distribuição, deficiências).

Linha A7: número de pontos de venda por canal de distribuição

• Total de estabelecimentos de cada tipo atingidos pela estrutura de distribuição.

• Critérios para classificação dos canais de distribuição:

▷ Supermercados/hipermercados: incluir entre supermercados/hipermercados os estabelecimentos de autosserviço com mais de cinco *checkouts*. Caso exista mais de uma filial, informe o número de pontos onde o produto é efetivamente comercializado. Não incluir pontos localizados em shopping centers, que deverão ser informados em linha específica.

▷ Grandes varejistas: cadeias mencionadas entre as 20 maiores do país. Não incluir pontos localizados em shoppings, que deverão ser informados em linha específica.

▷ Demais varejistas: estabelecimentos comerciais (exceto supermercados e hipermercados). Caso exista mais de uma filial, informe o número de pontos onde os produtos são efetivamente comercializados para cada rede. Não incluir pontos localizados em shoppings, que deverão ser informados em linha específica.

▷ Lojas de conveniência/postos de gasolina: informe aqui os pontos de venda com funcionamento em horário estendido (preferencialmente 24 horas). Além das lojas de conveniência tradicionais, *drugstores* e farmácias também podem ser incluídas aqui. Não incluir pontos localizados em shoppings, que deverão ser informados em linha específica.

▷ Franquias: caso a empresa opere em regime de franquia, informar número de pontos. Não incluir pontos localizados em shoppings, que deverão ser informados em linha específica.

▷ Shoppings: número de pontos de venda localizados em shoppings. Importante: classifique como shopping center apenas empreendimentos com pelo menos 180 lojas, estrutura de apoio adequada (estacionamento, áreas de lazer, etc.), e que sejam pontos de referência em sua área de influência geográfica.

▷ Internet: caso a marca tenha grande dependência de vendas por esse canal, investigue os recursos existentes quanto ao porte dos servidores, estrutura de atendimento e nomes de domínios. Sobre as entregas, anotar os recursos no espaço dedicado à logística.

• Para cada canal de distribuição, informe o número de pontos de venda correspondente.

▶ **Direções gerenciais**

• Esse dado permite avaliar como as vendas da marca são divididas entre os diversos canais de distribuição.

• Com esse dado, é possível também verificar qual o nível de controle da empresa com relação às suas estruturas de distribuição e de sua sensibilidade (maiores canais de distribuição, deficiências).

• Caso a empresa encontre dificuldades em fornecer os dados diretos de pontos de venda, podemos usar estimativas para alguns dados (por exemplo, número médio de filiais de supermercados e grandes varejistas para estimar os dados correspondentes). No entanto, haverá perda de precisão e confiabilidade.

Linha A8: investimentos totais em mídia

• Valor gasto anualmente com investimentos em mídia (TV, revistas, jornais, rádio, internet etc.).

• Incluir também remuneração total de agências de propaganda, caso tenham sido utilizadas.

- Esses investimentos devem incluir ações institucionais e outros específicos na marca.
- Utilize o real ou dólar médio de cada ano para informar os valores. A tabela dos valores do dólar médio oficial anual pode ser encontrada no *site* do Banco Central, ou com os consultores da GlobalBrands.

▶ **Direções gerenciais**

- Esse dado fornece os investimentos efetuados na marca. Ele é um componente direto do capital da marca, por representar os investimentos efetuados pela empresa para fixar a sua imagem de marca com os consumidores.
- É muito importante cruzar esses valores com os informados na linha I5.
- Caso tenham sido efetuados investimentos institucionais preferencialmente, esse fato irá aparecer ao comparar os dados desta linha com os de I5. Nesse caso, pode ser mais adequado adotar uma estratégia de "pró-rateamento" desses valores.
- Os investimentos em ferramentas para melhorar o desempenho do *site* ou *blog* da marca, como "seo" (*search engine optimization*), podem ser incluídos nessa linha.

Linha A9: percentual de *Top of Mind*

- Percentual de lembrança espontânea em pesquisa tipo *Top of Mind*.
- Caso existam diferentes valores regionais, indique o percentual obtido no maior mercado em vendas (por exemplo, se a empresa possuir vendas de mais de 40% na região Sul do país, e esse for o maior percentual individual, indique o total obtido nessa região).

▶ **Direções gerenciais**

- Esse fator é um exemplo de recurso para indicar o reconhecimento da imagem da marca.
- O avaliador deve orientar o cliente a utilizar pesquisas de *brand equity*.
- Caso o *Top of Mind* ou *brand equity* sejam muito superiores ao *market share*, devem-se investigar:

a Capacidade produtiva inadequada.

b Distribuição ineficiente.

c Má estratégia/posicionamento da marca.

d Confiabilidade do valor informado de *Top of Mind*.

- Caso o *market share* seja muito superior ao *Top of Mind* ou *brand equity*, devem-se investigar:

a Investimentos insuficientes em marketing.

b Sazonalidade eventual (período atípico).

c Existência de concorrentes em ascensão.

- É possível que esse dado não esteja disponível para boa parte das empresas/marcas. Assim, o consultor deverá orientar o cliente no projeto de pesquisa.

Linha A10: investimentos em extensão de linhas

- Valores investidos em extensão de linhas de produtos associados à marca (introdução de novos produtos usando a marca).
- Considerar aqui apenas investimentos com produtos introduzidos especificamente para veicular marcas existentes: novos formatos de produto, novas embalagens, introdução de novos produtos com a marca etc.
- Utilize o real ou dólar médio de cada ano para informar os valores. A tabela dos valores do dólar médio oficial anual pode ser encontrada no *site* do Banco Central, ou com os consultores da GlobalBrands.

▶ **Direções gerenciais**

- Esse dado fornece uma dimensão do crescimento da marca em questão em termos de número de produtos associados.
- Os dados informados nesta linha são essencialmente dados secundários (já que a maior parte dos investimentos mencionados aqui deverá estar incluída em outras linhas).
- Grandes investimentos em extensão de linhas podem eventualmente indicar um enfraquecimento da marca, especialmente quando a coerência dos investimentos for discutível, e sem o embasamento de pesquisa de *brand equity*.

Linha A11: investimentos em design

- Valores investidos em design (de embalagem e de produto), bem como em projetos de renovação de logotipo institucional e *site*. Nesse caso, procure ratear os valores entre os diversos produtos e marcas, usando como critério a participação de cada produto no faturamento da empresa – assim, marcas e produtos com maior faturamento "pagam" uma parte maior dos investimentos em design.
- Não registre aqui investimentos em novos produtos (estes deverão ser informados na linha I2).

Recursos técnicos 279

- Utilize o real ou dólar médio de cada ano para informar os valores. A tabela dos valores do dólar médio oficial anual pode ser encontrada no *site* do Banco Central, ou com os consultores da GlobalBrands.

► **Direções gerenciais**

- Esse dado é um indicador da existência de política consistente de marca por parte da empresa (exceto no caso de marcas e produtos tradicionais).

- É muito importante cruzar esses valores com os informados na linha I2 (investimentos em novos produtos).

PLANILHA A: DADOS DE MARKETING 2010-2012

Importante: caso haja mais de uma marca sendo avaliada, preencha uma cópia para cada marca.

	DADO	2010	2011	2012
1	Indicador de vendas da marca (a)			
	Produto:			
	Produto:			
	Produto:			
	Produto:			
2	Faturamento por produto da marca			
	Produto:			
	Produto:			
	Produto:			
	Produto:			
3	*Market share* da marca (b)			
	Próprio:			
	Concorrente 1:			
	Concorrente 2:			
	Concorrente 3:			
	Demais concorrentes			
4	Percentual de vendas por segmento (c)			
	Classe A			
	Classe B			
	Classe C			
	Classe D			
	Classe E			
5	Percentual de vendas por território (d)			
	Área I			

280   **Capital Intangível**

	Área II			
	Área III			
	Área IV			
	Área V			
	Área VI			
	Área VII			
	Restante do Brasil			
	Exterior			
6	Percentual de Vendas por Canal de Distribuição (e)			
	Grandes Varejistas (f)			
	Lojas de autosserviço			
	Lojas tradicionais			
	Atacadistas			
	Vendas diretas			
	Franquias			
	Outros (especificar)			
7	Número de pontos de venda por canal de distribuição (e)			
	Grandes varejistas (f)			
	Demais varejistas			
	Supermercados/hipermercados			
	Lojas de conveniência/postos de gasolina			
	Franquias			
	Shoppings			
	Outros (especificar)			
8	Investimentos totais em mídia			
	Concorrente 1:			
	Concorrente 2:			
	Concorrente 3:			
	Demais concorrentes			
9	Percentual de *Top of Mind* (g)			
	Próprios:			
	Concorrente 1:			
	Concorrente 2:			
	Concorrente 3:			
	Demais concorrentes			
10	Investimentos em extensão de linhas (h)			
11	Investimentos em design (i)			

Recursos técnicos

PLANILHA B: ANÁLISE DE CONJUNTURA

Quadro B1: influência de fatores macroeconômicos nos custos de produção

* Esse quadro busca identificar os principais fatores componentes da estrutura de custos genérica da empresa. A ênfase é fundamentada na produção (e não na demanda por produtos).

* A escala de resposta deve ser interpretada da seguinte forma:

Influência/Significado:

Alta: variações no fator são incorporadas em 50% ou mais aos custos.

Média: variações no fator são incorporadas de 20% a 50% aos custos.

Baixa: variações no fator são incorporadas de 5% a 20% aos custos.

Nenhuma: variações no fator são incorporadas em menos de 5% aos custos.

Por exemplo: se uma taxa de inflação mensal de 1% refletir-se em um aumento de 0,5% nos custos de produção, então a influência deve ser considerada média (0,5% = 50% de 1%).

* **Fatores sugeridos:**

▷ Taxas de inflação: representam uma média da aceleração dos preços na economia de acordo com alguns pressupostos. Nem sempre os custos de produção acompanham efetivamente as taxas de inflação, podendo ficar acima ou abaixo destas.

▷ Taxas de juros: as taxas de juros representam uma média do custo do dinheiro para as empresas. Quanto mais longo for o ciclo de produção da empresa, mais importantes são as taxas de juros na composição dos custos de produção.

▷ Custo de insumos agropecuários: esse fator será particularmente relevante quando a empresa atuar preferencialmente no setor alimentício.

▷ Custo de insumos industriais: esse fator será relevante para empresas que atuem no segmento industrial (indústria de base ou de transformação).

▷ Custo de bens de capital: esse fator será relevante para empresas em fase de renovação de seu parque industrial ou que atuem na indústria de base.

▷ Custo de matéria-prima: esse fator será tanto mais importante quanto menor for o valor agregado ao produto (quanto mais comoditizado for o produto, maior a importância da matéria-prima).

282 Capital Intangível

▷ Custo de energia: a importância desse fator está relacionada ao processo produtivo (maquinário, especialmente).

▷ Outros: indique também fatores macroeconômicos adicionais caso uma componente significativa dos custos de produção da empresa esteja relacionada a eles.

- Observe que as variações nos custos de produção não são necessariamente repassadas aos preços de venda, já que a decisão de preços é estratégica.

- É possível que, em um dado momento, a influência nos custos seja diferente. Por exemplo: se a empresa estiver planejando uma expansão da capacidade produtiva para os próximos meses, o custo de bens de capital será mais importante. Procure identificar a influência dos fatores macroeconômicos apontados em um horizonte mínimo de três anos.

- Caso existam outros fatores macroeconômicos considerados relevantes, informe nas linhas indicadas.

► **Direções gerenciais**

- Esse quadro permite identificar quais elementos do cenário econômico têm maior influência nos custos da empresa, de acordo com a análise de seus dirigentes.

- É muito importante garantir a compreensão adequada por parte do executivo que responder a esse quadro, já que esses dados irão orientar a composição das taxas de retorno com base nos cenários macroeconômicos de médio prazo adotados. Uma boa estratégia é checar os dados dessa planilha entre os executivos-chave (mas nem sempre isso será possível).

- Caso o avaliador identifique incoerências flagrantes nas respostas ("todos os fatores/nenhum fator tem alta influência", custo de insumos agropecuários sem influência para um frigorífico etc.), deve-se investigar se houve falha no entendimento (caso em que a consultoria deve tentar reforçar os conceitos apresentados) ou desinteresse (caso mais grave).

Quadro B2: tendências identificadas para o mercado da empresa

- Esse quadro busca identificar dentre algumas tendências identificadas no ambiente de negócios do país (e do mundo) quais estão mais diretamente ligadas ao mercado da empresa.

- Fatores:

▷ Comoditização dos produtos: diminuição na diferenciação entre os produtos líderes e os demais; redução das margens de lucro.

▷ Aumento da concorrência: surgimento de novos concorrentes ou adoção de políticas de comercialização mais agressivas.

▷ Novas tecnologias de produção: renovação do parque industrial, uso de técnicas mais eficientes de gestão de produção etc.

▷ Novos mercados consumidores: ampliação geográfica (expansão para novas regiões) ou econômica (outras faixas de renda passando a consumir os produtos).

▷ Exportação de produtos finalizados: parte da (ou toda) produção é exportada.

▷ Importação de insumos: parte da (ou toda) matéria-prima é importada.

▷ Novos canais de distribuição: uso de canais alternativos para venda de produtos (vendas diretas, franquias etc.).

▷ Fusões/aquisições entre concorrentes: compra/fusão de empresas concorrentes, eventualmente envolvendo a própria empresa.

• A escala de resposta deve ser interpretada da seguinte forma:

Influência/significado:

Alta: variações no fator são incorporadas em 50% ou mais aos custos.

Média: variações no fator são incorporadas de 20% a 50% aos custos.

Baixa: variações no fator são incorporadas de 5% a 20% aos custos.

Nenhuma: variações no fator são incorporadas em menos de 5% aos custos.

Para avaliar se a influência é alta, média ou baixa, procure conhecer a forma como cada critério se relaciona com o mercado da empresa. Os valores informados devem ser tomados como uma escala de importância relativa entre os diversos itens (assim, caso todos os itens pareçam ter influência média, por exemplo, verifique se algum deles tem uma influência relativamente maior ou menor, modificando o valor informado, se conveniente).

• Caso existam outras tendências consideradas relevantes, informe nas linhas indicadas.

▶ **Direções gerenciais**

• Esse quadro permite avaliar o cenário competitivo no mercado de atuação da empresa, do ponto de vista de seus controladores.

- A função desse quadro é mais referencial. Eventualmente, alguma das indicações aqui apontadas poderá ser útil. Para complementar os cenários projetados ou cruzar informações de percepção de conjuntura.

Quadro B3: relação da empresa com a concorrência/governo

- Esse quadro busca identificar algumas das principais influências no relacionamento entre a empresa e a concorrência (mediação externa, regulamentação, crescimento das marcas próprias).
- Fatores sugeridos:
- ▷ Atuação reguladora/normativa do governo: através de medidas de incentivo e/ou desestímulo, o governo tem atuado de forma decisiva para orientar o mercado da empresa de uma forma geral e a atuação da empresa em particular. Eventualmente, o governo atua diretamente no setor.
- ▷ Atuação reguladora/normativa de entidades de classe: em defesa dos interesses das empresas do setor de uma forma geral, há entidades de classe fortes que buscam harmonizar os interesses entre as empresas e melhorar as condições de atuação das entidades.
- ▷ Marcas próprias: empresas ligadas a canais de distribuição (supermercados, lojas de departamentos etc.) têm aumentado o número de produtos com marcas próprias que concorrem diretamente com produtos da empresa (eventualmente, a empresa fornece produtos para revenda como marca própria).
- A escala de resposta deve ser interpretada da seguinte forma:

Influência/significado:

Alta: variações no fator são incorporadas em 50% ou mais aos custos.

Média: variações no fator são incorporadas de 20% a 50% aos custos.

Baixa: variações no fator são incorporadas de 5% a 20% aos custos.

Nenhuma: variações no fator são incorporadas em menos de 5% aos custos.

Para avaliar se a influência é alta, média ou baixa, procure avaliar o grau de influência do fator no mercado da empresa. Os valores informados devem ser tomados como uma escala de importância relativa entre os diversos itens (assim, caso todos os itens pareçam ter influência média, por exemplo, verifique se algum deles tem uma influência relativamente maior ou menor, modificando o valor informado, se conveniente).

- Caso existam outras tendências consideradas relevantes, informe nas linhas indicadas.

▶ **Direções gerenciais**

- Esse quadro permite avaliar a influência de fatores externos na atuação da empresa. Os pesos são arbitrários e podem ser revistos pela consultoria conforme indicações do cliente ou singularidades da marca ou empresa.
- A presença de entidades de classe fortes é um indício de força do setor (*lobby*). A influência do governo, por sua vez, pode ter caráter oposto se indicar possíveis conflitos. A identificação de marcas próprias atuando e/ou a perspectiva de novos entrantes é um elemento específico de conflito para as marcas da empresa, especialmente se esta atuar com produtos de consumo de baixo valor agregado.

PLANILHA B: ANÁLISE DE CONJUNTURA

Instruções:

Nas questões a seguir utilize a seguinte convenção:

Alto: a variação do item se reflete acima de 70%.

Médio: entre 30% e 70%.

Baixo: entre 5% e 30%.

Nenhum: menos de 5%.

1. Indique como os fatores macroeconômicos abaixo relacionados influenciam nos custos de produção da empresa.

FATOR	ALTO	MÉDIO	BAIXO	NENHUM
• Taxas de inflação				
• Taxas de juros				
• Custo de insumos agropecuários				
• Custo de insumos industriais				
• Custo de bens de capital (máquinas, equipamento pesado etc.)				
• Custo de matéria-prima				

Capital Intangível

	ALTO	MÉDIO	BAIXO	NENHUM
• Custo de energia				
• Outros (especificar)				

2. Indique qual a influência das tendências abaixo relacionadas no mercado de atuação da empresa.

TENDÊNCIA	ALTO	MÉDIO	BAIXO	NENHUM
• Comoditização dos produtos				
• Aumento da concorrência				
• Surgimento de novas tecnologias de produção				
• Abertura de novos mercados consumidores (Brasil/exterior)				
• Exportação de produtos finalizados				
• Importação de insumos				
• Utilização de novos canais de distribuição				
• Fusões/aquisições entre concorrentes				
• Outros (especificar)				

3. Indique a influência dos seguintes fatores na relação da empresa com a concorrência.

FATOR	ALTO	MÉDIO	BAIXO	NENHUM
• Atuação reguladora/normativa do Governo				
• Atuação reguladora/normativa de entidades de classe				
• Marcas próprias				
• Outros (especificar)				

PLANILHA C: METAS E OBJETIVOS

Quadro C1: histórico da marca

- Informe nesse quadro os principais fatos e eventos envolvendo a marca.
- Fatos e eventos sugeridos:

a) Data de criação: data de lançamento no Brasil do primeiro produto utilizando a marca. Caso a empresa atue com importação, ou tenha iniciado a atuação com a marca através de importação, forneça a data de introdução do produto no país.

b) Introdução de novos produtos: data de introdução de extensões, novos produtos no mercado brasileiro.

c) Novos patamares de venda: ocasiões em que as vendas da marca tenham atingido patamares significativos (em termo de unidades vendidas e/ou *market share*).

d) Descontinuação de produtos: data de término de produção de produtos.

e) Mudanças de design/embalagem/apresentação: ocasiões em que design/embalagem/apresentação de produtos foram alterados de forma significativa.

▶ **Direções gerenciais**

- O histórico da marca é um espaço onde a empresa pode fornecer uma visão menos estruturada dos principais fatos que ocorreram para a marca. A cronologia fornecida complementa e fornece pistas para compreender os demais valores.

- Eventualmente, o esclarecimento desse quadro pode ser feito no decorrer da entrevista com um executivo da empresa.

Quadro C2: metas de *market share*

- Informe nesse quadro os valores de participação de mercado que a empresa deseja atingir nacionalmente no ano corrente e nos dois seguintes para cada produto utilizando a marca.

- Caso as metas de *market share* sejam estabelecidas por marca, informar o valor agregado a ser atingido.

- Expresse os valores de *market share* como percentuais de vendas brutas.

- Caso inexista uma meta explícita de *market share*, identifique uma meta consistente com os objetivos de crescimento da empresa.

▶ **Direções gerenciais**

- O dado de *market share* serve como um indicador para a intenção de expansão de vendas da empresa. Esses valores podem compor o modelo econométrico para determinar a taxa de retorno quantitativa esperada para a marca, se for o caso.

- Estudos de campo já constataram a relação entre *market share* e rentabilidade sobre investimentos para diversos mercados. Assim, é razoável supor que marcas com maior *market share* tenham uma taxa de retorno mais elevada do que a média em seus respectivos setores. Por outro lado, as metas de *market share* podem não refletir de forma adequada o comportamento previsto pelas vendas da empresa. Em tais casos, é fundamental checar se as metas estabelecidas são viáveis.

Quadro C3: liderança tecnológica

- Assinale as afirmativas no quadro que são verdadeiras com relação a aspectos tecnológicos da marca e dos produtos a ela associados.
- Afirmativas:
▷ A marca tem imagem de liderança em tecnologia: essa imagem de liderança pode ser conferida por entidades externas (mídia em geral, entidades de classe, institutos independentes), através de pesquisas, de formadores de opinião ou sondagens em *blogs* ou comunidades da marca. Ter imagem de liderança tecnológica não significa necessariamente ser o líder. Por outro lado, a marca cujos produtos utilizam consistentemente tecnologia superior aos concorrentes usualmente possui imagem de liderança tecnológica.
▷ Os custos de produção caíram em termos reais: essa afirmação se aplica apenas quando a empresa efetivamente fabrica os produtos da marca.
▷ A margem operacional dos produtos aumentou: por margem operacional aqui se entende o aumento de rentabilidade obtido através de aumento do volume de produção ou da eficiência do processo produtivo. Essa afirmação se aplica apenas quando a empresa efetivamente fabrica os produtos da marca.
▷ Há previsão de novos lançamentos utilizando a marca nos próximos dois anos: embora a introdução de novos lançamentos não implique em liderança tecnológica, é comum que marcas com uma imagem de liderança em tecnologia consolidada se posicionem como adequadas para extensão.
▷ Há previsão de adoção de novas tecnologias nos próximos dois anos: adoção de novas tecnologias pode envolver tanto novas técnicas de produção como (e principalmente) aperfeiçoamentos em produtos e novos produtos utilizando novas tecnologias.

▶ **Direções gerenciais**

- Esse quadro busca identificar, de forma simples, a imagem e a realidade de liderança tecnológica de uma marca em um dado momento.
- Na economia do conhecimento, a liderança tecnológica é um atributo desejável na constituição de uma imagem duradoura de marca. Às impressões (pessoais) dos

executivos encarregados da avaliação, devem-se aliar visões externas (pesquisas independentes, percepção do consumidor) para compor o quadro de liderança.

- Caso haja uma diferença muito grande entre imagem interna e percepções externas, cabe investigar as razões dessa diferença. Em casos extremos, ela pode denotar um afastamento dos dirigentes da empresa de seu mercado ou incompreensão do posicionamento da marca. Os eventuais desvios podem ser esclarecidos com uma pesquisa de *brand equity*.

Quadro C4: caracterização ecológica

- Assinale as afirmativas no quadro que são verdadeiras com relação a aspectos de responsabilidade socioambiental da marca, dos processos produtivos da empresa e dos produtos a ela associados
- Afirmativas:
- ▷ A empresa tem políticas de preservação ambiental: por políticas de preservação ambiental entende-se especialmente a projeção e planejamento de impactos ambientais nos processos produtivos (especialmente industriais), a adoção de processos produtivos e matéria-prima não poluentes, a reciclagem e o tratamento de subprodutos do processo produtivo e a existência de planos de contingência para o caso de desastres ecológicos etc.
- ▷ A empresa patrocina atividades de preservação ambiental: por atividades de preservação do meio ambiente entende-se especialmente programas de premiação/ financiamento de projetos ecológicos, doação a entidades dedicadas à preservação de meio ambiente, campanhas publicitárias de conscientização ecológica etc.
- ▷ O processo produtivo não oferece risco ambiental: apenas quando a empresa efetivamente fabricar os seus produtos. Esse dado é confirmado através de programa vigente de certificação.
- ▷ A empresa efetivamente fabrica os seus produtos e os equipamentos obedecem plenamente a legislação vigente.
- ▷ A embalagem dos produtos é 100% reciclável: a possibilidade de reciclagem deve constar explicitamente, através do símbolo caracterizador.
- ▶ **Direções gerenciais**
- Esse quadro busca identificar como a marca e a empresa se posicionam com relação à questão ecológica. A necessidade de posicionamento correto com relação

à ecologia é um fator de importância crescente, devido a pressões sociais e mercadológicas.

- Empresas que possam ser caracterizadas como possuidoras de uma estratégia de atuação "ecologicamente correta" terão marcas que potencialmente poderão assumir maior consistência e melhor posição de mercado no futuro. No entanto, o efeito desse posicionamento deve ser cuidadosamente avaliado, já que determinados setores (indústrias pesadas etc.) possuem associações negativas em si que podem eventualmente comprometer os esforços das empresas.

- As empresas não associadas com práticas socioambientais de excelência são cada vez mais criticadas e suas marcas discriminadas. Os riscos são potencialmente maiores nas empresas que atuam significativamente com exportações.

PLANILHA C: METAS E OBJETIVOS

Importante: caso haja mais de uma marca sendo avaliada, preencha uma cópia para cada marca.

1. Forneça um breve histórico da marca (data de criação, eventos mais importantes, introdução de novos produtos).

2. Qual a meta de *market share* para a marca? Caso exista mais de um produto por marca, indicar as metas por produto.

MARCA/PRODUTO	META (%)		
	2010	2011	2012

3. Liderança tecnológica. Avalie os seguintes aspectos do posicionamento tecnológico da marca, assinalando todos os itens relevantes.

A marca tem imagem de liderança em tecnologia	
Os custos de produção por unidade caíram em termos reais	

A margem operacional dos produtos da marca aumentou	
Há previsão de novos lançamentos utilizando a marca nos próximos dois anos	
Há previsão de adoção de novas tecnologias nos próximos dois anos	
Outros (especificar)	

4. Caracterização ecológica. Assinale todos os itens verdadeiros para a marca e a empresa:

A empresa tem políticas socioambientais	
A empresa patrocina atividades de preservação do meio ambiente	
O processo produtivo da empresa não oferece risco ambiental	
As fábricas possuem equipamentos antipoluentes	
A embalagem dos produtos é 100% reciclável	
Já ocorreram acidentes ecológicos envolvendo a marca/empresa/produto	
Outros (especificar)	

PLANILHA D: LOGÍSTICA

Quadro D1: fluxo de pedidos na empresa

- Apuramos nesse quadro o fluxo de pedidos dentro da empresa (desde o pedido original até a entrega ao cliente).
- Procure indicar todos os passos percorridos por um pedido, dentro e fora da empresa. Por exemplo, se um pedido envolve contato a fornecedores para fornecimento de matéria-prima, mencione este fato no ponto adequado do fluxo.
- Indique todas as áreas/departamentos relevantes envolvidos em um pedido (produção, contas a receber etc.), estimando também o tempo decorrido em cada um deles.
- Caso existam dados específicos para cada produto fornecido pela empresa, indique em que pontos ocorrem as diferenças (por exemplo, dois produtos podem envolver diferentes setores de produção, mas usarem as mesmas estruturas de vendas e contabilidade).

► **Direções gerenciais**

- O fluxo de pedidos é um instrumento poderoso para conhecer a estrutura operacional da empresa para seus produtos. Uma empresa com um fluxo de pedidos ágil e simples tende a ter vantagens em logística e distribuição.

292   Capital Intangível

- Nem sempre a empresa irá conhecer esse fluxo previamente, seja pelo seu grande porte, seja por mera desorganização. Nesses casos, pode ser necessário efetuar levantamentos de campo para buscar essa informação.

Quadro D2: estratégias de marketing ligadas à distribuição

- Assinale as estratégias no quadro utilizadas pela empresa nos últimos anos e/ou planejadas para os próximos (assinalando os anos em que isso ocorreu/irá ocorrer).
- Afirmativas:
▷ Promoção em ponto de venda (PDV): a empresa utilizou/pretende utilizar materiais de divulgação (cartazes, folhetos etc.) nos PDV divulgando a marca? Efetuou/pretende efetuar degustações/distribuição de amostras?
▷ Promoção para distribuidores: a empresa ofereceu/pretende oferecer brindes/material de apoio à venda para distribuidores? Negociou/pretende negociar espaços em prateleira? Adotou/pretende adotar mecanismos de fidelização (incentivos a compras repetidas) ligados à marca?
▷ Venda "casada": os produtos contendo a marca foram/deverão ser vendidos a distribuidores com limitação de número (no mínimo uma determinada quantidade) ou em conjunto com outro produto de menor aceitação?
▷ Extensão de marca: a empresa lançou/pretende lançar novos produtos com a marca no ano em questão?
▷ Incorporação de outras marcas: a empresa unificou/pretende unificar produtos vendidos sob marcas diferentes na marca em avaliação? A marca atua/passou a atuar como marca "guarda-chuva" (isto é, envolve mais de um produto em setores distintos) naquele ano?

► **Direções gerenciais**

- Esse quadro busca identificar as estratégias de promoção e distribuição que a empresa adotou a cada ano. Algumas dessas estratégias podem diminuir o valor de marca, enquanto outras podem aumentá-lo.
- Promoção em PDV (desde que bem posicionada e direcionada ao público correto) reforça o valor de marca, à medida que estabelece vínculos estreitos entre o consumidor e a marca. Promoção para distribuidores garante visibilidade, mas pode ser um sinal de fraqueza da marca quando for uma condição necessária para vendas. Venda "casada" enfraquece o posicionamento da marca em relação a seus concorrentes

junto aos distribuidores, facilitando novos entrantes. Extensão da marca dilui seu valor por diminuir as associações elaboradas pelos consumidores. Incorporação de outras marcas pode ser um sinal de força da marca ao aumentar o *market share* e tornar mais coerente a comunicação do consumidor no ponto de venda.

Quadro D3: avaliação empírica da embalagem

- Assinale as afirmativas no quadro que são verdadeiras com relação à embalagem da marca, de acordo com o ponto de vista da empresa (e não de eventuais pesquisas de mercado).
- Afirmativas:
▷ A embalagem é moderna e inovadora: os processos de produção da embalagem são "do estado da arte"; suas cores e design são modernos; há unanimidade quanto ao seu caráter inovador tanto internamente à empresa como na concorrência.
▷ A embalagem é muito conhecida do grande público: devido a uma grande popularidade do produto, campanhas publicitárias ou tempo no mercado, o reconhecimento do público deve ser grande.
▷ A embalagem teve seu conceito básico alterado nos últimos dois anos: houve modificações na logomarca? Foi alterado o processo básico de embalagem do produto? Há novas versões (estratificadas, voltadas para determinados segmentos etc.) que foram criadas nos últimos dois anos?
▷ As fábricas possuem equipamentos antipoluentes: apenas quando a empresa efetivamente produzir os seus produtos e os equipamentos obedecerem plenamente a legislação vigente.
▷ A embalagem dos produtos é 100% reciclável ou não poluente: a possibilidade de reciclagem deve constar explicitamente, através do símbolo caracterizador e certificação quando existente.

► **Direções gerenciais**
- Esse quadro busca identificar como o componente embalagem está estruturado para cada produto na empresa. A embalagem funciona como "vitrine viva" do produto, especialmente no caso de produtos de consumo.
- É importante ter em mente que a questão da embalagem está estreitamente ligada à questão dos critérios utilizados pela empresa para garantir que seus produtos se mantenham atualizados e ambientalmente adequados.

Quadro D4: indicadores de logística

- Informe neste quadro dados históricos e projeções sobre indicadores relacionados à logística da empresa.

- Indicadores:

▷ Prazo médio de entrega de pedidos (dias): número médio de dias necessários para o processamento de um pedido. Esse tempo não é uma média simples entre os tempos de produção dos diversos produtos, pois há pedidos que são entregues de imediato (estoques) e pedidos que devem aguardar uma programação de produção. O prazo médio de entrega de pedidos pode refletir também o grau de aderência da empresa a um processo de produção *just-in-time* e/ou para melhorias nos processos internos de fluxo dos pedidos na empresa. Finalmente, nos casos de vendas pela internet, pode se relacionar à imagem de eficiência ou de qualidade da marca.

▷ Duração média de estoques (dias): número médio de dias de produção mantidos em estoque. A duração média de estoques, em geral, é função do lote ótimo de produção para cada produto (determinado por características técnicas de produção). Em empresas que adotem o processo *just-in-time*, esse tempo é diminuído.

▷ Pedidos executados corretamente (% total): indicador da qualidade do atendimento aos pedidos, e pode ser expresso como:

a) (Total de pedidos – nº reclamações)/total de pedidos * 100%.

b) Pedidos atendidos sem modificação: é um indicador da possibilidade de atendimento de pedidos por parte da empresa. Um pedido atendido sem modificação é um pedido em que todos os itens e quantidades solicitados pelo cliente foram efetivamente entregues.

c) Frota própria: número total de veículos próprios utilizados para vendas e distribuição na empresa. Inclua nesse total comerciais leves, caminhões, utilitários, automóveis utilizados por vendedores, motocicletas etc. Não inclua neste total veículos cedidos à alta gerência como benefício.

d) Frota alugada/sob *leasing*: número total de veículos alugados ou sob *leasings* utilizados para vendas e distribuição na empresa. Inclua nesse total comerciais leves, caminhões, utilitários, automóveis utilizados por vendedores, motocicletas etc. Não inclua neste total veículos cedidos à alta gerência como benefício. Caso a empresa tenha terceirizado serviços, não inclua os dados correspondentes neste item (sugerimos a inclusão no item "outros", caso o dado esteja disponível).

► **Direções gerenciais**

- Esse quadro estabelece alguns indicadores para avaliação da qualidade da logística da empresa. Tendências importantes a serem identificadas são:

1 Diminuição no prazo de entrega de pedidos.

2 Diminuição na duração média de estoques.

3 Aumento no percentual de pedidos executados corretamente.

4 Aumento no percentual de pedidos atendidos sem modificação.

5 Migração de veículos na frota de próprios para alugados/sob *leasing*.

6 Aumento na frota total.

- Uma logística eficiente poderá revelar valores constantemente elevados, sem apresentar tendências significativas. Isso revelará uma estrutura bem montada na própria empresa. Para identificar valores elevados, deve-se comparar os indicadores com referências no setor da empresa ou estimativas obtidas na literatura ou em publicações especializadas.

PLANILHA D: LOGÍSTICA

Importante: caso haja mais de uma marca sendo avaliada, preencha uma cópia para cada marca.

1. Fluxo de pedidos na empresa

Descreva, de forma resumida, o fluxo de pedidos dentro da empresa, desde a venda até a entrega. Procure mencionar todas as áreas/departamentos relevantes no processo, e estime o tempo em cada um.

2. Estratégias de marketing ligadas à distribuição

Quais das seguintes estratégias de marketing a empresa adotou e/ou pretende adotar nos últimos/próximos anos? Caso a empresa planeje a adoção dessa(s) estratégia(s), assinale o(s) ano(s) em que ela planeja fazê-lo.

ESTRATÉGIAS	ANO DE ADOÇÃO						
	2010	2011	2012	2013	2014	2015	2016
Promoção em ponto de venda							

Promoção para distribuidores							
Venda "casada" (*)							
Extensão de marca (**)							
Incorporação de outras marcas (***)							

(*) Venda de um produto de maior procura condicionada à venda de outro de menor procura.
(**) Lançamento de novos produtos usando a marca em questão.
(***) Por exemplo, através da compra de concorrentes ou da fusão de marcas da própria empresa.

3. Avaliação empírica da embalagem:

Assinale todas as afirmativas válidas para a embalagem dos produtos que veiculam a marca:

A embalagem é moderna e inovadora	
A embalagem é muito conhecida pelo grande público	
A embalagem teve seu conceito básico alterado nos últimos dois anos	
A embalagem é superior à da concorrência	
A concepção da embalagem baseou-se em conceitos de ergonomia e usabilidade	
O custo unitário da embalagem é significativo (mais de 10% do custo total)	
A embalagem é "ecologicamente correta"/reciclável	

4. Indicadores de logística:

Para os indicadores abaixo relacionados, forneça dados históricos e projeções para os próximos anos:

INDICADORES	ANO						
	2010	2011	2012	2013	2014	2015	2016
Prazo médio de entrega de pedidos (dias)							
Duração média de estoques (dias) (*)							
Pedidos executados corretamente (% total)							
Pedidos atendidos sem modificação (% total)							

Frota própria							
Frota alugada/ *sob leasing*							
Outros (especificar)							
Outros (especificar)							

(*) Número médio de dias de venda representados pelo nível médio de estoque adotado no ano

PLANILHA E: CONCORRÊNCIA

Quadro E1: pontos fortes e fracos das marcas concorrentes

- Cite nesse quadro as três principais marcas concorrentes da marca avaliada, e as empresas que a representam. Eventualmente, marcas da própria empresa poderão ser concorrentes.

- Coloque os fatores mencionados em ordem de importância.

- Nas colunas "Pontos fortes" e "Pontos fracos", indique qualidades e problemas identificados das marcas concorrentes. Essas qualidades e problemas podem incluir aspectos como:

  ▷ Percepção de consumidor (adequação/inadequação da embalagem, preço de venda elevado/baixo, boa/má qualidade dos produtos etc.).

  ▷ Processo produtivo (custos de produção maiores/menores, maior/menor integração, qualidade dos produtos etc.).

  ▷ Mercado (grande/pequena participação, crescimento/retração na participação, existência/inexistência de parcerias estratégicas, boa/má estratégia de marketing e propaganda etc.).

  ▷ Vendas e distribuição (boa/má cobertura de distribuição, boa/má estrutura de vendas etc.).

- Os aspectos e fatores listados acima são apenas sugestões. Caso o avaliador perceba a existência de outros fatores importantes, cite-os também.

► **Direções gerenciais**

- Esse quadro busca identificar como a empresa percebe sua concorrência direta. Se houver muitos pontos fracos identificados na concorrência, ou isso representa vantagem competitiva (ou ao menos possibilidade de) para a marca, ou os pontos fracos apontados também são críticos para ela.

- Caso a resposta ao quadro E2 aponte para pontos fortes e fracos muito similares aos de um ou mais concorrentes desse quadro, isso é um indicador de concorrência relativamente estável no setor.
- É importante obter também uma (ou mais) avaliação externa da concorrência. Isso pode ser feito tanto internamente (caso o setor seja suficientemente aberto e conhecido) ou através de terceiros (consultores/parceiros, entidades de classe).

Quadro E2: pontos fortes e fracos da própria marca

- Cite neste quadro três ou mais pontos fortes e fracos da própria marca.
- Esses pontos fortes e fracos podem incluir aspectos como:
▷ Percepção de consumidor (adequação/inadequação da embalagem, preço de venda elevado/baixo, boa/má qualidade dos produtos etc.).
▷ Processo produtivo (custos de produção maiores/menores, maior/menor integração, qualidade dos produtos etc.). Mercado (grande/pequena participação, crescimento/retração na participação, existência/inexistência de parcerias estratégicas, boa/má estratégia de marketing e propaganda etc.).
▷ Vendas e distribuição (boa/má cobertura de distribuição, boa/má estrutura de vendas etc.).
- Coloque os fatores mencionados em ordem de importância.

▶ **Direções gerenciais**

- Esse quadro busca identificar como a empresa avalia as virtudes e vulnerabilidades de sua marca. Com E1, é possível avaliar se há estabilidade no setor ou se há ameaças ou oportunidades significativas no confronto com concorrentes.
- Esse item é particularmente influenciado pela tendência de falta de isenção. Caso possível, é importante apurar as impressões próprias e validá-las contra avaliação independente.
- Sob clima cooperativo e integrado de trabalho, a consultoria deverá aplicar a análise *SWOT* (E1 e E2), mas entrevistando separadamente todos os principais dirigentes da empresa.

Quadro E3: condições de proteção legal

- Aponte neste quadro o estado de proteção legal da marca.
- Aspectos a serem avaliados:

> Contratos de licenciamento e franquia: indique se a marca é licenciada ou franqueada, apontando em caso afirmativo os detalhes dos contratos e que caracterizam a existência de outros ativos intangíveis a serem avaliados economicamente.

> Pareceres caracterizadores dos produtos: indique se os produtos têm pareceres jurídicos que os caracterizem e protejam contra cópias e imitações, caso a caso, se necessário (se a marca estiver presente em diversos produtos).

> Licenças e acordos de produção: indique se a empresa possui acordos para produção ou licencia outras empresas para produzir produtos da marca. Em caso afirmativo, indique também se há cláusulas explicitando padrões exigidos de qualidade e punições em caso de descumprimento.

> Licenças e acordos de comercialização: indique se a empresa licencia outras para comercializar produtos utilizando suas marcas nos setores em que não atua. Em caso afirmativo, indique a existência de cláusulas especificando critérios de comercialização (preço, distribuição geográfica etc.) e punições em caso de descumprimento.

> Registro da marca no Inpi e nome de domínio no Registro BR: indique se a marca e os identificadores associados possuem os registros no Inpi e Registro BR, as datas do registro e da última renovação.

> Registro de *copyright* na Biblioteca Nacional: indique se os recursos de direitos autorais associados à marca foram registrados na Biblioteca Nacional e as datas dos registros.

> Registro do desenho junto à Escola de Belas Artes: indique se o desenho da marca foi registrado junto à Escola de Belas Artes e a data do registro.

> Vigência do Decênio do Registro: em caso de existência de registro, indique a data de término de vigência do seu decênio.

- Caso haja outros elementos de interesse na caracterização da marca, especifique-os no campo "Outros".

► **Direções gerenciais**

- Esse quadro mostra eventuais vulnerabilidades da empresa com relação à sua gestão de marcas associada aos aspectos legais.

- O aspecto da proteção legal pode ser um determinante do valor final da marca, especialmente se sua caracterização e proteção jurídicas não estiverem adequadamente estabelecidas. Caso a marca tenha circulação internacional, ou existam planos para posicioná-la dessa forma, o aspecto legal é particularmente importante e os órgãos externos de registro devem ser igualmente verificados.

- As informações legais podem (e devem) ser checadas também junto a fontes independentes. Dados referentes à própria empresa (nome na praça, idoneidade dos controladores, títulos protestados etc.) são relevantes e também devem ser verificados pelo consultor e comparados aos aspectos da marca em si.
- A descoberta de certos registros formais (o avaliador não deverá se limitar aos exemplos) podem indicar a existência de outros ativos intangíveis os quais devem ser avaliados.

Quadro E4: preços médios por produto por ano

- Aponte neste quadro os preços médios de venda praticados por produto, tanto para os produtos próprios como para os principais concorrentes.
- Os preços médios por produto são caracterizados por trimestre, no ano da avaliação. Informe os valores em reais ou dólares.
- Esses preços médios podem ser fornecidos através de tabelas de preços ao consumidor ou de preços coletados no varejo em pesquisas. É importante, no entanto, que a mesma fonte seja usada para preços próprios e de todos os concorrentes.

► **Direções gerenciais**

- Este quadro mostra os preços efetivamente praticados no varejo no ano da avaliação e compara-os aos principais concorrentes.
- A utilidade deste quadro é mais comparativa que propriamente preditiva. Presume-se que os diversos concorrentes possuam políticas de preço e promoção, sendo o objetivo compará-las à própria marca.
- Caso os dados de preço informados neste quadro sejam efetivamente importantes para a avaliação, é fundamental compará-los com dados provenientes de pesquisas.

PLANILHA E: CONCORRÊNCIA • 2010-2013

Importante: caso haja mais de uma marca sendo avaliada, preencha uma cópia para cada marca.

1. Pontos fortes e fracos das marcas concorrentes

Quais são as principais marcas concorrentes? Cite três (ou mais) pontos fortes e fracos de cada uma.

CONCORRENTE 1: _____

PONTOS FORTES	PONTOS FRACOS

CONCORRENTE 2: _____

PONTOS FORTES	PONTOS FRACOS

CONCORRENTE 3: _____

PONTOS FORTES	PONTOS FRACOS

2. Pontos fortes e fracos da própria marca

Agora cite três ou mais pontos fracos e fortes da própria marca.

MARCA

PONTOS FORTES	PONTOS FRACOS

3. Condições de proteção legal

Indique as condições de proteção legal da marca:

CONDIÇÃO LEGAL	ESTADO
Contratos de licenciamento e franquia?	
Pareceres caracterizadores dos produtos?	
Licenças e acordos de produção?	
Licenças e acordos de comercialização?	
Registro da marca no Inpi e domínio no Registro BR?	
Registro de *copyright* na Biblioteca Nacional?	
Registro do desenho junto à Escola de Belas Artes?	
Vigência do decênio do registro	

4. Preços médios por produto no ano

Indique os preços médios praticados no ano corrente pela marca e pelos três principais concorrentes no ano.

Para cada produto veiculado pela marca, preencher um quadro.

PRODUTO

MARCA	PREÇO	MÉDIO		VENDA (US$)
	1. TRIM /10	1. TRIM /11	1. TRIM /12	1. TRIM /13
Próprio				
Concorrente 1				
Concorrente 2				
Concorrente 3				

PRODUTO

MARCA	PREÇO	MÉDIO		VENDA (US$)
	1. TRIM /10	1. TRIM /11	1. TRIM /12	1. TRIM /13
Próprio				
Concorrente 1				
Concorrente 2				
Concorrente 3				

PRODUTO

MARCA	PREÇO	MÉDIO		VENDA (US$)
	1. TRIM /10	1. TRIM /11	1. TRIM /12	1. TRIM /13
Próprio				
Concorrente 1				
Concorrente 2				
Concorrente 3				

PRODUTO

MARCA	PREÇO	MÉDIO		VENDA (US$)
	1. TRIM /10	1. TRIM /11	1. TRIM /12	1. TRIM /13
Próprio				
Concorrente 1				
Concorrente 2				
Concorrente 3				

Recursos técnicos **303**

PLANILHA F: DISTRIBUIÇÃO

Linha F1: custos médios de transporte por pedido

- Informe qual o custo médio de transporte por pedido efetivamente entregue por ano. Embora um pedido possa conter dados referentes a diversas marcas e produtos, considere aqui apenas os pedidos que envolvam a marca avaliada.
- Utilize o real ou dólar médio de cada ano para informar os valores. A tabela dos valores do dólar médio oficial anual pode ser encontrada no *site* do Banco Central, ou com os consultores da GlobalBrands.
- Caso esse dado não esteja armazenado em dados históricos, esse valor pode ser obtido através do rateio por produto e por marca da divisão do total gasto em transporte no ano pelo número de pedidos efetivamente entregues.
- Os gastos anuais com transporte devem conter apenas dados referentes a estrutura e logística de distribuição (funcionários, depreciação da frota, manutenção, seguro, contratação de terceiros). Não inclua aqui gastos indiretos (despesas com processamento de pedidos etc.).

► **Direções gerenciais**

- Essa linha mostra os custos de transporte associados a cada pedido. A tendência esperada para esse custo é de queda, mas a avaliação desse dado deve ser associada aos valores informados em F2 e F3.
- Os custos de transporte são um indicador importante de eficiência operacional, especialmente em setores em que a distribuição seja muito capilarizada. Os dados do quadro D4 (indicadores de logística), em especial o prazo médio de entrega de pedidos, são muito importantes para analisar a eficiência operacional da distribuição.

Linha F2: valor médio por pedido

- Informe qual o valor médio por pedido efetivamente entregue, por ano. Embora um pedido possa conter dados referentes a diversas marcas e produtos, considere aqui apenas os pedidos que envolvam a marca sendo avaliada.
- Utilize o real ou dólar médio de cada ano para informar os valores. A tabela dos valores do dólar médio oficial anual pode ser encontrada no *site* do Banco Central, ou com os consultores da GlobalBrands.

- Caso esse dado não esteja armazenado em dados históricos, esse valor pode ser obtido através do rateio por produto da divisão do total de vendas brutas da marca no ano (linha A2) pelo número de pedidos efetivamente entregues.
- O valor médio por pedido deve se basear nos valores efetivos de vendas, após eventuais descontos.

▶ **Direções gerenciais**

- Essa linha mostra o valor médio registrado por pedido, e depende diretamente da estratégia de expansão de vendas adotada pela empresa. Caso o número de pontos de venda (linha A7) se mantenha constante, o crescimento verificado nessa linha (se existir) será significativo.
- O fortalecimento da imagem da marca junto aos pontos de venda pode ser detectado através de um aumento do valor médio do pedido, desde que associado a uma manutenção ou expansão no número de pontos de venda.

Linha F3: número de unidades vendidas

- Informe o número de unidades vendidas por produto da marca, por ano.
- Caso o produto seja vendido em diversas versões de embalagem (pesos diferentes), pode-se agregar os valores por unidades de peso e/ou volume (ex: vendidos 40 mil toneladas; 100 mil litros).

▶ **Direções gerenciais**

- Essa linha prevê valores de vendas quantitativas para os produtos da marca. A relação entre o faturamento por produto (linha A2), os custos de produção por produto (linha F5) e o número de unidades vendidas é um indicador da atratividade dos produtos e da marca.
- O crescimento no número de unidades vendidas pode ser um indicador mais confiável do que o aumento no faturamento bruto da marca para indicar linhas de produtos de maior ou menor potencial de mercado ou a eficiência de estratégias mercadológicas adotadas pela empresa.

Linha F4: margem bruta por unidade

- Informe a margem percentual de comercialização associada a cada produto da marca, deduzidos os custos diretos de produção.

- Caso o valor das margens não esteja disponível, ele pode ser estimado pela razão entre preço de venda ao consumidor (F8) e custos de produção (G5).

▶ **Direções gerenciais**

- Essa linha é uma estimativa rápida da rentabilidade por produto. É um indicador direto, mas impreciso, da "eficiência" do produto em gerar receita.
- Marcas bem gerenciadas terão a maior parte de seus produtos apresentando margens brutas em níveis adequados (quanto é adequado depende do setor, da conjuntura e de fatores externos).
- Os valores de margem bruta são especialmente úteis para posicionar os produtos nos quatro quadrantes do desenvolvimento de produtos (ver Kotler) ou estudo equivalente.

Linha F5: comissões pagas por venda

- Informe os valores pagos a título de comissão por vendas por ano, em milhares de reais ou dólares.
- Utilize o real ou dólar médio de cada ano para informar os valores. A tabela dos valores do dólar médio oficial anual pode ser encontrada no *site* do Banco Central, ou com os consultores da GlobalBrands.
- Inclua entre comissões:
▷ Parcela variável da remuneração da equipe de vendas.
▷ Programas de estímulo a desempenho.
▷ Comissões pagas a varejistas/distribuidores.

▶ **Direções gerenciais**

- Essa linha avalia os investimentos diretos em estímulo a vendas.
- O valor alocado para esta linha representa um *"overhead"* operacional para a empresa, necessário para a comercialização de seus produtos. Em certa medida, ele pode contribuir no esforço de construção da marca, mas valores muito elevados de comissões podem indicar a necessidade de um esforço desmedido de vendas (um indício de falta de diferenciação ou de desvantagem competitiva).

Linha F6: devoluções

- Informe os valores pagos a título de devoluções por ano, em milhares de reais ou dólares.
- Utilize o real ou dólar médio de cada ano para informar os valores. A tabela dos valores do dólar médio oficial anual pode ser encontrada no *site* do Banco Central, ou com os consultores da GlobalBrands.

- Uma devolução será caracterizada quando um pedido efetuado for cancelado após o faturamento, por uma das seguintes razões:

a) Problemas de fabricação/controle de qualidade.

b) Envio indevido (produtos enviados não conferem com o pedido).

c) Inadimplência do comprador.

d) Alterações contratuais.

- O cálculo dos valores gastos em devoluções é direto caso a empresa faça a contabilidade interna por marca. Caso a empresa não elabore relatórios contábeis divididos por marca, pode-se estimar os valores de devoluções através de uma média ponderada do total das devoluções em função do faturamento bruto da empresa. Esse procedimento, no entanto, gera distorções no valor e não é recomendado.

▶ **Direções gerenciais**

- Essa linha informa os valores absolutos perdidos em devoluções pela empresa. Valores elevados denotam um descompasso entre o esforço de vendas e o "*follow-up*" das mesmas.

- O nível "normal" de devoluções varia de acordo com o setor. A comparação do percentual das devoluções sobre o faturamento da marca (linha A2) com o índice registrado pelo setor pode ser um parâmetro de avaliação (desde que as unidades sejam compatíveis).

Linha F7: impostos

- Informe os valores pagos a título de impostos relativos a produtos e serviços que veiculam a marca por ano, em milhares de reais ou dólares. Inclua impostos federais, estaduais e municipais.

- Utilize o real ou dólar médio de cada ano para informar os valores. A tabela dos valores do dólar médio oficial anual pode ser encontrada no *site* do Banco Central, ou com os consultores da GlobalBrands.

- Caso a empresa faça sua contabilidade interna por marca, a apuração dos impostos por produto é relativamente simples. Caso isso não ocorra, use os valores de alíquota apurados em I1.

▶ **Direções gerenciais**

- Essa linha informa os valores absolutos pagos em impostos com relação aos produtos com a marca. O valor informado aqui é um indicador mais confiável desses gastos efetivos.

- Em alguns casos, este trabalho será útil para que a empresa conheça em maior detalhe a sua estrutura tributária. O levantamento da estrutura contábil deve ser feito pelo departamento contábil da empresa.

- Na maior parte das empresas, que não realizam uma contabilização por marca, os gastos com impostos serão calculados através de uma média. Nesse caso, é fundamental cruzar os valores informados com demonstrativos financeiros elaborados pela empresa, na alínea "impostos".

- É possível que os valores efetivamente pagos sejam bastante inferiores ao previsto pelas alíquotas nominais, devido a uma gestão financeira eficaz por parte da empresa. Esse fato deve ser levado em consideração ao analisar os resultados obtidos.

Linha F8: preço de venda ao consumidor

- Informe os preços pagos pelos consumidores, em milhares de reais ou dólares.
- Segmente os preços por marca, tipo de produto, tipo de embalagem etc.
- Quanto aos canais de venda, caso a empresa também venda pela internet, ou pratique preços diferenciados (redes de franquia, por exemplo, costumam praticar preços diferentes para lojas de rua em bairros e shoppings), esclareça e detalhe os preços.

▶ **Direções gerenciais**

- Essa linha informa os valores absolutos pagos em impostos com relação aos produtos com a marca. O valor informado aqui é um indicador mais confiável desses gastos efetivos.
- Esse levantamento permite realizar estudos de elasticidade-preço e relativos a marcas concorrentes. Em produtos equivalentes, e conforme indicadores da pesquisa de *brand equity*, permite apurar o *price premium* da marca avaliada.

PLANILHA F: DADOS DE DISTRIBUIÇÃO • (2010-2012)

Importante: caso haja mais de uma marca sendo avaliada, preencha uma cópia para cada marca.

DADO	2010	2011	2012
1. Custos médios de transporte por pedido (US$) (a)			
Produto:			
Produto:			

Capital Intangível

Produto:			
2. Valor médio por pedido (US$) (b)			
Produto:			
Produto:			
Produto:			
3. Número de unidades vendidas (c)			
Produto:			
Produto:			
Produto:			
4. Margem bruta por unidade (%)			
Produto:			
Produto:			
Produto:			
5. Comissões pagas por venda (US$ mil) (d)			
Produto:			
Produto:			
Produto:			
6. Devoluções (US$ mil) (e)			
Produto:			
Produto:			
Produto:			
7. Impostos (US$ mil) (f)			
Produto:			
Produto:			
Produto:			
8. Preço de venda ao consumidor (US$) (g)			
Produto:			
Produto:			
Produto:			

(a) Custo médio de transporte de um pedido. Caso a marca possua diversas linhas de produto, indicar os valores individuais.

(b) Valor médio de um pedido, independente de segmento de atuação.

Caso a marca possua diversas linhas de produto, indicar os valores individuais.

(c) Especificar a unidade de medida utilizada.

(d) Incluem comissões à equipe de vendas e a eventuais intermediários externos.

(e) Totais de vendas em devolução, caso não seja revertido o seu lançamento contábil.

(f) Totais de impostos pagos sobre a produção e venda da marca. Incluir impostos federais, estaduais e municipais.

(g) Preço de venda ao consumidor praticado em dezembro do respectivo ano, expresso em dólar médio do mês.

FONTE: <HTTP://WWW.GLOBALBRANDS.COM.BR>.

PLANILHA G: PRODUÇÃO

Linha G1: investimentos em proteção ambiental

- Informe os valores investidos pela empresa em proteção ambiental no processo produtivo (compra/atualização de filtros contra a poluição), adoção de novos processos produtivos (com menor índice de poluição etc.), em milhares de reais ou dólares.
- Utilize o real ou o dólar médio de cada ano para informar os valores. A tabela dos valores do dólar médio oficial anual pode ser encontrada no *site* do Banco Central, ou com os consultores da GlobalBrands.
- Inclua nesta linha como "(-)" eventuais indenizações ou gastos legais envolvendo questões ambientais.

▶ **Direções gerenciais**

- Os investimentos em proteção ambiental complementam eventuais investimentos institucionais realizados pela empresa envolvendo a ecologia (vinculação da imagem da empresa/marca a questões socioambientais).
- Mesmo em casos em que os investimentos tenham sido motivados apenas por mudanças na legislação ou pressões externas, os investimentos em proteção ambiental são importantes por diminuírem a possibilidade de ações judiciais serem interpostas contra a empresa.
- Caso o processo produtivo da empresa envolva riscos ambientais elevados (como indústria canavieira, metalurgia etc.), a taxa de retorno qualitativo deverá ser afetada.

Linha G2: investimentos em capacidade

- Informe os valores investidos pela empresa em expansão da capacidade produtiva (novas fábricas/linhas de produção, atualização de equipamentos etc.), em milhares de reais ou dólares.
- Utilize o real ou o dólar médio de cada ano para informar os valores. A tabela dos valores do dólar médio oficial anual pode ser encontrada no *site* do Banco Central, ou com os consultores da GlobalBrands.

Capital Intangível

- Não inclua entre investimentos em capacidade eventuais períodos de adoção de turnos adicionais de produção ou pagamento de horas extras (que deverão ser informados em H3).
- Caso os investimentos realizados sejam direcionados a um dado produto, registre-os de forma exclusiva para o produto em questão. Caso eles sejam distribuídos a toda uma linha de produtos, faça o rateio desses investimentos entre os diferentes produtos em função da proporção do faturamento bruto total representado (linha A2).

► **Direções gerenciais**

- Os investimentos em capacidade são determinantes para a manutenção ou possibilidade de melhoria no posicionamento de mercado da empresa e da marca. Uma política de longo prazo de investimentos em capacidade é um condicionante do desempenho futuro da marca.
- Diversas empresas operam com marcas sobre produtos genéricos, adquiridos junto a outros fornecedores. No caso dessas empresas, os valores informados nesta linha serão pouco relevantes, se existirem.
- A existência de investimentos em capacidade é um fator importante para calibrar a adoção da função relevância na construção do capital da marca (já que investimentos em capacidade têm uma maturação mais longa). Os valores informados devem ser comparados aos de A8 (investimentos em mídia próprios e da concorrência) e I5 (investimentos em mídia por produto).

Linha G3: ciclo de produção

- Informe o número de dias necessários para a produção de cada produto associado à marca.
- O ciclo de produção compreende todas as etapas do processo produtivo, desde a chegada da matéria-prima até a finalização dos produtos. Esse tempo compreende também os períodos intermediários (os chamados estoques em processo).

► **Direções gerenciais**

- Usualmente, as empresas têm uma estimativa do ciclo de produção para cada produto baseada no tempo necessário para fabricação em cada equipamento. No entanto, em processos complexos de produção é comum que os tempos reais sejam mais elevados do que o estimado, pois os estoques em processo são frequentemente desconsiderados.

- É muito importante avaliar os níveis de estoques em processo para confrontar os dados de ciclo de produção. Uma forma de fazer isso é através do levantamento do processo produtivo de cada produto (início de processamento na máquina 1, que continua na máquina 2 etc., tempos de preparação, lotes ótimos de produção). Esses dados, em geral, não estarão disponíveis de imediato, o que levará à necessidade de investigação em campo.

- O ciclo de produção é um indicador da flexibilidade pela qual a empresa pode adaptar-se a flutuações na demanda. Aliado ao ponto de equilíbrio (linha G4), o ciclo de produção permite avaliar se a empresa pode adaptar com agilidade seu mix de produção a novas tecnologias ou necessidades de mercado.

- Outro ponto importante que pode ser avaliado é a variação entre os ciclos de produção dos diversos produtos; de modo geral, processos produtivos mais ágeis são mais rentáveis, influenciando a taxa de retorno quantitativo da marca.

Linha G4: ponto de equilíbrio de produção

- Informe a porcentagem da capacidade produtiva associada a cada produto necessária para "zerar" os custos fixos.

- O ponto de equilíbrio de produção indica qual a quantidade mínima de um dado produto que a empresa necessita produzir para compensar seus custos fixos naquele produto.

- Para estimar o ponto de equilíbrio, avalie o processo produtivo como um todo; procure avaliar qual a quantidade mínima necessária para que haja lucro com o produto em questão e avalie que porcentagem da capacidade produtiva instalada esse valor representa.

▶ **Direções gerenciais**

- O ponto de equilíbrio de produção indica o nível de custos fixos associado aos processos produtivos. Quanto mais baixo porcentualmente for o ponto de equilíbrio, maior a flexibilidade operacional associada à empresa e ao seu processo produtivo.

- Este dado é um indicador da estruturação do processo produtivo da empresa. Caso a empresa possua um processo "leve", o ponto de equilíbrio será naturalmente baixo.

- Obviamente, este indicador só tem sentido caso a empresa efetivamente produza os produtos que comercializa sob uma dada marca. Para produtos não fabricados internamente, ele não se aplica.

Linha G5: custos de produção

- Informe os custos de produção, segmentados por produto, marca, embalagem etc.

▶ **Direções gerenciais**

- Esse indicador pode ser utilizado como indicador de prestígio ou força da marca junto a fornecedores de matérias-primas diferenciadas, ou de difícil acesso.

PLANILHA G: DADOS DE PRODUÇÃO • (2010-2012)

Importante: caso haja mais de uma marca sendo avaliada, preencha uma cópia para cada marca.

DADO	2010	2011	2012
1. Investimentos em proteção ambiental (US$ mil) (a)			
2. Investimentos em capacidade (US$ mil) (b)			
Produto:			
Produto:			
Produto:			
3. Ciclo de produção (dias) (c)			
Produto:			
Produto:			
Produto:			
4. Ponto de equilíbrio de produção (d)			
Produto:			
Produto:			
Produto:			
5. Custos de produção (e)			
Produto:			
Produto:			
Produto:			

(a) Incluem filtros e demais equipamentos antipoluentes, adaptação de fábricas à legislação etc. Indenizações em: (-).

(b) Incluem aumento de linhas de produção, substituição de equipamentos, etc. Não incluem investimentos em divulgação/marketing/propaganda.

(c) Tempo médio decorrido entre o recebimento de matéria-prima e a finalização dos produtos.

(d) Porcentagem mínima da capacidade produtiva necessária para cobrir custos fixos.

(e) Custos totais de produção de cada produto, em dólar médio do ano.

PLANILHA H: CAPITAL HUMANO

Linha H1: número de funcionários por unidade funcional

- Informe o número de funcionários efetivos da empresa alocados por unidade funcional (ou grupo de unidades funcionais). Não informe aqui funcionários subcontratados através de processos de terceirização.

- Áreas funcionais:

a) Marketing e relações públicas: relacionar profissionais e executivos da empresa envolvidos em definição/acompanhamento de mercado, relacionamento com agências de propaganda, divulgação institucional, produção de folhetos/prospectos, pesquisa de mercado e demais atividades relacionadas a marketing e relações públicas.

b) Pesquisa e desenvolvimento: relacionar profissionais e executivos da empresa envolvidos em pesquisa de novos materiais/técnicas/produtos, desenvolvimento de novos produtos, projetos especiais e demais atividades relacionadas à pesquisa e ao desenvolvimento. Mencione apenas aqueles profissionais envolvidos na atividade-fim da empresa: por exemplo, analistas de sistemas, embora exerçam uma atividade ligada a desenvolvimento, não são classificados nessa área funcional, a menos que a informática seja considerada atividade-fim na empresa.

c) Vendas e distribuição: relacionar profissionais e executivos da empresa envolvidos em atividades ligadas à venda de produtos (atendimento a clientes, processamento de pedidos etc.) e distribuição (logística, distribuição física etc.).

d) Produção e operações: relacionar profissionais e executivos da empresa envolvidos em produção e operações (operários, técnicos de manutenção de equipamentos, compradores de matéria-prima etc.).

e) Total: relacionar o total de funcionários efetivos da empresa (inclusive os lotados nas atividades já mencionadas).

▶ **Direções gerenciais**

- O número de funcionários permite avaliar a estrutura da empresa como um todo. Caso a empresa esteja atravessando um período de expansão de vendas, há uma tendência ao aumento do número de funcionários, mas, no caso geral, espera-se um modesto declínio no número de funcionários.

- Com base nesse dado, pode-se calcular o faturamento bruto por funcionário da empresa, assim como sua evolução histórica.

- Outro dado relevante que pode ser calculado é a composição percentual do número de funcionários da empresa, que indica a atividade predominante (empresa orientada para produção, vendas ou marketing).

- Esses dados podem ser vinculados a métricas de capacitação, adesão, formação ou outros. Sistemas como o BSC (*Balanced Scorecard*) simplificam os levantamentos e sugerem outros indicadores, alguns até vinculados ao desempenho da marca/empresa.

Linha H2: remuneração de funcionários por unidade funcional

- Informe os valores totais gastos com remuneração de funcionários efetivos da empresa alocados por unidade funcional (ou grupo de unidades funcionais), inclusive encargos, em milhares de reais ou dólares. Não informe aqui funcionários subcontratados através de processos de terceirização.

- Utilize o real ou o dólar médio de cada ano para informar os valores. A tabela dos valores do dólar médio oficial anual pode ser encontrada no *site* do Banco Central, ou com os consultores da GlobalBrands.

- Áreas funcionais:

a) Marketing e relações públicas: relacionar profissionais e executivos da empresa envolvidos em definição/acompanhamento de mercado, relacionamento com agências de propaganda, divulgação institucional, produção de folhetos/prospectos, pesquisa de mercado e demais atividades relacionadas a marketing e relações públicas.

b) Pesquisa e desenvolvimento: relacionar profissionais e executivos da empresa envolvidos em pesquisa de novos materiais/técnicas/produtos, desenvolvimento de novos produtos, projetos especiais e demais atividades relacionadas a pesquisa e desenvolvimento. Mencione apenas aqueles profissionais envolvidos na atividade-fim da empresa: por exemplo, analistas de sistemas, embora exerçam uma atividade ligada a desenvolvimento, não são classificados nessa área funcional, a menos que a informática seja considerada atividade-fim na empresa.

c) Vendas e distribuição: relacionar profissionais e executivos da empresa envolvidos em atividades ligadas à venda de produtos (atendimento a clientes, processamento de pedidos etc.) e distribuição (logística, distribuição física etc.).

Recursos técnicos **315**

d) Produção e operações: relacionar profissionais e executivos da empresa envolvidos em produção e operações (operários, técnicos de manutenção de equipamentos, compradores de matéria-prima etc.).

e) Total: relacionar o total de funcionários efetivos da empresa (inclusive os lotados nas atividades já mencionadas).

► **Direções gerenciais**

- Os totais gastos com remuneração de funcionários são um importante componente do capital da marca. Os totais gastos em p&d, marketing, vendas e distribuição podem entrar na composição do capital da marca, mas a ponderação a ser atribuída a cada um deve ser vinculada a outros fatores selecionados pelo avaliador.

- O critério básico para incluir no cálculo do valor da marca os gastos com pessoal em uma categoria é o valor agregado por ele à marca. Em geral, marketing (por aumentar a percepção do consumidor da marca) e p&d (por melhorar os produtos) são investimentos que agregam valor à marca. Caso a empresa possua processos produtivos de grande eficiência, a remuneração dos funcionários em produção pode ser incluída, o mesmo ocorrendo com os funcionários em vendas e distribuição.

- Em empresas de pequeno/médio porte, que não fazem investimentos substanciais em mídia, a importância do produto em si e da percepção de diferenciação (qualidade, especificidade, preço, distribuição) cresce na construção da marca. Assim, o peso das despesas com pessoal na construção de marca será maior em empresas menores.

Linha H3: horas extras pagas por unidade funcional

- Informe os valores totais gastos com remuneração de funcionários efetivos da empresa alocados por unidade funcional (ou grupo de unidades funcionais), inclusive encargos, em milhares de reais ou dólares. Não informe aqui funcionários subcontratados através de processos de terceirização ou consultoria fixa.

- Utilize o real ou o dólar médio de cada ano para informar os valores. A tabela dos valores do dólar médio oficial anual pode ser encontrada no *site* do Banco Central, ou com os consultores da GlobalBrands.

► **Direções gerenciais**

- Os totais gastos com horas extras indicam o grau de aquecimento da atividade exercida pela unidade funcional em relação ao total da empresa. Se uma unidade funcional com 10% dos funcionários representa 50% do total de horas extras, isso indica que essa unidade funcional está sendo demandada com maior intensidade.

- Os valores informados nesta linha já estarão incluídos em H2 (remuneração de funcionários); apenas se não tiverem sido incluídos é que eles poderão compor o valor da marca.

PLANILHA H: CAPITAL HUMANO • (2010-2012)

DADO	2010	2011	2012
1. Número de funcionários por unidade funcional (a)			
Marketing e relações públicas:			
Vendas e distribuição:			
Pesquisa e desenvolvimento:			
Produção e operações:			
Total:			
2. Remuneração de funcionários por unidade funcional (US$ mil) (b)			
Marketing e relações públicas:			
Vendas e distribuição:			
Pesquisa e desenvolvimento:			
Produção e operações:			
Total:			
3. Horas extras pagas por unidade funcional (US$ mil) (c)			
Marketing e relações públicas:			
Vendas e distribuição:			
Pesquisa e desenvolvimento:			
Produção e operações:			
Total:			

(a) Incluir apenas funcionários efetivos. Segmentar por marca se for o caso.
(b) Incluir encargos sociais e remuneração indireta (bônus, plano de saúde etc.).
(c) Incluir também remuneração total em caso de adoção de turnos extras de produção.

Recursos técnicos 317

PLANILHA I: DADOS FINANCEIROS

Linha I1: nível médio de tributação

- Informe o total percentual correspondente a impostos no preço final de venda dos produtos da marca.

- A empresa deverá indicar quais impostos incidem sobre os produtos que comercializa, avaliar a sua base de cálculo e alíquota e apurar ano a ano os valores correspondentes. Não é necessário incluir impostos incidentes sobre a empresa como um todo (por exemplo, imposto de renda), mas os impostos incidentes sobre o processo produtivo deverão ser avaliados.

- Adote como procedimento padrão, para apuração dos impostos, os valores líquidos efetivamente pagos, e não as alíquotas teóricas. Por exemplo, quando a legislação permitir o desconto de tributos pagos em cascata, isso implica que o valor do imposto efetivamente pago é menor que a alíquota nominal desse imposto.

- A estrutura tributária relacionada a cada produto pode se alterar no decorrer dos anos, especialmente em termos de mudança de alíquotas.

- Os valores apurados para esta linha serão particularmente úteis para apurar os valores de F7 (impostos pagos).

▶ **Direções gerenciais**

- Essa linha mostra a tributação absoluta incidente sobre os produtos veiculados pela marca. É necessário usar os valores informados nessa linha para verificar a consistência dos valores da linha F7 (aplicando-se os valores desta linha sobre os valores de A2, pode-se obter uma estimativa do total de impostos).

- O nível médio de tributação tem duas grandes utilizações: permite elaborar projeções da margem de lucro por produto (a partir dos custos de produção e de venda) e auxilia na identificação das linhas de produtos mais rentáveis.

Linha I2: investimentos em design

- Informe os valores totais investidos design de produto (modernização de identidade visual, mudanças de logomarca, alteração de rótulos) e design de embalagens (uso de novos materiais, adoção de novos formatos/tamanhos, alterações no empacotamento de atacado), em milhares de reais ou dólares. Não inclua aqui investimentos com produção de embalagens ou rótulos.

- Utilize o real ou o dólar médio de cada ano para informar os valores. A tabela dos valores do dólar médio oficial anual pode ser encontrada no *site* do Banco Central, ou com os consultores da GlobalBrands.
- Quando os investimentos efetuados forem distribuídos por uma linha de produtos, efetue o rateio dos valores em função do seu faturamento bruto.

▶ **Direções gerenciais**

- Os investimentos em design são uma componente do capital da marca. Eles representam o quanto a empresa investiu em melhorias na percepção do seu produto pelo consumidor final.
- Em marcas pequenas e médias, que efetuam pequenos investimentos em mídia, os investimentos em design e melhoria de embalagens poderão representar uma parcela significativa. Mas é preciso investigar se os dados são corretos (se foram informados apenas investimentos em design e não em produção de embalagens ou melhorias em logística).

Linha I3: investimentos em estamparia/moldes

- Informe os valores totais investidos em equipamentos para produção de embalagens (novos equipamentos para estamparia, novos moldes, renovação de equipamentos existentes), em milhares de reais ou dólares.
- Utilize o real ou o dólar médio de cada ano para informar os valores. A tabela dos valores do dólar médio oficial anual pode ser encontrada no *site* do Banco Central, ou com os consultores da GlobalBrands.
- Quando os investimentos efetuados forem distribuídos por uma linha de produtos, efetue o rateio dos valores em função do seu faturamento bruto.

▶ **Direções gerenciais**

- Os investimentos em estamparia/moldes complementam os investimentos em design na geração de novos conceitos de "*packaging*" para os produtos da marca. Essa linha está diferenciada de I2 porque esses investimentos não são incluídos no valor da marca segundo a metodologia da GlobalBrands.

Linha I4: investimentos em marketing institucional

- Informe os valores totais investidos em marketing destinados a reforçar a imagem corporativa da empresa, em milhares de reais ou dólares.

- Utilize o real ou o dólar médio de cada ano para informar os valores. A tabela dos valores do dólar médio oficial anual pode ser encontrada no *site* do Banco Central, ou com os consultores da GlobalBrands.
- Caso a marca avaliada seja também a marca da empresa, não é necessário preencher esta linha.

▶ **Direções gerenciais**

- Os investimentos em marketing institucional podem ser vistos como investimentos na construção da "marca-empresa", ou seja, na imagem que a empresa como um todo estabelece. É comum que as empresas com marcas muito fortes mudem as suas razões sociais para aproveitarem essa associação. Nesse caso, o consultor deve conhecer a estratégia de arquitetura da marca.
- Quando a empresa possui diversas marcas, ela pode optar por efetuar trabalhos separados de posicionamento e construção de marca. Em geral, os investimentos em marketing institucional não entram no cálculo do valor da marca, mas podem ser incluídos (no todo ou em parte) quando houver uma associação muito forte entre a marca e a empresa.

Linha I5: investimentos em mídia

- Informe os valores totais investidos em mídia (TV, jornais, revistas, internet, *outdoors* etc.) por produto da marca, em milhares de reais ou dólares.
- Utilize o real ou o dólar médio de cada ano para informar os valores. A tabela dos valores do dólar médio oficial anual pode ser encontrada no *site* do Banco Central, ou com os consultores da GlobalBrands.
- Os investimentos informados nessa linha devem ser diferenciados por produto. Caso uma campanha ou investimento em mídia envolva mais de um produto, faça um rateio entre os produtos envolvidos.
- Não inclua nessa linha quaisquer investimentos institucionais em mídia, ou investimentos dirigidos a marcas diferentes da avaliada.

▶ **Direções gerenciais**

- Os investimentos em comunicação são, talvez, o componente mais significativo do valor da marca, especialmente no caso de grandes anunciantes.
- É possível que surjam casos em que o peso dos investimentos em mídia seja muito superior aos demais investimentos efetuados pela empresa na marca. Em tais

casos, é oportuno estabelecer um redutor (índice de efetividade de campanhas, por exemplo), que deve medir quão aceita foi uma dada campanha.

- A ideia do redutor é interessante (afinal, nem todos os investimentos em mídia são iguais...), mas deve acompanhar os critérios de desempenho de comunicação validados pelo cliente. A consultoria não é "juíza" das campanhas publicitárias dos seus clientes.

Linha I6: investimentos em promoção de vendas

- Informe os valores totais investidos em promoção de vendas (amostras, brindes, folhetos, mala direta, stands em feiras/congressos/eventos) por produto da marca, em milhares de reais ou dólares.
- Utilize o real ou o dólar médio de cada ano para informar os valores. A tabela dos valores do dólar médio oficial anual pode ser encontrada no *site* do Banco Central, ou com os consultores da GlobalBrands.
- Os investimentos informados nessa linha devem ser diferenciados por produto. Caso uma campanha promocional envolva mais de um produto, faça um rateio entre os produtos envolvidos.

► **Direções gerenciais**

- Os investimentos em promoção de vendas são uma forma de capturar investimentos não diretamente dirigidos aos consumidores finais, mas sim a distribuidores, formadores de opinião, público especializado, etc. Eles são uma parte importante do valor da marca, em especial em marcas em fase de introdução.
- Os investimentos em promoção de vendas podem compor o valor da marca. É essencial que os dados informados nessa linha sejam confiáveis e devidamente discriminados.
- De uma forma geral, os investimentos em promoção são mais confiáveis do que os investimentos em mídia na apuração do capital da marca. Examinar a sua evolução histórica pode trazer subsídios importantes para a compreensão da política de *branding* da empresa (consistência dos investimentos, preocupação com o consumidor etc.).

Linha I7: investimentos em infraestrutura de vendas

- Informe os valores totais investidos em processos e equipamentos de infraestrutura envolvidos no processo de vendas da empresa, em milhares de dólares. Esses processos e equipamentos podem incluir: sistemas informatizados para apoio a vendas, troca eletrônica de documentos, atualização de equipamentos, frota de veículos, certos materiais permanentes de PDV etc.

- Utilize o real ou o dólar médio de cada ano para informar os valores. A tabela dos valores do dólar médio oficial anual pode ser encontrada no *site* do Banco Central, ou com os consultores da GlobalBrands.

▶ **Direções gerenciais**

- Normalmente os investimentos em infraestrutura de vendas não deverão compor o valor da marca. No entanto, pode haver casos em que os valores investidos nessa linha sejam incluídos parcialmente no valor da marca, em especial quando a empresa estiver em fase de expansão de distribuição.

- Em muitos casos, a infraestrutura de vendas diminui (especialmente através de terceirização de atividades). Isso não significa diminuição na eficiência de vendas (muito pelo contrário), mas é preciso avaliar se políticas agressivas de vendas não afetam a imagem da marca.

Linha I8: investimentos em pesquisa e desenvolvimento

- Informe os valores totais investidos em pesquisa e desenvolvimento de novos produtos (projetos de pesquisa e desenvolvimento, laboratórios, registro de patentes etc.) em milhares de reais ou dólares.

- Utilize o real ou o dólar médio de cada ano para informar os valores. A tabela dos valores do dólar médio oficial anual pode ser encontrada no *site* do Banco Central, ou com os consultores da GlobalBrands.

- Os investimentos em pesquisa e desenvolvimento compreendem desde a fase de anteprojeto até testes de laboratório e pilotos de produtos em campo. Não inclua eventuais gastos com pessoal especializado (que constarão em H2).

- Os investimentos em pesquisa e desenvolvimento são extremamente importantes para identificar o valor da marca. Além de fazerem parte do capital da marca, eles permitem projetar com alguma acuidade perspectivas para a taxa de retorno quantitativa associada.

- Como poucas empresas efetivamente investem em pesquisa e desenvolvimento de forma segmentada por produto (ou marca), o valor apurado deverá ser rateado internamente por linha de atuação da empresa. Assim, os investimentos em pesquisa

Capital Intangível

e desenvolvimento de um centro de pesquisa de uma empresa de grande porte serão distribuídos entre as diversas marcas com as quais ela trabalha.

- Descreva em "Outros" dados relacionados às parcerias com empresas públicas ou privadas associadas a projetos em andamento, descrevendo em anotação se haverá o vínculo público entre as marcas (cobranding), cessão ou criação de marca.

PLANILHA I: DADOS FINANCEIROS • (2010-2012)

DADO	2010	2011	2012
1. Nível médio de tributação (%) (a)			
Produto:			
Produto:			
Produto:			
2. Investimentos em design (US$ mil)			
Produto:			
Produto:			
Produto:			
3. Investimentos em estamparia/moldes (US$ mil)			
Produto:			
Produto:			
Produto:			
4. Investimentos em marketing institucional (US$ mil) (b)			
Assessoria/ consultoria de RP:			
Agências de propaganda:			
Outros (especificar):			
5. Investimentos em mídia (c)			
Produto:			
Produto:			
Produto:			
6. Investimentos em promoção de vendas (US$ mil) (d)			
7. Investimentos em infraestrutura de vendas (US$ mil) (e)			
8. Investimentos em pesquisa e desenvolvimento (US$ mil) (f)			
9. Outros			

(a) Inclui alíquotas municipal, estadual e federal. Em caso de incidência em cascata, utilizar valores reais.

(b) São os investimentos em marca que não são dirigidos especificamente a um produto, mas sim à marca como um todo.

(c) Investimentos realizados em mídia (TV, revista, jornal, internet, *outdoor* etc.) por produto. Em caso de comunicação multiproduto, ratear os valores.

(d) Valores gastos com promoção temporária de vendas por todos os produtos relacionados à marca.

(e) Incluem: investimentos em equipamentos ou sistemas para apoio a vendas, troca eletrônica de documentos etc.

(f) Incluem: investimentos em laboratórios, equipamentos ou sistemas específicos etc.

BIBLIOGRAFIA

ALVES, Rubem. *Filosofia da ciência: introdução ao jogo e a suas regras*. São Paulo: Loyola, 2002.

ANDRIESSEN, Daniel. *Making sense of intellectual capital: designing a method for the valuation of intangibles*. Burlington: Elsevier, 2004.

ANSON, Weston; SUCHY, Donna P.; AHYA, Chaitali. *Intellectual property valuation: a primer for identifying and determining value*. Chicago: The American Bar Association, 2005.

APPLE INC. "Goodwill and other intangible assets". Form 10-K Apple Inc – AAPL, 2009. Disponível em: <http://phx.corporate-ir.net/phoenix.zhtml?c=107357&p=irol-sec&secCat01.1_rs=31&secCat01.1_rc=10>.

ARIELY, Dam. *Previsivelmente irracional: como as situações do dia a dia influenciam as nossas decisões*. Rio de Janeiro: Campus/Elsevier, 2008.

BARATA NETO Ruy; OLIVEIRA, Regiane de; ESTEVES, Cintia. "Outras pedras no caminho da Nova Casas Bahia". *Brasil Econômico*, p3 maio 2010, p. 4-5.

BINDÉ, Jérôme. *Towards knowledge societies*. Paris: Unesco, 2005. Disponível em: <http://unesdoc.unesco.org/images/0014/001418/141843e.pdf>. Acesso em: 30 ago. 2008.

BLAIR, Margareth; WALLMAN, Steven H. *Unseen wealth: report of the Brookings Task Force on Intangibles*. Washington: Brookings Institution Press, 2001.

CASTELLS, Manuel. *A era da informação. Vol. 1. Economia, sociedade e cultura: a sociedade em rede*. 7. ed. São Paulo: Paz e Terra, 2003.

CELEMI. "Celemi's intangible assets monitor". Celemi's Annual report 1995.

COPELAND, Tom; KOLLER, Tim; MURRIN, Jack. *Valuation: measuring and managing the value of companies*. Nova York: John Wiley & Sons, 1990.

DAVENPORT, Thomas; PRUSAK, Laurence. *Conhecimento empresarial: como as organizações gerenciam o seu capital intelectual*. 13. ed. Rio de Janeiro: Campus, 1998.

DRANOVE, David; MARCIANO, Sonia. *Kellog on strategy: concepts, tools, and frameworks for practitioners*. New Jersey: John Wiley & Sons, 2005.

DRUCKER, Peter. *Sociedade pós-capitalista*. São Paulo: Pioneira, 1993.

EDVINSSON, Leif; MALONE, Michael S. *Capital intelectual: descobrindo o valor real de sua empresa pela identificação de seus valores internos*. São Paulo: Makron Books, 1998.

GU, Feng; LEV, Baruch. "Intangible assets: measurement, drivers, usefulness". 2001. Disponível em: <http://pages.stern.nyu.edu/~blev/intangible-assets.doc>. Acesso em: 23 jun. 2010.

HAGSTROM JR, Robert G. *The Warren Buffett Way: investment strategies of the world´s greatest investor*. Nova York: John Wiley & Sons, 1994.

KAPFERER, Jean-Noël. *Marcas: capital de empresa*. Lisboa: Edições Cetop, 1991.

KAPFERER, Jean-Noël. *Strategic brand management: new approaches to creating and evaluating brand equity*. Nova York: The Free Press, 1992.

KAPLAN, Robert S.; NORTON, David P. "The balanced scorecard: measures that drive performance". *Harvard Business Review*, jan.-fev. 1992.

KAY, John. *Foundations of corporate success: how business strategies add value*. Oxford: Oxford University Press, 1993.

KELLER, Kevin L. "Conceptualizing, measuring, and managing customer based brand equity". *Journal of Marketing*, v. 57, jan. 1993, p. 1.

LEV, Baruch. *Intangibles: management, measurement, and reporting*. Washington: Brookings Institution Press, 2001.

LUTHY, David H. "Intellectual capital and its measurement". 1998. Disponível em: <http://www3. bus.osakacu.ac.jp/apira98/archives/htmls/25.htm>. Acesso em: 23 jun. 2010.

MACHLUP, Fritz. *The production and distribution of knowledge in the United States*. Princeton: Princeton University Press, 1962.

MARTINS, Eliseu *et al.* "Avaliação de Marcas: uma análise crítica". R. Cont. Ufba, Salvador-BA, v. 4, n. 2, maio-ago. 2010, p. 4-20. Disponível em: <http://www.portalseer.ufba.br/index.php/ rcontabilidade/article/download/4491/3364>. Acesso em 10 ago. 2010.

MARTINS, José R. *Comunicação e conhecimento: a Casa do Saber*. Dissertação (Mestrado em Ciências da Comunicação) – ECA-USP. 2009. Disponível em: <http://www.teses.usp.br>.

MARTINS, José R. Para ganhar: a relação sensata entre as técnicas de *branding* e as relações públicas. *Organicom – Revista Brasileira de Comunicação Organizacional e Relações Públicas*, São Paulo: Gestcorp ECA-USP/Abrapcorp, a. 4, n. 7, 2. sem. 2007. Disponível em: <http://organicom.incubadora.fapesp.br/portal>.

MARTINS, José R. *Branding: um manual para você criar, gerenciar e avaliar marcas*. E-book. 2006. Disponível em: <http://www.intangiveis.com.br>.

MARTINS, José R.; BLECHER, Nelson. *O império das marcas: como alavancar o maior patrimônio da economia global*. São Paulo: Negócio Editora, 1996.

MILORAD, M. Novicevic *et al.* "Dual-perspective SWOT: a synthesis of marketing intelligence and planning". Marketing Intelligence and Planning , v. 22, n. 1, 2004, p. 72-86.

NAKAMURA, Leonard. "A trillion dollars a year in intangible investment and the new economy". In: HAND, John; LEV, Baruch (Ed.). *Intangible assets: values, measures and risks*. Oxford: Oxford University Press, 2003. p. 19-47.

NONAKA, Ikujiro; TAKEUCHI, Hirotaka. *Criação de conhecimento na empresa: como as empresas japonesas geram a dinâmica da inovação*. Rio de Janeiro: Campus, 1997.

NUNES, Tadeu *et al. The privatization of Banco do Estado de São Paulo (Banespa)*. Durham: Duke University – The Fukua School of Business, 2004. Disponível em: <http://faculty. fuqua.duke.edu/~charvey/Teaching/BA456_2001/BAN/BANsolution.doc>.

OECD. *Frascati Manual 2002: proposed standard practice for surveys on research and experimental development*. Nova York, 2002.

OECD. *A new economy? The changing role of innovation and information technology in growth*. Nova York, 2000.

OECD. *Glossary of statistical terms [Glossary of environment statistics, studies in methods, Series F, n. 67]*. Nova York: United Nations, 1997. Disponível em: <http://www.oecd.org/>.

OECD. *Measuring what people know: human capital accounting for the knowledge economy*. Nova York, 1996.

PACKARD, David. *The HP Way: como Bill Hewlett e eu construímos nossa empresa*. Rio de Janeiro: Campus, 1995.

PETROBRAS. "Balanço social e ambiental". Disponível em: <http://www2.petrobras.com.br/ResponsabilidadeSocial/portugues/pdf/BSA2007.pdf>. Acesso em: 25 maio 2009.

PIKE, Stephen; ROOS, Göran. "Intellectual capital measurement and holistic value approach (HVA)". *Works Institute Journal*, Japan, v. 42, oct.-nov. 2000. Disponível em: <http://www.intcap.com/downloads/ICS_Article_2000_IC_Measurement_HVA.pdf>.

PORTER, Michael E. *Vantagem competitiva: criando e sustentando um desempenho superior*. Trad. de Elizabeth Maria de Pinho Braga. 9. ed. Rio de Janeiro: Campus, 1990.

PRISM Project. "Research findings and policy recommendations". European Commission Information Society Technologies Programme, Clark Eustace (Ed.), 2003.

RAPPAPORT, Alfred. *Creating shareholder value: the new standard for business performance*. Nova York: Free Press, 1986.

REILLY, Robert F.; SCHWEIHS, Robert P. *Valuing intangible assets*. Nova York: McGraw-Hill, 1999.

ROOS, Johan *et al. Capital intelectual: el valor intangible de la empresa*. Barcelona: Paidós, 2001.

ROSS, Stephen A.; WESTERFIELD, Randolph W.; JAFFE, Jeffrey F. *Administração financeira*. 2. ed. São Paulo: Atlas, 2007.

SÁ, Antônio Lopes de. "Intangível e realidade objetiva patrimonial". *Revista de Direito Bancário*, São Paulo, a. 12, n. 43, jan.-mar. 2009, p. 287-306. Disponível em: <http://www7.rio.rj.gov.br/cgm/comunicacao/textos/conjuntura/arquivos/2008/ativo_intangivel.pdf>. Acesso em: 21 abr. 2010.

SHARPE, William F. "Capital asset prices: a theory of market equilibrium under conditions of risk". *The Journal of Finance*, Nova York, v. XIX, n. 3, Sept. 1964, p. 425-442.

SMITH, Gordon V. *Trademark valuation*. Nova York: John Wiley & Sons, 1997.

SMITH, Gordon V.; PARR, Russell L. *Intellectual property: valuation, exploitation, and infringement damages*. 4 ed. Nova York: Wiley, 2005.

SMITHERS, Andrew; WRIGHT, Stephen. *Valuing Wall Street: protecting wealth in turbulent markets*. Nova York: McGraw-Hill, 2000.

STANDFIELD, Ken. *Intangible management: tools for solving the accounting and management crisis*. Sand Diego: Elsevier Academic Press, 2002.

SVEIBY, Karl Erik. *A nova riqueza das organizações: gerenciando e avaliando patrimônios do conhecimento*. 5. ed. Rio de Janeiro: Campus, 1998.

TARANTINO, Anthony. *Manager's guide to compliance: Sarbanes-Oxley, COSO, ERM, COBIT, IFRS, BASEL II, OMB A-123, ASX 10, OECD principles, Turnbull guidance, best practices, and case studies*. Nova York: Wiley, 2006.

TOFFLER, Alvin; TOFFLER, Heidi. *Riqueza revolucionária: o significado da riqueza no futuro*. São Paulo: Futura, 2007.

UNECE. United Nations Economic Commission For Europe. *Intellectual assets: valuation and capitalization*. Genebra/Nova York: ONU, 2002.

UNESCO. "Towards knowledge societies". 2005. Disponível em: <http://www.unesco.org/publications>. Acesso em: 10 jan. 2007.

USPAP – Uniform Standards of Professional Appraisal Practice. 2008-2009 Edition. USA: USPAP, 2009.

WILLIAMS, Mitchell. "Is a company's intellectual capital performance and intellectual capital disclosure practices related? Evidence from publicly listed companies from the FTSE 100". In: *McMasters Intellectual Capital Conference*, Toronto, jan. 2000. Annals.

YANAZE, Mitsuru H. *Gestão de marketing e comunicação: avanços e aplicações*. São Paulo: Saraiva, 2007.

CONHEÇA AS NOSSAS MÍDIAS

www.twitter.com/integrare_bsnss
www.integrareeditora.com.br/blog
www.facebook.com/integrare

www.integrareeditora.com.br